ISBN: 978-2-37301-060-2
EAN: 9782373010602
Éditions Jean-Pierre Otelli
www.editions-jpo.com

T : + 33 (0) 1 85 08 75 92
Umschlag und Gestaltung: Naoual Otelli
Technisches Lektorat: Rolf Hannak

Jean-Pierre Otelli

Pilotenfehler
Band 5

Übersetzung aus dem Französischen:
Gesche Wüpper

Éditions JPO

Für meine Mutter im Himmel

Vorwort

Dieses ist der fünfte Band der Serie „Pilotenfehler". Er wird vermutlich heftiger als die anderen in dieser Reihe veröffentlichten Bücher kritisiert werden, da es in diesem Band auch um den Unfall des Fluges Rio-Paris geht...

Man wird mir vorwerfen, Informationen preiszugeben, die eigentlich nicht veröffentlicht werden dürften. Es wird heißen, diese Enthüllungen würden den Ruf der Piloten schädigen. Diese scheinen jedoch nicht so perfekt zu sein, wie es die breite Öffentlichkeit gerne glauben möchte. Die Fakten sprechen leider für sich. Piloten sind auch nur Menschen - mit Qualitäten, aber auch mit Fehlern. Jeder macht Fehler – angefangen beim Autoren dieser Zeilen. Das beste Mittel, um die Flugsicherheit zu verbessern, ist jedoch meiner Ansicht nach, diese Fehler zu enthüllen, damit andere Piloten und Besatzungen aus den Erfahrungen lernen können.

Die Unfälle, die in diesem Band besprochen werden, sind nicht zufällig ausgewählt worden. Sie weisen einige überraschende Gemeinsamkeiten auf.

Dazu gehören:

- Unerfahrene Cockpitbesatzungen.
- Schlecht geschulte Kopiloten.
- Gestresste Flugkapitäne oder solche, die es sehr eilig haben.
- Müde, manchmal sogar erschöpfte Besatzungsmitglieder.
- Unverhältnismäßige Reaktionen, die nichts mit den normalerweise für solche Situationen vorgesehenen Vorgehensweisen zu tun haben.

Kein einziger der Flugzeugabstürze, die in diesem Band analysiert werden, wäre passiert, wenn ein einziges Wort respektiert worden wäre. Es ist ein in der Luftfahrt unumgängliches Wort: „Prozedur".

Ein Flugzeug zu steuern heißt vor allem, präzise Handgriffe auszuführen, die einem speziellen Problem entsprechen. Diese Handgriffe dürfen nicht improvisiert werden. Sie sind das Ergebnis eines langen Gedankenaustauschs zwischen den Flugzeugbauern, den Fluggesellschaften und den Pilotenschulen.

In den meisten Fällen funktionieren die Prozeduren normal und das Sicherheitsniveau ist zufriedenstellend. Und dann geht manchmal etwas schief. Eine Checkliste wird vergessen oder ein Pilot reagiert, ohne zu überlegen. Und dann wird es schwierig...

Der Absturz einer A330 auf dem Flug Rio-Paris hat viele Gemüter bewegt. Zwei Jahre lang hat die gesamte Welt gerätselt, was mit Flug AF 447 passierte. Es gab damals eine Menge Theorien. Die meisten beruhten auf der Annahme, dass ein Ausfall der Pitot-Rohre die Absturzursache war. Aber es gab nur wenige, die sich vorstellen konnten, dass ein Pilotenfehler zu dem Unglück führte. Erst als die Flugschreiber in 3.900 Metern Tiefe auf dem Boden des Atlantiks gefunden wurden, kam die Wahrheit ans Licht.
Der Rio-Paris-Absturz wird als Lehrbuch-Beispiel in die Annalen der Luftfahrt eingehen. Er wirft aber auch Fragen in Bezug auf die moderne Flugsicherheit und die Schulung von Piloten auf.

In diesem Buch werden außerdem folgen Unfälle besprochen:

- Ein Kopilot, der in seinem Sitz eingeklemmt ist (Flug Air India Express 212).
- Ein Flugkapitän, der während des gesamten Fluges schläft (Flug Air India Express 812).
- Ein katastrophales Versäumnis (Flug Spanair JLL 5022).
- Eine Tupolew 154, die ins Flachtrudeln gerät (Flug Vladivostok Avia 352)
- Ein erschöpfter Flugkapitän (Flug KA 804).

Jean-Pierre Otelli *fliegt als Pilot Vorführungen bei Airshows und Luftfahrtmessen. Er hat 15.000 Flugstunden absolviert, ist Teamleiter einer Kunstflugstaffel und Kunstflugausbilder. Als Luftfahrtexperte berät er mehrere Medien. Er hat eine Reihe von erfolgreichen Büchern zum Thema Flugsicherheit geschrieben, die bereits in mehrere Sprachen übersetzt wurden.*

Schieb deinen Sitz zurück!

26. Mai 2010

Bei dem Flugzeug, um das es in diesem Kapital geht, handelt es sich um eine wunderschöne Boeing 737-800. Sie gehört Air India Express, der Low Cost-Tochter der staatlichen Fluggesellschaft Air India. Die Maschine ist fast neu und trägt das Kennzeichen VT-AXJ. Sie bleibt an den Flughäfen nicht unbemerkt, denn die Lackierung ihres Leitwerks ist absolut außergewöhnlich. Die Fluggesellschaft AICL[1] hat beschlossen, sich von ihren Konkurrenten dadurch abzuheben, dass sie ihre Flugzeuge künstlerisch gestaltet. Die Ergebnisse sind ungewöhnlich... Die Jets sind so schön, dass sie weltweit zu den am meisten fotografierten zählen. Flugzeugspotter[2] bezeichnen sie in Internetforen sogar als wahre Kunstwerke. Jede Maschine ziert ein anderes Motiv. Einige Jets sind mit einem riesigen weißen Tiger versehen, andere mit einer Kobra oder einem Elefanten. Wieder andere zeigen berühmte Sehenswürdigkeiten Indiens: Das Taj-Mahal, das Victoria Memorial oder die Berge des Himalayas.

Die Maschine, um die es hier geht, ist mit einem dem Roten Fort[3] entlehnten Architekturmotiv verziert. Alle sind der Meinung, dass sie graphisch wunderschön gestaltet ist!

---

[1] In ihren Werbebroschüren verwendet die Fluggesellschaft den Namen Air India Express, doch ihr offiziell eingetragener Handelsname ist Air India Charters Limited. Deshalb ist die in dem Untersuchungsbericht und Verwaltungsdokumenten benutzte Abkürzung AICL.

[2] Flugzeugfans, die Jets beobachten und fotografieren.

[3] Berühmte indische Festungsanlage, die im 17. Jahrhundert von dem Mogulkaiser Shah Jahan in Delhi erbaut wurde und seit 2007 zum Weltkulturerbe der UNESCO gehört. Das Fort gehört zu den meistbesuchten Sehenswürdigkeiten Indiens.

Die Maschine dieses Berichts (Kennzeichen VT-AXJ)

Es ist dunkel... An diesem Abend ist die Boeing „Red Fort“ mit 113 Passagieren an Bord von Dubai nach Pune unterwegs. Der Flug IX 212 hat Dubai um 20 Uhr 30 Ortszeit[4] verlassen. Nach dem Start ist das Flugzeug einen Kurs von 117 Grad Richtung Süd-Osten geflogen. Es hat die Erlaubnis erhalten, direkt auf seine Reisehöhe zu steigen. Die meisten Passagiere an Bord sind indische Wanderarbeiter, die in ihre Heimat fliegen. Einige kehren dorthin zurück, um Urlaub zu machen, aber die Mehrzahl verlässt das kleine Emirat endgültig. Denn viele der Passagiere haben in Dubai im Baugewerbe gearbeitet, das wegen der Wirtschaftskrise, unter der das Emirat zu diesem Zeitpunkt leidet, alle großen Projekte aufgeben musste.

Derzeit ist die Maschine auf der Flugfläche 370[5] stabilisiert. Sie fliegt mit einer Geschwindigkeit von Mach 0,76[6]. An Bord ist es vollkommen friedlich. Die Entfernung zwischen Dubai und Pune beträgt 2.000 Kilometer und die vorgesehene Flugzeit nur 2 Stunden 55 Minuten.
Das Wetter ist perfekt. Die Nacht über dem Norden des Indischen Ozeans ist angenehm. Keine Turbulenzen und keine Wolken. Während des gesamten Fluges über dem Wasser wird die Funkverbindung mit der Flugsicherung über HF-Verbindungen erfolgen.

[4] Um das Verständnis zu erleichtern, entsprechen alle Zeitangaben in diesem Bericht der Ortszeit Dubai. Die Differenz zur UTC beträgt + 4.

[5] FL 370 = 37.000 Fuß, also 11.250 Meter.

[6] In großen Höhen wird die Geschwindkeit von Flugzeugen im Vergleich zur Schallgeschwindigkeit (= Mach 1) angegeben. In diesem Fall fliegt die Boeing mit 76% der Schallgeschwindigkeit.

Der Kapitän ist noch jung. Er ist 39 Jahre alt und hat 6.000 Flugstunden absolviert. Das ist wenig, aber er gilt als sehr zuverlässiger Pilot und seine Personalakte weist keine besonderen Probleme auf.

Der Kopilot ist 25 Jahre alt. Er hat noch keine Verkehrspiloten-Lizenz, sondern nur die CPL/IR[7]. Er hat nur wenig Berufserfahrung, da er nicht mehr als 1.310 Flugstunden vorweisen kann. Es handelt sich also um einen regelrechten Anfänger.

Tatsächlich scheint die Fluggesellschaft einige Schwierigkeiten zu haben, Besatzungsmitglieder zu finden. So werden Passagiere beim Kauf der Flugtickets im Internet darüber informiert, dass die Airline 40 Flugkapitäne sucht. Ein merkwürdiges Durcheinander, da die Stellenausschreibung auf derselben Internetseite steht, über die die Kunden ihre Plätze reservieren! Dort sind alle Bedingungen für Bewerber aufgeführt: Die notwendige Erfahrung[8], die erwünschten Qualifikationen, aber auch das Gehalt und die Altersbegrenzung. Passagiere lernen so, dass die Fluggesellschaft bis zum Alter von 56 Jahren einstellt, dass sie aber auch Ausnahmen machen kann. Dagegen gibt es kein Mindestalter für Bewerber. Die einzige Bedingung ist, dass Kandidaten mehr als ...1,52 Meter groß sein müssen. Es dürfte also nur recht wenig Bewerber geben, die abgelehnt werden, weil sie zu klein sind!
Auf der Internetseite erfährt man ebenfalls, dass sich die Stellenausschreibungen nur an Piloten indischer Staatsangehörigkeit richten. Sie berücksichtigen zudem das Kastensystem, diesen Gesellschaftstyp, in dem nicht alle Menschen gleich sind. Konkret bedeutet das, dass die Fluggesellschaft Air India Charters Ltd Mitglieder der folgenden Kasten als Piloten einstellen will:

- 20 Flugkapitäne der General-Klasse
- sechs der Scheduled Class (die Unberührbaren)
- vier des Scheduled Tribe (die Eingeborenen)
- und zehn der Klasse Other Backward Community (sogenannte „zurückgebliebene" Bevölkerungen).

[7] Commercial Pilot Licence (CLP) mit Instrument Rating. Dem Inhaber dieser Lizenz ist es nicht gestattet, im öffentlichen Flugverkehr Komandant an Bord eines Flugzeuges mit mehreren Piloten zu sein.

[8] Die Fluggesellschaft verlangt mindestens 2.000 Flugstunden (was wenig ist), davon 100 Stunden mit einer Boeing 737-800 (was noch weniger ist). Das Gehalt ist ebenfalls niedrig, da es in der Größenordnung von 8.000 € pro Monat liegt.

Selbstverständlich wäre dieses Auswahlverfahren im Westen unvorstellbar, doch in Indien ist es akzeptiert.
Die erste Hälfte des Fluges verläuft vollkommen normal. Wie bei allen „Low Cost"-Airlines bietet das Kabinenpersonal von Air India Express den Passagieren ein einfaches Gericht an. Das Menü berücksichtigt die Vorliebe vieler Inder für relativ fettige vegetarische Gerichte. Den Kunden wird Reis, „Dhal" auf Basis von Linsen und typisch indische Brotfladen serviert. Im Gegensatz zu anderen „Low Cost"-Gesellschaften sind die Gerichte bei Air India Express vollkommen gratis. Sie werden wie bei einem Pizzabringdienst ohne Besteck in einem Pappkarton serviert. Inder, die eine geringe Kaufkraft haben, sind begeistert. Dieser kostenlose Service ist für die Fluggesellschaft ein Trumpf und übrigens auch Bestandteil ihrer Kommunikationsstrategie.

Um **21 Uhr 47** verlässt die Boeing die Zone von Muscat und tritt in HF-Kontakt mit der Flugsicherung von Mumbai. Es ist ein Routineflug. Es gibt tägliche Verbindungen zwischen den Emiraten am Persischen Golf und Indien. Alle Besatzungen kennen die Strecke auswendig. Die Maschine folgt dem Airway N 571, einer Art Autobahn am Himmel, die zum Wegpunkt „PARAR" führt. Die regionale Flugsicherung erteilt ihr die Genehmigung, die Route wie vom Flugplan vorgesehen fortzusetzen und so fliegt die Maschine zum Wegpunkt „DOGET".[9]

Es ist **21 Uhr 53**, als die Ereignisse beginnen, einen ungewöhnlichen Verlauf zu nehmen.
Die Beleuchtung im Cockpit ist auf die maximale Lichtstärke eingestellt. Über dem Indischen Ozean ist es stockdunkel.
Der Kopilot, der auf dem rechten Platz sitzt, hat seinen Sitz sehr weit nach hinten geschoben, um die Flugunterlagen ausfüllen zu können. Dabei hat sich der Sitz in der rechten Ecke des Cockpits verkeilt.[10] Unabhängig von seiner Funktion an Bord ist es stets der Kopilot, der die für den Flug notwendigen Formalitäten erledigt. Links im Cockpit hat der Kapitän gerade das Mikrofon zurückgelegt, mit dessen Hilfe er den Fluglotsen von Mumbai

[9] Die Wegpunkte auf den Flugrouten entsprechen keiner Stadt oder Dorf. Ihre Namen haben keine Bedeutung. Sie sind von den Flugaufsichtsbehörden künstlich geschaffen worden, wobei lediglich darauf geachtet wurde, dass sie stets fünf Buchstaben haben.
[10] Die Sitzschienen bilden eine S-förmige Ausbuchtung, so dass der Sitz näher an der Cockpitwand ist, wenn man ihn nach hinten schiebt. Dadurch ist dann vorne mehr Platz, so dass der Kopilot seinen Sitz leichter verlassen kann.

kontaktiert hat. Anschließend ruft er über die Gegensprechanlage die Chefstewardess:

- *Ich werde rausgehen... Können Sie bitte in die Galley kommen?*

Die leitende Flugbegleiterin bestätigt, dass sie sofort kommen wird. Der Kapitän legt den Hörer zurück.[11]

Nach einigen Sekunden Stille öffnet er den Sitzgurt und fragt den Kopiloten mit ruhiger Stimme:

- *Ich gehe auf die Toilette. Passt du auf?*

Der Kopilot antwortet sofort:

- *Yes, Sir.*

Der Kapitän schiebt seinen Sitz zurück und steigt über die Mittelkonsole.

Es gibt keine Regel, die einem Piloten verbietet, das Cockpit zu verlassen. Er kann hinausgehen, um auf die Toilette zu gehen. Er kann aber auch in die Kabine gehen, um mit Passagieren zu sprechen oder um sich die Beine im Gang zu vertreten. Er kann so lange außerhalb des Cockpits bleiben, wie er will. Das ist ein ganz normales Vorgehen. Selbstverständlich wird ein Pilot nie während der kritischen Phasen des Fluges (Start, Landung, Anflug) das Cockpit verlassen. Aber während der übrigen Flugphasen vertrauen die Fluggesellschaften seinem Verantwortungsbewusstsein. Einige Airlines verlangen lediglich, dass das Besatzungsmitglied, das am Steuerknüppel bleibt, gewisse Vorsichtsmaßnahmen ergreift.

Normalerweise schreibt die Prozedur vor, dass das verbleibende Besatzungsmitglied den Schultergurt anlegt.[12]

Bis dahin ist also alles normal. Bevor er hinausgeht, sagt der Kapitän lediglich:

- Ich brauche nicht lange...

Wie es die Sicherheitsvorschrift erfordert, schließt er die Tür sorgfältig hinter sich. Die leitende Flugbegleiterin wartet wie vereinbart in der Bordküche auf ihn. Sie hat bereits auf Höhe der Tür L1[13] angefangen zu arbeiten. Der Pilot muss nicht sehr weit gehen, da sich die Toilette gleich neben dem Cockpit befindet.

---

[11] Die einzige Maßnahme, die seit den Attentaten vom 11. September von allen Fluggesellschaften ausnahmslos angewandt wird, betrifft die Sicherheit des Cockpits. Wenn einer der Piloten seinen Platz im Cockpit verlässt, muss eine Stewardess oder ein Steward an der Cockpittür den Zugang überwachen.

[12] Wenn ein Flugzeug in einer Höhe von mehr als 40.000 Fuß (Flugfläche FL 400) fliegt, schreiben einige Fluggesellschaften dem im Cockpit verbleibenden Besatzungsmitglied vor, seine Sauerstoffmaske aufzusetzen. In der Tat tritt die Bewusstlosigkeit bei einem plötzlichen Druckabfall in großer Höhe sehr schnell ein und man muss rasch handeln.

[13] Die erste Tür links in der Kabine.

Leider ist an der Tür das Besetzt-Schild zu sehen. Der Flugkapitän wendet sich deshalb an die leitende Flugbegleiterin:

- *Ist besetzt?* [14]
- *Ja. Pech... Da ist gerade ein Passagier reingegangen.*

Der Kapitän beschließt, nicht vor der Tür zu warten.

- *Ich komme später wieder.*

Bis dahin sind die Ereignisse nicht ungewöhnlich. Doch das wird sich unvermittelt ändern. Als der Pilot den Code eingeben will, um zurück ins Cockpit zu gelangen, hat er plötzlich das Gefühl, in einen Schacht zu fallen: Der Fußboden scheint unter seinen Füßen nachzugeben. Gleichzeitig sind in der Kabine Schreie der Passagiere zu hören, denn die Boeing ist unvermittelt in den Sturzflug übergegangen.

Einige Sekunden vorher hat sich der Kopilot im Cockpit einen groben Fehler geleistet. Er hatte das Gefühl, nicht richtig zu sitzen, um seine Dokumente ausfüllen zu können. Deshalb hat er beschlossen, seinen Sitz nach vorne zu schieben, um näher an der Steuerung zu sein. Das ist natürlich praktischer, um das Flugzeug beaufsichtigen zu können. Jeder Autofahrer kennt das: Um die Sitzposition hinter dem Lenkrad richtig einzustellen, greift man unter den Sitz. Das ist einfach, aber der Kopilot ist sehr ungeschickt. Als sein Sitz nach vorne rutscht, lässt er ihn zu weit über die Schienen gleiten... Er stößt dadurch gegen den Steuerknüppel, so dass dieser mit voller Wucht weggedrückt wird. Die unmittelbare Folge davon ist, dass das Flugzeug in einen ausgeprägten Sturzflug übergeht. Denn der Aufprall auf den Steuerknüppel war so heftig, dass der Autopilot sofort die Funktion „Höhe halten" ausgeschaltet hat. Das System ist nämlich so konzipiert, dass es keinen Widerstand leistet, wenn der Pilot unbedingt wieder das Kommando übernehmen will.
Zunächst betrug die von dem Kopiloten ausgeübte Schubkraft **10 Kilo.**[15]

Um **21 Uhr 53 Minuten 22 Sekunden** erklingt im Cockpit ein Alarmsignal, weil der Autopilot nicht mehr die Höhe halten kann. Leider wirkt diese Zweiton-Warnung auf den unglückseligen Kopiloten wie ein Schock.

---

[14] Die Blackbox hat selbstverständlich nicht das aufgezeichnet, was außerhalb des Cockpits gesprochen wurde. Doch die Betroffenen haben den Ermittlern ihre Wortwechsel später persönlich wiedergegeben.

[15] Die Steuerung einer Boeing ist mit Sensoren ausgestattet, die höchst genau die von jedem Piloten auf die Steuerung angewandten Kräfte messen.

Der junge Mann gerät in Panik und versucht mit allen erdenklichen Mitteln, seinen Sitz wieder zurückzuschieben. Er beugt sich nach vorne, findet aber den Hebel nicht... Seine Bewegungen sind unkoordiniert. Es gelingt ihm nicht, sich freizumachen. Er drückt gegen alles, was griffbereit ist. Der empfindlichste Gegenstand in seiner Reichweite ist der Steuerknüppel.
Um **21 Uhr 53 Minuten und 35 Sekunden** übt er einen Druck von **25 Kilo** auf die Steuerung aus. Der Sturzflug verstärkt sich sofort. Schlimmer noch: Je mehr das Flugzeug abtaucht und je mehr der Kopilot aus dem Gleichgewicht gerät, desto verzweifelter versucht er, sich an „irgendetwas" vor sich festzuhalten. Er drückt deshalb noch stärker gegen den Steuerknüppel. Es ist ein Teufelskreis, der dazu führt, dass die Kopflastigkeit des Flugzeugs zunimmt und die Längsneigung -22 Grad erreicht. Zum Vergleich: Während einer normalen Landung beträgt der Sinkwinkel zur Landebahn nur 3 Grad[16]. Unter diesen Umständen steigt die Geschwindigkeit der Boeing schnell an und erreicht die „Machzahl" 0.82.[17] Das löst sofort das Alarmsignal „*Overspeed*" aus.

Eine Sekunde später drückt der Kopilot noch stärker auf den Steuerknüppel und das Flugzeug beginnt, in negative g-Kräfte[18] überzugehen. Das bedeutet, dass die Passagiere die Schwerkraft nicht mehr spüren. In der Kabine fliegt alles davon, was nicht befestigt ist: Becher, Essens-Kartons, Zeitschriften, Kleidung. Alles steigt langsam zur Kabinendecke auf.
Dann verringert sich der Sturzflug plötzlich um ein paar Grad. Die Situation scheint sich zu verbessern. Alles, was zuvor durch die Kabine schwebte, fällt wieder herunter. Fünf kurze Sekunden lang ist es dem Kopiloten gelungen, den Steuerknüppel leicht nach hinten zu ziehen. Die Blackbox zeichnet auf, dass die Lage wieder auf -20 Grad ansteigt... Aber das währt nicht lange. Der junge Kopilot verliert erneut das Gleichgewicht, gerät erneut in Panik und wird so von neuem zwischen seinem Sitz und dem Steuerknüppel eingeklemmt. Sein Körpergewicht verlagert sich nach vorne und der Sturzflug geht weiter.

---

[16] Es handelt sich hier um einen Anflugweg und nicht um die Lage. Dennoch ist der Vergleich stichhaltig.

[17] 82% der Schallgeschwindigkeit.

[18] Belastung, die aufgrund der starken Änderung von Größe und/oder Richtung der Geschwindigkeit auf etwas einwirkt. 1 g = 9,81 m/s2; die Beschleunigung wird als ein Vielfaches der Erdbeschleunigung angegeben. Auf einen Menschen wirken auf dem Boden 1 g. Spricht man von positiven g-Kräften, wird ein Passagier in den Sitz gedrückt, bei negativen g-Kräften wird er aus dem Sitz gezogen.

PILOTENFEHLER 5

In der Kabine schreien die Passagiere immer lauter.

Es kommt noch schlimmer. Als sich der ungeschickte Kopilot bewegt, drückt er aus Versehen auf den Steuerknüppel und das Flugzeug beginnt, sich nach links zu neigen. Die Boeing befindet sich jetzt nicht nur im Sturzflug, sondern neigt sich auch noch quer. Das ist der Beginn einer Kurve, die Spezialisten als „Steilspirale" bezeichnen. Dieses Manöver endet jedoch jedes Mal böse, wenn sich ein Anfänger am Steuer befindet.
Diese an einen Slapstick erinnernde Situation könnte einen zum Lachen bringen. Sie würde sich gut als Gag für einen Film eignen, denn man kann sich lebhaft vorstellen, wie der ungeschickte Kopilot zwischen seinem Sitz und dem Instrumentenbrett wild mit den Armen hin- und herfuchtelt.
Doch es handelt sich nicht um eine Komödie. Das Flugzeug befindet sich in Not. Die Anzeigenadel des Höhenmessers bewegt sich sehr schnell nach unten.

Auf der anderen Seite der Cockpittür hat der Kapitän selbstverständlich realisiert, dass etwas Schlimmes vor sich geht. Aber er hat sein Gleichgewicht noch nicht wiedergefunden. Seine Füße heben unmerklich vom Boden ab und das Einzige, was er tun kann, ist sich am Gurt des Jump-Seats „L1" festzuhalten. In diesem Moment begreift er, dass ihm die Chefstewardess helfen kann. Denn sie befindet sich direkt neben dem elektronischen Zugangskontrollsystem für die Cockpittür.
Er schreit:

- *Öffnen Sie schnell die Tür!*

Zunächst kann die Flugbegleiterin nichts machen, da sie Mühe hat, sich aufrecht zu halten. Aber der Flugkapitän beharrt:

- *Sagen Sie ihm, dass er die Tür öffnen soll… Sofort!*

Außenansicht der Cockpittür (rechts davon ist die Eingabetafel für den elektronischen Zugangscode zu erahnen).

Bevor dieser Bericht fortgesetzt wird, ist es wichtig, einige Details des Cockpits und ihrer Sicherheitssysteme zu erläutern. Seit dem 11. September sind die Cockpittüren gepanzert und es ist nicht mehr möglich, sie wie früher mit einem Stoß durch die Schulter aufzudrücken. Der Zugang erfolgt mit Hilfe eines digitalen

Zugangskontrollsystems, ähnlich wie bei vielen Gebäuden in Frankreich. Die Stewardess hat also drei Möglichkeiten, um ins Cockpit zu gelangen:

1. Sie kann den „*Cockpit Entry Call*" benutzen. Das ist ein sehr einfacher Code. Er besteht in der Regel nur aus einer Zahl, nach der man die „Enter"-Taste drücken muss. Aber dieser Code öffnet nicht die Tür. Das wäre zu einfach... Er löst stattdessen lediglich ein akustisches Signal im Cockpit aus. Bei den neuesten Flugzeugen filmt eine Kamera die Person, die sich vor der Tür befindet und zeigt sie auf einem Bildschirm, der sich rechts vom Flugkapitän befindet. Dieser drückt dann einen Schalter, um die Tür zu entriegeln. Aus Sicherheitsgründen sind die Cockpittüren der meisten Flugzeuge zudem mit einem Spion versehen.
2. Die Stewardess kann die Gegensprechanlage benutzen, um das Cockpit anzurufen und darum zu bitten, die Tür zu öffnen.
3. Die ultimative Lösung: Im Notfall kann sie den „*Emergency Access Code*" benutzen, der ermöglicht, die Tür von außen zu öffnen. In aller Regel kennen nur drei Personen an Bord eines Flugzeugs diesen spezifischen Zugangscode: Der Flugkapitän, der Kopilot und der Purser. Sogar die anderen Flugbegleiter kennen ihn nicht. Außerdem wird die Zahlenkombination aus Sicherheitsgründen ständig geändert.[19]

Die leitende Flugbegleiterin führt zunächst die Anweisungen des Kapitäns aus. Sie gibt den Code „1 + Enter" ein, der den Kopiloten auffordert, durch einen Druckknopf die Tür zu öffnen.
Aber das macht er nicht.
Voller Panik unternimmt sie mehrere Anläufe, ohne dass der Kopilot reagiert. Also benutzt sie die Gegensprechanlage und ruft das Cockpit an. Aber der Kopilot antwortet noch immer nicht.
Währenddessen geht der Sturzflug weiter.
In diesem Moment gelingt es dem Piloten, die Nummerntastatur zu erreichen. Er muss sich sehr beeilen, denn die Ereignisse überschlagen sich auf dramatische Weise.

[19] Der Emergency Access Code wird von der Fluggesellschaft festgelegt. In der Regel verwendet sie denselben Code für jeden Flugzeugtyp. Im Gegensatz zum Cockpit Entry Code besteht er aus sehr vielen Zahlen und enthält keine Buchstaben. Nicht alle Mitglieder der Besatzung kennen ihn.

Ansicht der Tür vom Inneren des Cockpits her. Das herausnehmbare Rechteck im unteren Teil der Tür ist gut zu erkennen: Das „Kick Pannel". Dabei handelt es sich um eine Notausgangsklappe, die ein Tritt aufspringen lässt (vorausgesetzt, zuvor wurden die Bolzenstifte entfernt).

Im Cockpit herrscht ein unglaublicher Lärm. Da sind zum einen die aerodynamischen Geräusche, die wegen der steigenden Geschwindigkeit zunehmen. Da ist zum anderen die von der Flugbegleiterin ausgelöste Klingel, die mehrmals ertönt.

Anschließend erklingt ein anderes Signal, als sie versucht, den Kopiloten über die Gegensprechanlage zu erreichen. Vor allem aber sind da die Alarmglocken, die überall schrillen: Die Geschwindigkeitswarnung, der Autopilot, der einen schnellen Höhenverlust signalisiert, der Alarm für das Überschreiten der höchstzulässigen Machzahl[20]... All das führt dazu, dass der Kopilot komplett verunsichert ist. In der Steuerung verfangen, kann er nichts machen.

Seine einzige Reaktion besteht darin, um Hilfe zu schreien:

- *Ich schaffe es nicht!!*
- *Helfen Sie mir!*
- *Ich schaffe es nicht...*

Leider ist die Tür noch immer geschlossen. Da der Kopilot jedoch keinen Versuch unternimmt, sie zu öffnen, kann ihm auch niemand zu Hilfe kommen. Es gelingt ihm weder, das Flugzeug zu stabilisieren, noch die Tür zu öffnen und der leitenden Flugbegleiterin über die Gegensprechanlage zu antworten. Einige Ermittler erklären später beim Abhören des Stimmrekorders, dass die Panik, die den jungen Mann erfasste, an Hysterie grenzte.

Schließlich gelingt es dem Kapitän, den Emergency Access Code einzugeben. Und die Tür öffnet sich...

Der Flugkapitän stürzt ins Cockpit.

Er braucht nur den Bruchteil einer Sekunde, um zu verstehen, dass die Situation schlimmer als angenommen ist. Das Flugzeug befindet sich mit einer Neigung von -26 Grad im Sturzflug. Die mobile Markierung des Fahrtenmessers ist im roten Bereich. Die Querneigung nach links beträgt 5 Grad. Der Mach Overspeed Clacker macht ein schrecklich ratschendes Geräusch. Sein nervtötendes „Tack-Tack-Tack-Tack-Tack“ ist unmöglich zu überhören. All das bedeutet nur eins: In ein paar Sekunden werden sie sterben!

Bevor er über die Mittelkonsole steigt, schreit der Kapitän wütend:

- *Verdammt noch mal, was machst du da?*

Als Antwort gibt der Kopilot zunächst eine Art Klagelaut von sich. Dann reagiert er fast wie ein kleines Kind.

- *Das bin ich nicht! Das ist das...*
- *Du bist total verrückt!*
- *Ich...*

---

[20] Der „MMO Overspeed Clacker“ ist ein Alarm, der die Besatzung warnt, dass das Flugzeug dabei ist, die autorisierte Machzahl zu überschreiten. Sein Rassel-Geklapper ist bewusst unangenehm gestaltet, da diese Situation ein sehr hohes Risiko darstellt.

- *Lass sofort alles los!*

Mit einer Hand an der Decke abgestützt gelingt es dem Flugkapitän, auf seinen Platz zurückzukehren. Das ist relativ einfach, da der Steuerknüppel deutlich nach vorne gedrückt, sein eigener Sitz aber nach hinten geschoben ist. Der Kapitän muss nicht mehr selber die Geschwindigkeit drosseln. Der Bordcomputer hat die Übergeschwindigkeit erkannt und die automatische Schubkontrolle hat die Schubhebel von alleine zurückgeschoben.
Davon abgesehen... läuft alles schlecht!
Selbstverständlich versucht der Flugkapitän als Erstes, den Steuerknüppel nach hinten zurückzuziehen. Aber die Steuerung gibt nicht nach. Sie scheint in Beton festgegossen zu sein. Tatsächlich übt der Kopilot noch immer einen entgegengesetzten Druck aus. Deshalb beginnt nun ein merkwürdiges Duell. Der eine zieht, der andere drückt und gestikuliert wild hinter seiner Sitzlehne.
Die Verzweiflung verleiht dem Kapitän ungeahnte Kräfte, er verwendet seine gesamte Energie. Um **21 Uhr 54 Minuten 19 Sekunden** registriert die Blackbox eine Zugkraft von **62,5 Kilo** auf dem linken Steuerknüppel. Aber es passiert nichts!
Wütend schreit der Kapitän:

- *Lass mich machen!*

Denn tatsächlich sind all seine Versuche vergebens, weil der Kopilot mit noch mehr Kraft als er auf den Steuerknüppel drückt. So unglaublich das erscheinen mag, aber in diesem Moment verzeichnet der Sensor des rechten Platzes einen Schub von mehr als **100 Kilo.** Es herrscht totale Panik!

- *Idiot, überlass ihn mir!*
- *Ich kann nicht...*
- *Lass! Lass!!!*

Doch der Kopilot ist total panisch. Er versucht noch immer, loszukommen und drückt dadurch den Steuerknüppel nach vorne. Trotz all seiner Anstrengungen gelingt es dem Kapitän lediglich, die Längsneigung um ...3 Grad zu verringern.

Währenddessen ist es der Chefstewardess gelungen, sich auf den Jump-Seat zu setzen. Sie legt den Schultergurt an und schreit den Passagieren in den vorderen Reihen Anweisungen zu:
Legen Sie Ihre Sitzgurte an... Legen Sie Ihre Sitzgurte an.
In der nächsten Sekunde dreht sie ihren linken Arm so, dass sie gegen die sich hinter ihr befindliche Toilettentür klopfen kann. Denn dort ist noch immer ein Passagier. Sie schreit noch lauter:

- *Kommen Sie sofort raus und setzen Sie sich hin!*
Einige Sekunden später gelingt es dem Passagier, die Tür zu öffnen. Der Mann ist leichenblaß. Zunächst will er auf seinen Platz hinten in der Kabine zurückkehren. Doch es gelingt ihm nicht. Er gerät komplett aus dem Gleichgewicht und hat Schwierigkeiten, auf dem Boden zu gehen, der unter seinen Füßen nachzugeben scheint. Die Stewardess weist ihn an, nicht weiterzugehen. Ohne zu zögern klappt sie den Jump-Seat neben sich herunter und lässt den Passagier dort sitzen. Der Platz ist normalerweise dem Bordpersonal vorbehalten, doch die Umstände sind außergewöhnlich. Der Mann ist am Rande eines Nervenzusammenbruchs und lässt sich in den Sitz fallen. Die Stewardess legt ihm den Schultergurt an und ruft:
- *Bewegen Sie sich nicht, alles wird gut.*
In Wirklichkeit glaubt die Stewardess ihren eigenen Worten nicht. Sie wird später zugeben, in diesem Moment überzeugt gewesen zu sein, sterben zu müssen.
Um **21 Uhr 54 Minuten 07 Sekunden** sehen die Daten, die der Flugschreiber aufzeichnet, wie folgt aus:
- Die Sturzfluglage beträgt –23 Grad;
- das Flugzeug stürzt mit Mach 0,89 Richtung Boden, was eine deutliche Überschreitung der MMO (Maximum Mach Operating Speed) ist.

Dann gelingt es dem Kapitän plötzlich, die Oberhand über seinen Kopiloten zu gewinnen. Die Nase des Flugzeugs richtet sich nach und nach auf. Während des Manövers ist das Flugzeug selbstverständlich einem ungewohnten Lastfaktor ausgesetzt. Die Passagiere spüren eine Kraft von 2,2g. Sie werden in ihre Sitze gedrückt. Sie haben das Gefühl, dass sich ihre Wangen allmählich verformen. Einigen gelingt es, zu schreien, doch die meisten haben Schwierigkeiten, überhaupt zu atmen[21].
Als das Flugzeug endlich stabilisiert ist, zeigt der Höhenmesser 30.200 Fuß an. Es hat während des Abenteuers fast 7.000 Fuß an Höhe verloren.[22] Das entspricht einem Sturz von mehr als zwei Kilometern - genug, um selbst die abgehärtesten Passagiere zu beeindrucken!

Als der Sturzflug endet, dreht sich die leitende Flugbegleiterin um, um zur Gegensprechanlage zu greifen. Sie will das Cokpit

[21] Eine g-Kraft von 2,2 ist für einen Kampfjetpiloten während eines Luftkampfes unterheblich, aber für Passagiere eines Linienjets eine starke Belastung.
[22] Exakt 2.100 Meter.

anrufen, um herauszufinden, was passiert ist. Aber niemand antwortet ihr. Sie begreift, dass der Flugkapitän zu beschäftigt ist, und unternimmt deshalb keinen zweiten Anlauf.
Die Zeit vergeht. Es herrscht große Angst... Die Passagiere sind mucksmäuschenstill. Niemand traut sich, eine Frage zu stellen. Aber es ist offensichtlich, dass alle allein von dem Gedanken eingeschüchtert sind, das Flugzeug könnte erneut in den Sturzflug übergehen. Ein paar Meter von der leitenden Flugbegleiterin entfernt hat ein Mann die Brace Position eingenommen. Er bleibt völlig reglos. Er wird ihr später erklären, dass er dachte, sterben zu müssen.
Nach fünf Minuten entschließt sich die Chefstewardess, erneut das Cockpit anzurufen.
Noch immer keine Antwort.
Sie will aufstehen, um zur Cockpittür zu gehen. Da das „Anschnallen"-Zeichen noch immer leuchtet, bleibt sie jedoch auf ihrem Jump-Seat sitzen und wartet dort auf Anweisungen.

Der Kapitän ist damit beschäftigt, das Flugzeug zu steuern. Er ist dabei, eine Bestandsaufnahme zu machen. Sobald die Boeing stabilisiert ist, zeigt sie eine Steigfluglage an, um auf ihre Reisehöhe von 37.000 Fuß zurückzugelangen. Während das Flugzeug an Höhe gewinnt, versucht der Flugkapitän, eine Schadensbilanz zu ziehen. Erstaunlicherweise scheint alles zu funktionieren. Der Druck ist normal und die Triebwerke laufen problemlos. Neben ihm ist es dem Kopiloten endlich gelungen, seinen Sitz zurückzuschieben, doch er selber bewegt sich nicht. Als der Rufton erklingt, greift er noch nicht einmal zum Mikrofon. Sein Chef hat ihm ohnehin verboten, irgendetwas anzufassen.
Und er hütet sich davor, ihm nicht zu gehorchen, denn der Kapitän hat nicht gerade die beste Laune. Er zweifelt an den Fähigkeiten des Kopiloten und beschimpft ihn:
- Du bist total krank!

Um sich zu verteidigen, tut der Kopilot so, als habe er nicht verstanden, was passiert ist. Doch sein Flugkapitän lässt sich nicht täuschen.
Es geht jetzt darum, wieder auf 37.000 Fuß zu steigen, aber der Kapitän muss sich jetzt auch gegenüber der Flugsicherung rechtfertigen. Denn der Fluglotse in Mumbai hat auf seinem Radarbildschirm die Höhe unvermittelt nach unten rauschen gesehen. Wie soll er ihm erklären, dass das Flugzeug 7.000 Fuß

nach unten gestürzt ist und sich nicht mehr auf seinem Kurs befindet? Kann er ihm auf der offenen Funkfrequenz erklären, dass sein Kopilot eingeklemmt war, während er selber zur Toilette gegangen ist? Es gibt eine Menge Funkverkehr auf der Frequenz und damit viele andere Personen, die zuhören. Einige Piloten würden sich totlachen. Der Kapitän ringt mit seinen Worten und begnügt sich damit, unbeholfen zu verkünden, dass sie ein technisches Problem gehabt hätten, aber dass jetzt alles geregelt sei.
Selbstverständlich reicht diese Erklärung den Behörden nicht aus. Die Flugsicherung will mehr erfahren. Man fürchtet, dass es bei der Landung zu einem Unfall kommen könnte... Aber der Flugkapitän sagt nicht mehr als: „Jetzt ist alles gut."

Um **22 Uhr 01 Minuten 10 Sekunden** stabilisiert sich das Flugzeug wieder auf seiner ursprünglichen Reisehöhe. Das Drama hat exakt acht Minuten gedauert. Wenige Augenblicke später versucht die leitende Flugbegleiterin, eine Bilanz der Schäden zu erstellen. Über die Gegensprechanlage ruft sie eine Stewardess an, die weiter hinten sitzt:
- *Haben Sie da hinten Probleme?*
Die Stewardess bestätigt ihr, dass es bei ihr keine Verletzten gibt. Die Chefstewardess versucht erneut, das Cockpit zu erreichen, jedoch wieder ohne Erfolg. Sie verlässt daraufhin ihren Jump-Seat, um durch die Kabine zu gehen. Sie spricht der Reihe nach mit allen Passagieren, um sie zu beruhigen. Das Erstaunlichste ist, dass sie noch immer nicht weiß, was passiert ist. Doch als Profi improvisiert sie:
- *Das war nur eine technische Störung. Es ist alles geregelt. Die Piloten haben die Situation im Griff.*
Ihr wird bewusst, dass sie unglaubliches Glück gehabt haben. Während des Sturzfluges waren alle angeschnallt und es gibt keine ernsthaften Sachschäden. Die Passagiere waren dabei, ihre Mahlzeit einzunehmen, und viele Essenskartons haben sich hier und da entleert. Die Rechnung, die die Fluggesellschaft für die Reinigung bezahlen muss, wird gepfeffert ausfallen. Vor allem, da die Plastikbecher während des Sturzfluges durch die Gegend geflogen sind und sich die zuckrigen Soda-Getränke über alle ergossen haben, die in der Nähe waren. Glücklicherweise ist die indische Kundschaft außerordentlich zahm: Es wird keine einzige Beschwerde geben!
Fünf Minuten später gelingt es der leitenden Flugbegleiterin endlich, Kontakt zum Cockpit herzustellen:

- Ist alles in Ordnung, Kapitän?
- Ja, wir sind gesund und munter. Es ist alles in Ordnung. Und bei Ihnen, wie geht es in der Kabine?
- Wir hatten Glück, sie haben alle gesessen. Wir haben keine Verletzten. Äh... Sie sollten ein paar Worte zu den Passagieren sagen, um sie zu beruhigen.
Der Flugkapitän stimmt zu:
- Ok, ich muss nur noch etwas zu Ende machen, dann spreche ich zu ihnen.

Um **22 Uhr 04 nimmt** der Kapitän das Mikrofon „Public Adress". Seine Botschaft ist die folgende:
- Meine Damen und Herren, hier spricht Ihr Kapitän... Wir haben ein großes Luftloch durchflogen, was den starken Höhenverlust erklärt, den Sie zu spüren bekommen haben. Äh... aber... jetzt ist alles wieder gut. Alles ist wieder in Ordnung und wir werden ganz normal in Pune landen. Unsere Landung ist in... äh... ungefähr einer Stunde vorgesehen.

Es herrscht ein Moment Stille, dann fügt er mit einer etwas verlegenen Stimme hinzu:

- Ich hoffe, dass Sie trotz dieses Zwischenfalls, äh... auf den wir keinen Einfluss hatten, zufrieden mit ihrem Flug an Bord von Air India Express sein werden.
Nach dieser Durchsage fangen die Passagiere an, sich wieder zu entspannen. Viele versuchen, ihre Kleidung sauber zu machen. Die Stewardessen beeilen sich, aufzuräumen und wieder für Ordnung zu sorgen. Überall sind Flaschen, Plastiktüten und Kartons. Hinten ist ein Servierwagen umgestürzt.
Eine Viertelstunde später ruft die leitende Flugbegleiterin das Cockpit erneut an:
- Können wir wieder mit dem Service beginnen, Kapitän?
- Ja, arbeiten Sie ganz normal. Es besteht keine Gefahr mehr.

Der Sinkflug beginnt zur vorgesehenen Zeit und die Landung in Pune erfolgt sogar ein paar Minuten früher als geplant. Die Passagiere verlassen das Flugzeug ohne Probleme, doch die Maschine erhält nicht die Erlaubnis, den Flug anzutreten, für den sie im Plan der Airline danach vorgesehen war. Sie muss am Boden bleiben. Denn der Fall sorgt auf höchster Ebene für Aufsehen. Die Behörden und technischen Dienste wollen ihn sorgfältig untersuchen. Für das

Ende der täglichen Rotation wird eine Ersatzmaschine eingeplant, aber nicht mit derselben Besatzung. Der Flugkapitän und der Kopilot werden vom „Roster" genannten Dienstplan genommen, um auf das Ergebnis der Ermittlungen zu warten.

Zum Glück ist die 737-800 ein robustes Flugzeug. Nach einer drei Tage dauernden Inspektion kann sie wieder fliegen.

Die Ermittler des indischen DGCA[23] machen beim Abschluss ihres Berichts deutlich, dass die Kontrolle über das Flugzeug rechtzeitig wiedererlangt wurde. Denn nur einige Sekunden zusätzlich hätten ausgereicht, um den Zwischenfall in einer Katastrophe enden zu lassen. Wenn der Sturzflug nicht kontrolliert worden wäre, wäre die Boeing im Flug auseinandergebrochen. Das Heck hätte die Übergeschwindigkeit in den unteren Schichten der Atmosphäre wahrscheinlich nicht ausgehalten. Es hätte zu flattern angefangen und wäre dann abgebrochen.

Trotz der Aufzeichnungen der beiden Blackboxen und der Zeugenaussage des Kapitäns streitet der Kopilot heftig ab, für das, was passiert ist, verantwortlich zu sein. Er behauptet, der Autopilot habe sich plötzlich verstellt. Das Flugzeug sei von ganz allein in den Sturzflug übergegangen und es sei ihm nicht gelungen, es zu stabilisieren. Er beteuert, er habe versucht, die Geschwindigkeit zu verringern, indem er den Schub reduzierte. Dabei war das die automatische Schubkontrolle, die ganz normal funktionierte.
Mit unglaublicher Böswilligkeit versichert er, er habe den Flugkapitän „vier- oder fünfmal" mit Hilfe des Rufknopfes für die Stewardessen gerufen. In den Aufzeichnungen des Cockpit Voice Recorders findet sich jedoch keine Spur davon. Er behauptet zudem, er habe versucht, aufzustehen, um die Tür zu öffnen. Er kann jedoch nicht erklären, warum er dafür nicht einfach den Knopf in seiner Nähe gedrückt hat. Er wird physisch und psychologisch untersucht, doch dabei wird nichts Nennenswertes gefunden.

Nach einem so groben Schnitzer könnte man eigentlich erwarten, dass die Fluggesellschaft Sanktionen gegen den Kopiloten ergreift: Einbestellung vor den Disziplinarausschuss, vorübergehende Freistellung vom Dienst begleitet von einer zusätzlichen Schulung und einer Überprüfung im Fluge, um seine Kapazitäten zu testen.

---

[23] Directorate General of Civil Aviation, das Pendant zum deutschen LBA (Luftfahrt-Bundesamt).

Bei einigen sehr strengen Fluggesellschaften wäre der Fehler sogar mit einer sofortigen Entlassung bestraft worden. Offensichtlich ist Air India Express im Umgang mit der Flugbesatzung jedoch nicht sehr strikt (wie wir gesehen haben, sucht die Airline Piloten). Darüber hinaus scheint der junge Mann von einigen hochrangigen Personen geschützt zu werden. Die Ermittler legen ihm gegenüber eine erstaunliche Milde an den Tag. Sie erklären zwar, dass er einen schweren Fehler gemacht habe und in Panik geraten sei. Hinter vorgehaltener Hand lassen sie auch verlauten, dass er nicht die Wahrheit gesagt habe. Dennoch schreiben sie in ihrem Untersuchungsbericht, dass sie den Kopilot nicht in dem offiziellen, für die indische Zivil-Luftfahrtbehörde gedachten Bericht erwähnen werden.

Dieser Zwischenfall hat den Ruf der Fluggesellschaft Air India Express schwer geschädigt. Das hätte sie nicht wirklich nötig gehabt. Denn vier Tage zuvor hat eine Boeing 737 derselben Airline Dubai verlassen und ist in Mangaluru abgestürzt. Der gleiche Flugzeugtyp, die gleiche wunderschöne Lackierung und Ursachen, die genau so unglaublich sind... außer, dass dabei 158 Menschen ums Leben kamen! (Siehe nächstes Kapitel.)

Schlaf

Samstag, 22. Mai 2010

Die Boeing 737-800, um die es in diesem Bericht geht, gleicht der aus dem vorigen Kapitel. Sie gehört derselben Fluggesellschaft *Air India Express* und alles, was vorher über dieses Unternehmen gesagt wurde, gilt nach wie vor.[1]
Die Ereignisse, um die es hier geht, fanden vier Tage statt, bevor sich der Kopilot des Fluges Dubai - Pune ungeschickt zwischen den Steuerinstrumenten seines Flugzeugs eingeklemmt hat. Das, was jetzt beschrieben wird, ist genau so unglaublich. Doch leider gibt es kein Happy End.

Die Boeing 737-800 aus diesem Kapitel; Kennzeichen VT-AXV.

[1] Die Fluggesellschaft betreibt 21 Boeing 737-800. Alle Maschinen sind mit farbenfrohen Motiven lackiert.

Die Maschine ist in Indien unter dem Kennzeichen VT-AXV registriert. Wie ihr Pendant aus dem vorigen Kapitel ziert ihr Leitwerk ein wunderschönes Motiv. Es ist sogar noch beeindruckender, weil jede Seite des Hecks anders gestaltet ist. So kann man auf der rechten Seite den Sonnentempel von Konark bewundern und auf der linken das Victoria Memorial. Wie die Boeing aus dem ersten Kapitel zieht das Flugzeug die Blicke der Touristen auf sich. Sie sind entzückt von der außergewöhnlichen Lackierung.
Es handelt sich um eine fast neue Maschine, die zum Zeitpunkt dieser Ereignisse erst zwei Jahre alt ist.

An diesem Abend führt sie einen Nachtflug zwischen Dubai und Mangaluru[2] durch. Die zurückzulegende Distanz beträgt 2.500 Kilometer – eine relativ kurze Strecke, da dieses einer Flugzeit von nur 3 Stunden 15 entspricht.
Bei den Passagieren handelt es sich um indische Wanderarbeiter, die aus den Emiraten endgültig in ihre Heimat zurückkehren. Der Service an Bord besteht wie bei dem Flug des vorigen Kapitels aus einer kostenlosen Mahlzeit, die ohne Besteck in Kartons serviert wird. Wie im vorigen Bericht sind die Fluggäste hauptsächlich männlich. Alle haben viel Gepäck... Denn Air India Express verfolgt bei einigen Zielen eine besonders aggressive Geschäftspolitik. Um Kunden anzulocken, erlaubt die Airline jedem Passagier *30 Kilo* Gepäck aufzugeben. Ohne jeden Aufschlag! Das ist einzigartig für eine „Low Cost“-Gesellschaft. Selbst klassische Fluggesellschaften behalten dieses Privileg den Passagieren der Ersten Klassen vor. Bei den meisten Airlines ist das Gewicht des Gepäcks, das aufgegeben wird, auf 20 Kilo beschränkt, manchmal sogar auf weniger. Und jedes Übergepäck wird teuer berechnet.[3]
Noch erstaunlicher ist, dass es bei Air India Express keine Beschränkungen für das Handgepäck gibt. Deshalb sieht man häufig Passagiere, die sich abmühen, ihre Taschen in den Gepäckfächern über ihren Sitzen zu verstauen. In der Tat haben die Marketing-Leiter der Fluggesellschaft verstanden, dass die indische Kundschaft immer sehr beladen reist... Die Augen beim Übergepäck zuzudrücken ist für sie ein exzellentes Mittel, um der Konkurrenz Steine in den Weg zu legen.
Das Problem ist nur, dass diese einmalige Politik unerwünschte Auswirkungen hat: Die Maschinen von Air India Express sind stets

[2] Bis 2014 Mangalore, seitdem offiziell Mangaluru.
[3] Der Preis für Übergepäck beträgt im Schnitt 10 Euro je Kilo.

sehr schwer beladen. Das wird bei dem Unfall eine gewisse Rolle spielen.

An diesem Abend ist das Flugzeug aus zwei Gründen schwer:

- Es ist quasi ausgebucht.
- Die Fluggesellschaft versucht zudem, beim Treibstoff zu sparen... Da das Kerosin in den Vereinigten Arabischen Emiraten billiger als in Indien ist, hat sie die Besatzung gebeten, in Dubai vollzutanken. Die Boeing hat deshalb in ihren Tanks mehr als 20 Tonnen Treibstoff.[4] Das ist fast das Doppelte dessen, was für diese Strecke notwendig wäre. Die Maschine hebt daher mit ihrer maximal zulässigen Startmasse ab.[5] Das war zwar beim Start in Dubai kein Problem, da die Startbahn 12 links vier Kilometer lang ist.[6] Beim Ablauf des Unfalls wird das Gewicht jedoch eine Rolle spielen.

An Bord befinden sich 160 Passagiere, um die sich sechs Mitglieder der Besatzung kümmern.[7] Beim Einchecken stehen auf der Passagierliste eigentlich 169 Personen, doch neun von ihnen sind zu spät am Abfertigungsschalter erschienen. Sie werden nicht mehr an Bord gelassen und informiert, dass ihre Tickets nicht erstattet werden. Die verspäteten Passagiere beklagen sich über das strenge Vorgehen der Fluggesellschaft. Sie können in diesem Moment noch nicht ahnen, dass sie unglaubliches Glück haben...

DIE BESATZUNG

Der Kapitän. Er heißt Zlatko Glusica. Er ist Serbe, 56 Jahre alt und stammt aus Bela Crkva im ehemaligen Jugoslawien.[8] Er hat 10.215 Flugstunden absolviert, vor allem bei *„JAT Yugoslav Airlines“* und dann bei *„JAT Airways“*.[9] Er arbeitet erst seit

---

[4] Exakt 20,6 Tonnen.

[5] Das höchste zulässige Gewicht, mit dem ein Flugzeug sicher abheben kann. Die Startmasse ergibt sich aus der Flugzeuggesamtmasse und der Zuladung. Für eine 737-800 beträgt die zulässige Startmasse 78.245 Kg.

[6] Die Startbahn 12L/ 30R in Dubai ist wie alle Start- und Landebahnen in den Vereinigten Arabischen Emiraten sehr viel länger als das, was es sonst weltweit gibt. Sie ist 4.000 Meter lang und 60 Meter breit. Das ist sehr viel mehr als sonst üblich, da Start- und Landebahnen weltweit im Schnitt 3.000 Meter lang und 45 Meter breit sind.

[7] Von den an Bord befindlichen Personen haben 164 die indische Staatsangehörigkeit. Eine junge Frau stammt aus Bangladesh und der Kapitän ist Serbe.

[8] Er hat ebenfalls die britische Staatsangehörigkeit angenommen.

[9] Die Fluggesellschaft hat nach 1992 ihren Namen geändert.

Dezember für die Fluggesellschaft *Air India Charters Limited*. Er gilt als erfahrener Profi, aber auch als Genießer, der gerne mal feiert. Er wohnt in Frankfurt und reist jedes Mal nach Indien, wenn er von der Fluggesellschaft eingesetzt wird. Wenn er frei hat, kehrt er zu seiner Frau und seinen drei Kindern in Deutschland zurück. Das ist auch der Grund, warum er am Vortag als einfacher Passagier angekommen ist.

Der Kopilot ist Sikh... Er heißt Habinder Singh Ahluwalia und seine Situation innerhalb der Fluggesellschaft ist noch unklar. Denn er besitzt zwar eine Lizenz als Flugkapitän, doch seine Vorgesetzten finden, dass er noch etwas zu unerfahren ist, um die Verantwortung für eine Maschine übernehmen zu können. Sie lassen ihn deshalb als Kopiloten fliegen. Wie wir gesehen haben will Air India Express bei Einstellungen Piloten mit indischer Staatsangehörigkeit bevorzugen. Das ist auch eine Image-Frage. Um ihrer Kundschaft zu beweisen, dass sie indische Kapitäne beschäftigt, hat die Airline die Ausbildung einiger junger Leute verkürzt... Doch in der Praxis überlässt sie die Verantwortung für ihre Flugzeuge lieber ausländischen, versierteren Piloten.
Wie alle Sikhs trägt Habinder Singh Ahluwalia sehr lange Haare, die er stets unter einem schwarzen Turban verbirgt. Diese traditionelle Kopfbedeckung ist ein religiöses Symbol, das er niemals ablegt – auch nicht, wenn er am Steuer eines Flugzeugs sitzt.[10]
Ahluwalia ist 40 Jahre alt und kommt auf 3.619 Flugstunden, was sehr wenig für einen Flugkapitän ist. Seine Personalakte ist dennoch ausgezeichnet. Bei den Einstellungstests hat er die besten Noten seines Jahrgangs erzielt. Übrigens – und das ist ungewöhnlich – hat er seit Beginn seiner Piloten-Ausbildung fast alle seine Flugstunden an Bord einer Boeing 737-800 absolviert.[11]
Der junge Ahluwalia ist stets sehr motiviert. Pilot zu sein war sein Kindheitstraum und den hat er verwirklicht.
Er sagt, dass er „fast“ wunschlos glücklich sei...
Denn sein Glück bereitet nicht allen Freude. So drängt ihn seine Familie, den ihrer Meinung nach „zu gefährlichen“ Beruf als Pilot aufzugeben. Seine Mutter wünscht sich, dass er stattdessen die Leitung des familieneigenen Werks übernimmt. Der Betrieb stellt Auspuffrohre für die Autos von Mahindra her. „Das ist einträglicher

[10] Das Verbot, einen Dastar oder Pagri genannten Turban tragen zu dürfen, wird von Sikhs als Zeichen religiöser Verfolgung gewertet.

[11] Der Kopilot hat insgesamt 3.619 Flugstunden absolviert, davon 3.319 Stunden in einer Boeing 737-800.

und weniger gefährlich, als zu fliegen“, wiederholt sein Bruder immer wieder. Denn er selbst hat Angst davor, in ein Flugzeug zu steigen. Um ihn von der Fliegerei abzuschrecken, ermutigt ihn seine Mutter, zu heiraten und eine Familie zu gründen. Wie es Tradition ist, ist sie diejenige, die eine Verlobte für ihn gefunden hat. Sie möchte, dass er einen Termin für die Zeremonie festlegt. Aber Ahluwalia ist nicht bereit, zu heiraten. Er ist eingefleischter Junggeselle, hat gerade eine Wohnung gekauft und hat nicht vor, dem Druck seiner Familie nachzugeben. Er liebt seinen Beruf und er übt ihn gut aus. Auch wenn er unter seinen Kollegen als sehr strenger Kopilot gilt, erkennen alle an, dass er sehr sorgfältig ist und alle Prozeduren äußerst gewissenhaft durchführt. In Bezug darauf erklärt er seinen Angehörigen oft, dass er „diejenigen nicht schätzt, die im Cockpit wahllos irgendetwas machen“. Das ist übrigens der Grund, warum Ahluwalia innerhalb der Fluggesellschaft einen außergewöhnlichen Konflikt ausgelöst hat: Einige Wochen zuvor hat er Klage gegen einen Flugkapitän eingereicht, dessen Arbeit er als schlampig empfand. Es handelte sich um einen Serben - so wie sein Chef an diesem Abend... Diese Geschichte hat bei den Flugbesatzungen für böses Blut gesorgt. Eine Untersuchung wurde eingeleitet. Ihre Ergebnisse wurden noch nicht veröffentlicht... Auch wenn gegen den Flugkapitän keine Sanktion verhängt wurde, kann man sich gut vorstellen, dass die Beziehungen zwischen den beiden Männern darunter gelitten haben. Deshalb haben die für die Planung der Flüge Zuständigen vorsichtshalber beschlossen, sie nie wieder zusammen in dasselbe Cockpit zu setzen.

All die hier erwähnten Fakten sind nicht anekdotenhaft. Indirekt werden sie eine gewisse Rolle für die Beziehungen zwischen dem Kopiloten und dem neuen Flugkapitän spielen und sich dadurch auch auf das Drama auswirken, das sich abzeichnet...

An diesem Abend besteht das Kabinenpersonal aus vier Flugbegleitern, zwei Stewards und zwei Stewardessen:
Mohamed Ali: Purser.
Yugantar Rana: Steward.
Sujata Siddarth Survase: Stewardess.
Tejal Anil Kamulkar: Stewardess.

DER ZIELFLUGHAFEN

MANGALURU INTERNATIONAL[12] gilt als einer der schwierigsten Airports in Indien. Seltsamerweise realisieren frischgebackene Piloten nicht sofort, dass er gefährlich ist. Denn er liegt am Rande des Indischen Ozeans und der Anflug ist scheinbar einfach. In Wirklichkeit jedoch erschweren eine große Anzahl an Faktoren die Landungen von Linienflugzeugen.

- Die **Start- und Landebahn** ist **kurz**. Sie misst nur 2.448 Meter. Das ist natürlich nicht dramatisch, da diese Länge trotzdem Starts und Landungen einer Boeing 737-800 ermöglicht. Die Maschine darf nur nicht zu schwer sein, vor allem, wenn die Außentemperatur hoch ist.[13]
- Die Anflugachse der Start- und Landebahn 24 ist von **recht hohen Hügeln** umgeben. Diese Anhöhen im Nordosten hindern Piloten daran, ihr Flugzeug weit weg im Endanflug zu stabilisieren. Der Landeanflug muss deshalb in Form eines „DME-Arcs" erfolgen (siehe weiter hinten die Anflugkarte). Dieser Bogen muss in einer konstanten Entfernung zum Marker durchgeführt werden. Das ist zwar machbar, aber etwas schwieriger als ein klassischer Endanflug. Obwohl die Boeing 737-800 mit ausgefeilten Navigationssystemen ausgestattet ist, muss sich der Pilot stärker als bei einem Standard-Anflug konzentrieren.
- Noch gravierender wiegt, dass sich der Flughafen **auf einer Art Hochplateau** befindet. Der Endpunkt der Start- und Landebahn 24 mündet im Südwesten in einen Hang, der steil abfällt. Es handelt sich um eine Steilwand von 60 Metern. Auf der anderen Seite, am Endpunkt der 06, ist eine 80 Meter tiefe Schlucht. Im aeronautischen Fachjargon nennt man eine solche Start- und Landebahn „table top".[14] Alles, was über die Grenze des zementierten Streifens der Piste hinausrollt, kann also nicht anders als in einer Katastrophe enden.
- Noch bedenklicher: Für Flugzeuge, die Richtung Südwesten landen, ist die Start- und Landebahn **leicht abschüssig**.

[12] Früher unter dem Namen BAJPE-MANGALORE bekannt.

[13] Die Lufttemperatur ist einer der Faktoren, der Einfluss auf die Start-Strecke hat, also die Strecke, die ein Flugzeug vom Beginn des Rollens auf der Startbahn bis zum Erreichen einer Flughöhe von 35 Fuß hat. Je wärmer es ist, desto länger werden die Strecken.

[14] Auch Flugzeugträger-Landebahn genannt. Es gibt in Indien andere „table tops": Die Flughäfen von Kozhikode und von Lengpui.

Das Bremsen ist deshalb weniger effizient als auf einer geraden Piste.

- Um dem Ganzen die Krone aufzusetzen, ist die Start- und Landebahn von Mangaluru auch noch sehr hell. Ihr Belag ist fast weiß und die zentralen Markierungen sind nicht sichtbar. Was die Ziffern angeht, die die Kompassrichtung der Start- und Landebahn anzeigen, so sind sie inexistent.

Aus all diesen Gründen erlauben die indische Luftfahrtbehörde DGCA und die meisten Fluggesellschaften nicht, dass Kopiloten während Starts und Landungen in Mangaluru das Steuer übernehmen. Nur Flugkapitäne dürfen die Flugzeuge dann steuern. All diese schwierigen Bedingungen haben die Flughafenbehörden nicht davon abgeschreckt, auf dem Gelände ein neues Terminal zu bauen. Das war ein Jahr, bevor sich diese Vorfälle ereigneten. Leider haben die neuen ultra-modernen Gebäude die Start- und Landebahn nicht leichter gemacht und die Fluggesellschaften zögern noch immer, Mangaluru anzufliegen. Zum gegenwärtigen Zeitpunkt sind nur fünf bereit, dort zu landen.
Flug IX 812 hat Terminal 2 um 1 Uhr 05 morgens verlassen, als es noch dunkel war.[15]
Die Maschine ist um 1 Uhr 35 in Dubai gestartet. Sie erhält die Erlaubnis, sofort auf Flugfläche 370 mit Kurs 150 Grad zu steigen. Sie überfliegt zunächst das Sultanat Oman bis Maskat. Danach überquert sie das Arabische Meer und beginnt ihren langen Flug über den Indischen Ozean bis zu ihrem Ziel.

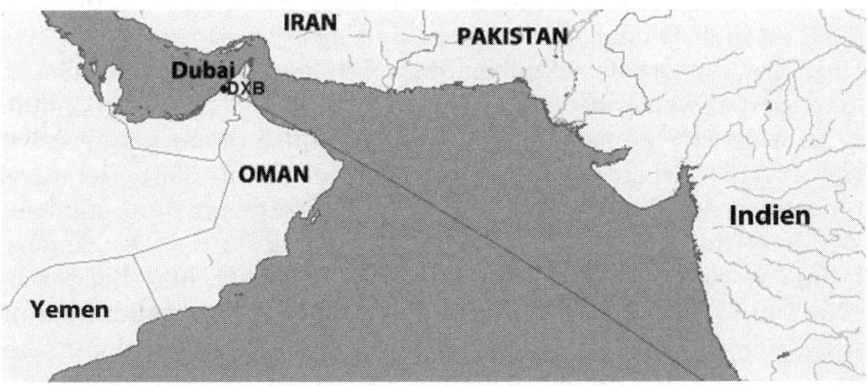

[15] Ortszeit Dubai. Da die Differenz des Emirats zur UTC +4 beträgt, erfolgt der Start um 21h25 GMT. Um das Verständnis des Berichts zu erleichtern, erfolgen alle Zeitangaben zunächst in der Ortszeit Dubai. Der Landeanflug und die Landung werden anschließend in der Ortszeit von Mangaluru angegeben.

Im Cockpit reden der serbische Kapitän und der indische Kopilot nur das Nötigste. Zum einen kennen sich die beiden Männer nur sehr wenig. Zum anderen kommen sie aus total unterschiedlichen Welten. Wie könnte der Serbe verstehen, dass Alhuwalia eine Frau heiraten muss, die seine Mutter für ihn ausgesucht hat? Und was weiß der Sikh schon vom Leben eines ehemaligen jugoslawischen Kommunisten, der heute in einem kapitalistischen Land lebt und in Indien arbeitet? Übrigens spricht keiner der beiden in seiner Muttersprache. Die seltenen Wortwechsel erfolgen auf Englisch und beschränken sich auf Formalitäten, wenn eine Checkliste abgearbeitet wird.

Selbst beruflich haben sich die beiden Männer nichts zu sagen. Denn sie leben nicht in derselben Welt. Der Serbe weiß, dass er bei der Fluggesellschaft keine Zukunft hat, da sie keinen Hehl daraus macht, ihn schnell ersetzen zu wollen.

Für den Sikh sieht es anders aus. Er weiß, dass er bei Air India Express bleiben wird.[16] Besser noch... Wenn alles gut läuft, kann er bald die „Low Cost"-Tochter verlassen, um für die Muttergesellschaft Air India zu arbeiten. Für die angesehene nationale Airline zu arbeiten, ist der Traum aller indischer Besatzungsmitglieder.

Leider muss Alhuwalia noch warten, bis er an der Reihe ist. Während dieses Fluges ist er wie bei allen anderen nur der Kopilot, der seinem Kapitän gehorchen muss.

Übrigens haben sich die zwei Männer auch aus technischer Sicht fast nichts zu sagen... Warum über die Flugstrecke sprechen? Sie kennen die Route auswendig. Der Flugkapitän ist sie schon 19 mal geflogen. Der Kopilot ist die Strecke sogar schon 66 mal geflogen, auch wenn er bei der Landung niemals gesteuert hat.

Die Reise ist eine solche Routine, dass der Kapitän seinem Kopiloten keinerlei Anweisungen gibt. Er hat ihm das Flugzeug seit dem Beginn des Steigfluges komplett anvertraut und dann aufgehört, sich für die Arbeit im Cockpit zu interessieren. Normalerweise teilen sich der Flugkapitän und sein Stellvertreter die Aufgaben. Der eine hat die Verantwortung, das ist der PF.[17] Der andere kümmert sich um den Funkverkehr, das ist der PM.[18] Bei jedem Flug tauschen der Kapitän und der Kopilot die Aufgaben, damit jeder seine fachlichen Kompetenzen aufrecht erhalten kann. An diesem Abend jedoch hat der Flugkapitän beschlossen, nichts zu

---

[16] Der Kopilot wurde am 27. April 2009 eingestellt.

[17] *Pilot Flying,* also der Pilot, der die Steuerung wahrnimmt.

[18] Früher *Pilot not Flying* (PNF). Heute *Pilot Monitoring (PM)* genannt. Er überwacht und unterstützt den PF.

tun. Er überlässt Ahluwalia beide Funktionen, damit er sich als PF und PM um alles kümmert. Deshalb ist es der Kopilot, der mit der Luftverkehrskontrolle spricht. Er ist es auch, der die Navigation überwacht.

Die Boeing 737-800 entspricht den höchsten Standards des amerikanischen Flugzeugbauers. Es ist ein neueres Modell, das als „NG" (für neue Generation) bezeichnet wird. Es ist mit zwei Autopiloten ausgestattet, die absolut alles machen. Sie regeln die Leistung der Triebwerke, halten die Flughöhe und kümmern sich bis zum Erreichen des Ziels um die Navigation. Sie können das Flugzeug sogar in eine Warteschleife bringen, wenn die Besatzung keine anderen Anweisungen gibt. Was den Funkverkehr angeht, so ist er an diesem Abend nicht sehr kompliziert. Der Flug erfolgt fast ausschließlich über dem Indischen Ozean. Da es mitten in der Nacht ist, ist das Verkehrsaufkommen gering.

Obwohl Ahluwalia alleine arbeiten muss, ist er also nicht überfordert...

Um 2 Uhr 05 morgens stabilisiert sich das Flugzeug auf einer Höhe von 37.000 Fuß. Die Ankunft in Mangaluru ist für 6 Uhr 25 geplant.[19] Im Cockpit herrscht eine bedrückende Stille. Fast eine Stunde lang nimmt der Cockpit Voice Recorder kein einziges Wort auf... Lediglich die Geräusche von Dokumenten, die geöffnet und geschlossen werden, und das Klicken von Schaltern sind zu hören. Gegen 3 Uhr schläft der Kapitän ein... Sein Schlaf bleibt jedoch nicht unbemerkt. Als die Ermittler des NTSB[20] später die Aufnahmen abhören, erklären sie, dass *„es das erste Mal ist, dass sie einen Piloten im Cockpit schnarchen hören"*. Das, was sie hören, hat nichts mit dem ruhigen Atmen eines friedlich Schlafenden zu tun. Stattdessen erfüllt starkes Schnarchen das Cockpit exakt **eine Stunde und 33 Minuten** lang.

Währenddessen steuert der Kopilot die Maschine. Er kommt sehr gut zurecht. Zweimal bemüht er sich, bewusst leise zu sprechen, um den Schlaf seines Kapitäns nicht zu stören, als ihn die Flugsicherung nach der Position fragt.

Um 6 Uhr morgens befindet sich das Flugzeug 180 Seemeilen von Mangaluru entfernt.[21] Der Kapitän schläft noch immer. Die

[19] Orstzeit Mangaluru (UTC + 5 h 30).

[20] *National Transportation Safety Board*: Das amerikanische Ermittlungsbüro, das für Unfälle im zivilen Transportwesen zuständig ist.

[21] Um den Text besser verständlich zu machen, entsprechen die folgenden Zeitangaben der Ortszeit von Mangaluru.

Landung ist in rund 30 Minuten vorgesehen und das Flugzeug befindet sich noch immer auf seiner Reisehöhe von 37.000 Fuß. Für den Kopiloten ist es nun an der Zeit, auf die Anflugfrequenz von Mangaluru zu schalten: 127.55 Mhz.
Hier das Transkript des Gesprächs, das er mit der Flugsicherung hat.

Um 6 Uhr 02 Minuten und 48 Sekunden (Kopilot): *Flugkontrolle Mangaluru... Express India 812, guten Morgen...*

Die Antwort des Fluglotsen kommt sofort. Mangaluru ist ein kleiner Flughafen und es handelt sich nicht gerade um die Stoßzeit. Bis auf die Boeing befindet sich hier nur ein anderes Flugzeug am Himmel. Dabei handelt sich um Flug IX 372, der ebenfalls von der Fluggesellschaft Air India Express durchgeführt wird.

6 Uhr 02 Minuten und 50 Sekunden (Anflug von Mangaluru): *Express India 812, Flugkontrolle, guten Morgen... Was kann ich für Sie tun?*

6 Uhr 02 Minuten und 59 Sekunden (Kopilot): *Wir sind auf Flight Level 370, Transpondercode 0544*[22] *und wir nähern uns dem Punkt IGAMA.*[23]

6 Uhr 03 Minuten und 02 Sekunden (Anflug von Mangaluru): *Express India 812, Roger, melden Sie, wenn Sie IGAMA passieren.*

6 Uhr 03 Minuten und 05 Sekunden (Kopilot): *Rufe Sie wieder, wenn wir IGAMA passieren, Express India 812.*

Es ist früher Morgen... Der Fluglotse ist vielleicht auch müde. Zumindest fällt auf, dass er nicht sehr reaktionsfähig ist. Er hat nur zwei Flugzeuge zu überwachen und er verlangt, dass Flug 812 sich wieder meldet, wenn er den Wegpunkt IGAMA überfliegt. Dabei hat ihm der Kopilot gerade gesagt, dass er fast dort angelangt ist. Das Anflugradar von Mangaluru ist jedoch seit einigen Tagen ausgefallen und der Fluglotse scheint ohne das Radar etwas desorientiert zu sein.

---

[22] Der Transpondercode (Squak) ist ein vierstelliger Code, der am Transponder eingestellt wird und der der Identifizierung von Flugzeugen dient. Es werden Kennung, Position und Höhe übermittelt.

[23] Der Wegpunkt IGAMA befindet sich 325 Kilometer westlich von Mangaluru im indischen Ozean.

Es passiert nichts... bevor ihn der Kopilot *zwölf Sekunden* später wieder anfunkt.

6 Uhr heures 03 Minuten und 17 Sekunden (Kopilot): *Mangaluru... Express 812, Position jetzt über IGAMA-Wegpunkt. Flight Level 370...*

6 Uhr 03 Minuten und 20 Sekunden (Anflug von Mangaluru): *Express India 812, Flugsicherung, äh... Roger.*

Vier Minuten verstreichen, ohne dass es Kontakt mit dem Fluglotsen gibt. Auf dem Cockpit Voice Recorder ist nur das Schnarchen des Kapitäns zu hören. Egal, der Kopilot hat nach seinem eigenen Gutdünken gearbeitet und er war vermutlich zufrieden, dabei relativ alleine zu sein.
Da sich das Flugzeug jetzt seinem Zielort nähert, muss er die Wettervorhersage für den Flughafen einholen. Es ist Ende Mai und das Wetter kann problematisch sein. Auch wenn der Monsun erst in einem Monat beginnt, ist es schon heiß und es kann plötzliche Regenfälle geben.

6 Uhr 07 Minuten und 02 Sekunden (Kopilot): *Mangaluru Flugkontrolle, Express 812, können Sie mir den letzten Wetterbericht für Mangaluru geben?*

6 Uhr 07 Minuten und 06 Sekunden (Anflug von Mangaluru): *Express India, Flugkontrolle... Hier ist der letzte von Mitternacht*[24]*: Kaum Wind... die Sicht beträgt 6 Kilometer... einige vereinzelte Wolken in 2.000 Fuß Höhe... die Temperatur beträgt 27 Grad... der Taupunkt 26... Und das QNH*[25] *beträgt 1006 Hectopascal.*

Der Morgen dämmert. Wie so oft während dieser Jahreszeit geht die Sonne in einer grauen, heißen und feuchten Atmosphäre auf. Trotz der frühen Stunde ist es bereits 27 Grad warm. Und das ist erst der Anfang... Die Wettervorhersage kündigt für den Lauf des Tages Temperaturen von 38 Grad an. Trotz der hohen Temperaturen beträgt der Taupunkt erstaunlicherweise 26 Grad.

[24] Wie in der Luftfahrt üblich nennt der Fluglotse die GMT-Zeit. Der Wetterbericht, den er dem Kopiloten gibt, wurde also erst sieben Minuten zuvor veröffentlicht.

[25] QNH = Der auf den Meeresspiegel bezogene Luftdruck an einem Flughafen.

Das bedeutet, dass es fast neblig ist.[26]

6 Uhr 07 Minuten und 18 Sekunden (Kopilot): *Empfangen. 1006 Hektopascal und Piste 24... Bestätigen Sie, dass Sie Radar-Kontakt haben.*

6 Uhr 07 Minuten und 22 Sekunden (Anflug Mangaluru): *Negativ, Sir. Das Radar ist ausgefallen.*

Wir haben also einen Kopiloten, der alleine im Cockpit arbeitet... Mit einem Kapitän, der vor sich hinschnarcht... Das Flugzeug wird an einem der schwierigsten Flughäfen Indiens ankommen und das Radar funktioniert nicht... Unter diesen Umständen müsste die Besatzung jetzt einige wichtige Entscheidungen treffen, die zuvor bei einem Briefing durch den Flugkapitän besprochen werden müssten. Das geschieht jedoch nicht. Zunächst begnügt sich der Kopilot damit, den Empfang der Informationen zu bestätigen.

6 Uhr 07 Minuten und 27 Sekunden (Kopilot): *Äh... Roger... Express 812...*

Man merkt, dass der Kopilot etwas zögert. Einen Anflug ohne Radar durchzuführen ist nicht unmöglich. Es gibt überall auf der Erde Flughäfen, die keinen Radar haben und trotzdem jeden Tag Flugzeuge empfangen. Doch Mangaluru ist nicht irgendein Flughafen und der Kopilot muss alleine entscheiden.
Eine lange Minute verstreicht... Schließlich fragt er mit einer ein wenig unbehaglich klingenden Stimme:

6 Uhr 08 Minuten und 41 Sekunden (Kopilot): *Äh... Flugkontrolle Mangaluru... Express India 812... Äh... Welche Art von Anflug können wir für Piste 24 in Mangaluru erwarten?*

Die Frage ist nicht unsinnig. Ohne Radarführung muss der Kopilot die Prozedur wählen, die ihn in den Endanflug bringt. Leider ist das nicht die Art von Problem, die die Besatzungen sonst für Mangaluru ansprechen, da sie normalerweise Radarführung bekommen.

---

[26] Wenn die Temperatur der Atmosphäre dem des Taupunkts entspricht, bilden sich winzige, schwebende Wassertröpfchen, die sich in Nebel verwandeln. In diesem Bericht reicht ein Rückgang der Außentemperatur von 27 Grad um nur ein Grad aus, um die Sicht bei einem Taupunkt von 26 Grad radikal sinken zu lassen.

Die Antwort fällt entsprechend trocken aus.

6 Stunden 08 Minuten und 48 Sekunden (Anflug Mangaluru): *Machen Sie einen ILS-Anflug*[27] *DME-Arc.*

6 Stunden 08 Minuten und 50 Sekunden (Kopilot): *Roger. Wir werden einen ILS-Anflug DME-Arc machen... Express 812... Und... wir sind jetzt bereit, mit dem Sinkflug zu beginnen.*

6 Uhr 08 Minuten und 55 Sekunden (Fluglotse aus Mangaluru): *Stand Bye... warten Sie, 812.*

Der Kopilot bleibt also auf einer Höhe von 11.300 Metern. Im Cockpit herrscht erneut Stille, die nur vom Schnarchen des Kapitäns unterbrochen wird. Eine Minute später stellt der Fluglotse eine Frage, die zeigt, dass er ebenfalls nicht gerade wach ist.

6 Uhr 09 Minuten und 48 Sekunden (Fluglotse aus Mangaluru): *Express India 812, hier ist die Flugsicherung... Äh... Wie weit sind Sie vom Wegpunkt IGAMA entfernt? Express India 812...*

Der Kopilot ist erstaunt. Schließlich hat er den Wegpunkt IGAMA schon vor fünf Minuten überflogen. Er hat es dem Fluglotsen deutlich angekündigt und dieser hat den Empfang der Nachricht sogar bestätigt.

6 Uhr 09 Minuten und 55 Sekunden (Kopilot): *Express India 812, wir haben den Punkt IGAMA bereits passiert. Das war um Mitternacht 04.*

Um nicht wie ein Dummkopf zu erscheinen, macht der Fluglotse eine Kehrtwende:

6 Uhr 10 Minuten und 04 Sekunden (Fluglotse von Mangaluru): *Äh... Ja... Also, geben Sie mir die Entfernung, die Sie seit IGAMA zurückgelegt haben?*

---

[27] Präzisionsanflug mit Hilfe des Instrumentenlandesystems (ILS). Dieses führt das Flugzeug mit Hilfe des Landeskurssenders und des Gleitwegsenders.

6 Uhr 10 Minuten und 14 Sekunden (Kopilot): *Also... wir sind jetzt 48 Meilen von IGAMA entfernt.*[28]

6 Uhr 10 Minuten und 20 Sekunden (Fluglotse von Mangaluru): *Flugkontrolle, Roger.*

6 Uhr 11 Minuten und 05 Sekunden (Fluglotse von Mangaluru): *Express India 812, melden Sie sich für den Sinkflug, wenn Sie auf Radial 287 und 80 Meilen vom MML entfernt sind.*[29]

Aus unbekannten Gründen verzögert der Fluglotse den Sinkflug der Boeing. Handelt es sich um eine exzessive Vorsichtsmaßnahme, um sie von dem übrigen Verkehr zu trennen? Dabei befinden sich doch nur zwei Flugzeuge in seinem Luftraum. Das sollte eigentlich auch bei einem kaputten Radargerät keinen Stress bereiten. Übrigens handelt es sich bei dem anderen Flugzeug um Flug 372 von Air India Express, der aus Bahreïn kommt und nach einem Zwischenstopp in Katar nach Calicut fliegt.[30] Auch er muss heruntergehen, aber sein Flugweg kreuzt nicht den des Kopiloten. Warum lässt der Fluglotse die Boeing nicht runtergehen? Die Situation ist unklar und sorgt für Verwirrung, da die Nachricht des Fluglotsen nicht beim richtigen Empfänger ankommt. Es ist der Kommandant des Fluges 372, der antwortet.

6 Uhr 11 Minuten und 11 Sekunden (Kapitän des Fluges 372): *Verstanden Express India 372. Wir melden uns auf Radial 287 für den Sinkflug, wenn wir 80 Meilen vom Drehfunkfeuer MML entfernt sind.*

Der Fluglotse merkt sofort, dass er nicht mit der richtigen Person spricht. Er kann sich nicht verkneifen, irritiert zu reagieren:

6 Uhr 11 Minuten und 24 Sekunden (Fluglotse von Mangaluru): *Negativ!!! Express India 812, von Mangaluru Radar, melden Sie, wenn Sie auf Radial 287 und 80 Meilen von MML weg sind.*

---

[28] 89 Kilometer.

[29] Rund 150 Kilometer von dem VOR/DME Ukw-Drehfunkfeuer MML entfernt, das sich in der Nähe des Flughafens Mangaluru befindet.

[30] Der Flughafen von Calicut befindet sich 180 Kilometer südlich von Mangaluru an der Küste.

6 Uhr 11 Minuten und 25 Sekunden (Kopilot): *Roger… Zur Info: Wir sind schon auf Radial 287 und wir melden uns 80 Meilen vor MML für den Sinkflug.*

6 Uhr 11 Minuten und 39 Sekunden (Fluglotse von Mangaluru): *Bestätigt.*

Die Boeing befindet sich nahezu auf der geforderten Position und man könnte eigentlich erwarten, dass der Fluglotse ihr sofort die Erlaubnis zu sinken gibt. Tatsächlich antwortet er noch nicht einmal. Dieses unerklärliche Hinauszögern wird sich später als folgenschwer erweisen. Der Kopilot dagegen hat bisher keinen Fehler gemacht. Obwohl er alleine arbeitet, wickelt er den Funkkontakt ohne Probleme ab und das Flugzeug ist auf dem richtigen Kurs. Ahluwalia ist absolut nicht überfordert. Er müsste nur den Sinkflug beginnen können, damit er nicht zu hoch ist, wenn er in Mangaluru ankommt.
Es vergehen noch einmal fünf Minuten, während der die Boeing auf 37.000 Fuß bleibt.
Unter ihren Flügeln zieht die graue Masse des Indischen Ozeans zügig vorüber.

6 Uhr 16 Minuten und 54 Sekunden (Kopilot): *Flugsicherung Mangaluru, Express India 812. Wir sind 80 Meilen auf dem Radial 287 vor MML.*

Das ist natürlich ein Wink mit dem Zaunpfahl… Der Kopilot würde gerne in den Sinkflug gehen. Doch er erhält erneut keine Antwort. Der Fluglotse spricht mit der Maschine, die sich im Anflug auf Calicut befindet. Die Zeit, bis er sich wieder für den Kopiloten interessiert, erscheint lang:

6 Uhr 17 Minuten und 15 Sekunden (Fluglotse): *Break, break*[31] *Express 812 von der Flugsicherung.*

6 Uhr 17 Minuten und 16 Sekunden (Kopilot): *812, wir sind jetzt 77 Meilen entfernt, Sir…*[32] *Wir möchten mit dem Sinkflug beginnen.*

---

[31] Ausdruck, der im Flugfunk verwendet wird, um deutlich zu machen, dass man plötzlich den Gesprächspartner wechselt. Der Fluglotse war dabei, mit Flug 372 zu sprechen und er unterbricht seine Nachricht mit dem Wort „break", um mit Flug 812 zu reden.
[32] 142 Kilometer.

6 Uhr 17 Minuten und 20 Sekunden (Fluglotse von Mangaluru): *812, von der Flugsicherung... Bleiben Sie auf Radial 287 von MML. Gehen Sie auf 7.000 Fuß und melden Sie, wenn Sie Flight Level 370 verlassen.*

6 Uhr 17 Minuten und 34 Sekunden (Kopilot): *Roger, wir sinken auf 7.000 Fuß und wir verlassen jetzt Flight Level 370... Express India 812.*

Endlich! Der Kopilot streckt sofort seine Hand nach dem Mode Control Panel unterhalb des Instrumentenbretts aus.[33] Er dreht den Knopf für die Höhe und ersetzt die Zahl 370 durch 70. Auf der Mittelkonsole gehen die zwei automatischen Hebel langsam nach hinten zurück und die Nase der Boeing sinkt unter den Horizont. Auf dem Höhenmesser ziehen die Zahlen vorbei...
Der Sinkflug beginnt.
Auf der Aufnahme des *Cockpit Voice Recorders* ist immer noch das Schnarchen des Flugkapitäns zu hören, aber es ist nicht mehr so gleichmäßig. Manchmal verlangsamt sich sein Atem. Dann ist er fast nicht mehr zu hören, bevor er wieder stärker wird, so als ob der Mann Atemprobleme habe. Einige Experten deuteten dies später bei den Ermittlungen als Hinweis auf Übergewicht. Andere dachten, dass seine Nasenschleimhäute geschwollen waren und vielleicht den Beginn eines Schnupfens anzeigten. Fest steht nur, dass jemand, der so schnarcht, beruflich nicht gestresst zu sein scheint...

Der Fluglotse meldet sich drei Minuten später:

6 Uhr 20 Minuten und 44 Sekunden (Fluglotse von Mangaluru): *Express India von der Flugsicherung... Wie ist Ihr Flight Level?*

Der Fluglotse hat vergessen, zu sagen, welches Flugzeug er anspricht. Er hat noch immer zwei „Express India“ in seiner Kontrollzone und er hat nicht die Nummer des Fluges genannt. Doch der Sikh passt auf. Er weiß sofort, dass er gemeint ist:

[33] Kontrollblock, der ermöglicht, die wichtigsten Funktionen des Autopiloten zu steuern: Geschwindigkeit, Höhe, Kurs, Vertikal-Geschwindigkeit, Vertikal-Navigation, Lateral-Navigation etc..

6 Uhr 20 Minuten und 48 Sekunden (Kopilot): *Wir sind dabei, 295 im Sinkflug zu verlassen.*[34]

Der Leser wird sich vielleicht fragen, warum der Kopilot nicht den Flugkapitän aufweckt. Das ist jedoch leicht zu verstehen. *Er braucht ihn nicht.* Er kommt sehr gut alleine zurecht und so zögert er den Moment bis zuletzt hinaus, in dem er seinen Kapitän die Maschine wieder anvertrauen muss. Natürlich muss er das machen, denn die Regeln verbieten ihm, die Maschine zu landen. Doch momentan gibt es keinen Grund zur Eile!
Es ist schwierig, in dem Verhalten von Ahluwalia nicht den Ausdruck einer gewissen Frustration zu sehen.

6 Uhr 20 Minuten und 53 Sekunden (Fluglotse von Mangaluru): *Express India 812, Roger... Melden Sie 50 Meilen vor MML.*[35]

Der Fluglotse von Mangaluru scheint immer noch hinterherzuhinken, denn der Kopilot antwortet sofort.

6 Uhr 20 Minuten und 55 Sekunden (Kopilot): *Zur Info: WIR SIND 50 Meilen vor MML, Express India 812!*

6 Uhr 20 Minuten und 58 Sekunden (Fluglotse von Mangaluru): *Roger.*

Die Minuten vergehen. Der Kapitän schläft immer noch. Die Boeing nähert sich dem Marker und ist noch immer zu hoch.

6 Uhr 24 Minuten und 20 Sekunden (Kopilot): *Mangaluru... Express India 812, wird sind 25 Meilen vor MML.*[36]

6 Uhr 24 Minuten und 23 Sekunden (Fluglotse von Mangaluru): *Express India 812, von der Flugsicherung... Setzen Sie den Sinkflug bis 2.900 Fuß fort. Und kontaktieren Sie den Turm auf 122.10.*

[34] 29.500 Fuß (8.968 Meter).
[35] 90 Kilometer.
[36] 46 Kilometer.

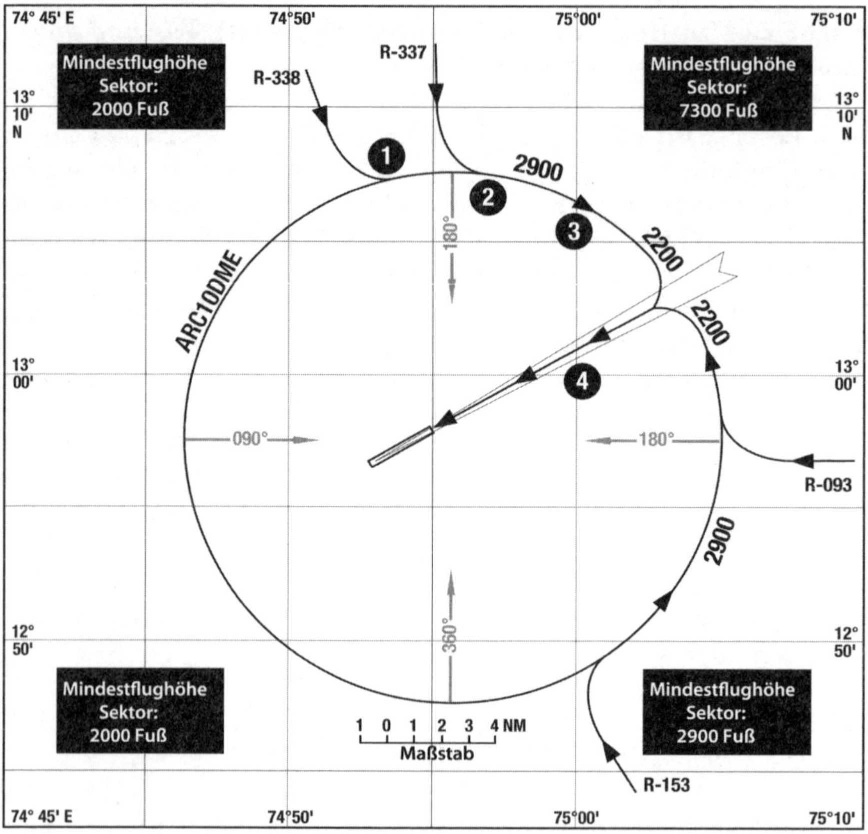

Der ILS-Anflug 24 DME-ARC von Mangaluru so wie er auf der von Air India Express benutzten Karte beschrieben ist. Diese Art von Anflug wird für Flughäfen empfohlen, die von störenden Höhenlagen umgeben sind. Im Fall von Mangaluru muss das Flugzeug 18 Kilometer von dem Gelände entfernt (10 nautische Meilen) einen Kreisbogen fliegen, bevor es den Endanflug für Landebahn 24 beginnt.

6 Uhr 24 Minuten und 30 Sekunden (Kopilot): *Verstanden, Sir... 2.900 Fuß und wir kontaktieren den Turm. Äh... können wir direkt zum Radial 338 des DME fliegen?*

6 Uhr 24 Minuten und 32 Sekunden (Fluglotse von Mangaluru): *Genehmigt... Wie ist Ihre Höhe jetzt?*

6 Uhr 24 Minuten und 36 Sekunden (Kopilot): *Wir verlassen 184, Sir.*[37]

[37] 18.400 Fuß (5.600 Meter).

Erneut ist es nicht der Fehler von Ahluwalia, doch diesmal besteht Handlungsbedarf! Die Boeing ist nur noch 25 Meilen von Mangaluru entfernt und befindet sich immer noch auf einer Höhe von 18.400 Fuß!

6 Stunden 24 Minuten und 43 Sekunden (Fluglotse von Mangaluru): *OK, also fliegen Sie auf Radial 338. Melden Sie sich bei 12 Meilen und kontaktieren Sie den Tower 122.1.*

Das Radial 338 ist auf dem Anflugschema klar ausgewiesen. Die Flugbahn des Flugzeugs ist einfach zu visualisieren. Es wird von Nordwesten kommen. Wenn es zehn nautische Meilen entfernt ist, fliegt es eine Kurve nach links, um den Kreisbogen zu beschreiben, der es in den Endanflug für Landebahn 24 bringt.

6 Uhr 24 Minuten und 47 Sekunden (Kopilot): *122.10... Danke... Express India 812.*

Plötzlich ertönt im Cockpit ein Hustenanfall. Es folgt ein herzhaftes Gähnen und schließlich eine Art Stöhnen. Das ist der Kapitän, der wieder aufwacht... Doch allem Anschein nach fällt es ihm schwer. Verständlich. Immerhin hat er anderthalb Stunden lang zusammengekauert auf einem Sitz verbracht, der längst nicht so komfortabel wie ein Bett ist. Das erste Wort, das er voller Erstaunen von sich gibt, zeigt, in welchem Zustand er sich befindet:

- *„What?“.*

Das ist alles... Der Serbe hat sicher gerade realisiert, dass er sich nicht in seinem Schlafzimmer befindet und dass er wieder arbeiten muss. Erneutes Gähnen... Aber er wechselt kein Wort mit dem Kopiloten.

Ab jetzt geht alles sehr schnell. Mit einer Geschwindigkeit von 550 Stundenkilometern braucht die Boeing nur sechs Minuten, um die bis zum Flughafen verbleibenden 50 Kilometer zurückzulegen. Sekunden vergehen. Der Kapitän ist zwar wach, sagt aber immer noch nichts. Es ist Ahluwalia, der arbeitet. Versucht sein Vorgesetzter, herauszufinden, wie die Position des Flugzeugs ist? Überwacht er den Flugweg oder kämpft er noch immer gegen die Müdigkeit an? Wir wissen es nicht.

Er scheint jedoch die Bemerkung seines Kopiloten kaum zu hören:

- *Das Radar funktioniert nicht und ich weiß nicht, was ich machen soll.*

Erst nach langer Stille antwortet der Flugkapitän mit heiserer Stimme:

- *No problem!*

Dennoch übernimmt er nicht das Kommando... Je mehr Sekunden verstreichen, desto größer wird die Arbeitsbelastung für den Kopiloten, weil er einen schwierigen Flugweg meistern muss. Vorher befand sich das Flugzeug im stabilen Reiseflug. Jetzt jedoch nähert es sich dem Boden und es muss einen sehr präzisen Kreisbogen fliegen, um in den Endanflug zu gelangen. Auch wenn der Flugweg vom Autopiloten gesteuert wird, wäre es besser, zu zweit zu arbeiten...

Das Profil des Sinkflugs ist schon seit einer Weile überhaupt nicht gut. Die Sinkrate ist normal, doch dann beschleunigt sie sich abrupt. Mit anderen Worten: Das Flugzeug sinkt schubweise, so, als ob es Stufen heruntersteigt. Das liegt daran, dass der Kopilot mehrmals die Bremsklappen ausgefahren hat, um die Sinkrate zu erhöhen. Aber er scheint zu zögern. Er betätigt sie immer nur kurz und das reicht nicht aus, um die Boeing wieder auf eine korrekte vertikale Flugbahn zu bringen.

Der Cockpit Voice Recorder nimmt erneut mehrmaliges Gähnen auf. Noch immer wird kein Wort gesprochen.

Das Aufwachen scheint schwierig zu sein.

Hinter der Windschutzscheibe wird die Morgendämmerung immer heller. Unter den Flügeln verändert sich die Landschaft allmählich. Trotz der Höhe ist eine weiße Linie zu erkennen, die quer zum Horizont verläuft. Es ist der Kamm der Wellen, der vor der Küste zu sehen ist. Danach wird die graue Masse des Ozeans durch eine dunklere Masse abgelöst.

Das Land ist in Sicht.

Aber der Kopilot hat keine Zeit, die Landschaft zu betrachten. Wie von der Flugaufsicht verlangt, wechselt er die Funkfrequenz. Er war auf 127.55 Mhz. Er wechselt auf 122.10.

Und er kontaktiert den Tower... Auch bei ihm macht sich die Müdigkeit bemerkbar, denn bevor er das tut, kann auch er ein langes Gähnen nicht unterdrücken.

6 Uhr 24 Minuten und 51 Sekunden (Kopilot): *Mangaluru Tower... Express India 812... Guten Tag, Sir.*

6 Uhr 24 Minuten und 59 Sekunden (Tower): *Express India 812, guten Tag... Melden Sie sich, wenn Sie auf dem 10 Meilen ARC für Piste 24 sind.*

6 Uhr 25 Minuten und 00 Sekunden (Kopilot): *Verstanden, ich rufe Sie, wenn wir auf dem 12 Meilen ARC von Piste 24 sind.*

Liegt es an der morgendlichen Müdigkeit oder an Überlastung? Der Kopilot macht einen Fehler, den der Fluglotse nicht durchgehen lässt.

6 Uhr 25 Minuten und 04 Sekunden (Tower): *10 DME-Arc!*

6 Uhr 25 Minuten und 08 Sekunden (Kopilot): *Roger, 10 DME-Arc.*

Zwei Minuten später erreicht die Boeing den Bogen (Position 1 auf der Skizze). In diesem Moment müsste sie sich in einer Höhe von 2.900 Fuß befinden.[38] Sie ist aber noch in mehr als 9.000 Fuß Höhe. Wie die Anflugkarte zeigt, fliegt sie eine Linkskurve, was sie 18 Kilometer nördlich von der Landebahn vorbeikommen lässt. Wenn das Flugzeug auf der Kurve stabilisiert ist (Position 2 auf der Karte), meldet sich der Kopilot wieder beim Tower.

Als der Höhenmesser 8.500 Fuß anzeigt, scheint sich der Kapitän plötzlich bewusst zu werden, dass das Flugzeug viel zu hoch ist. Mit heiserer Stimme mahnt er:

- *Das Fahrwerk!*

Das Fahrwerk auszufahren ist ein ausgezeichnetes Mittel, um das Flugzeug zu bremsen und gleichzeitig die Sinkrate zu erhöhen. Da das aber immer noch nicht ausreicht, fährt der Kopilot erneut die Bremsklappen aus. Wieder geschieht es schubweise. Er fährt sie ruckartig ein und aus, ohne dass irgendetwas dieses merkwürdige Zögern rechtfertigen würde.

Bisher stellt diese exzessive Höhe keine Gefahr für das Flugzeug dar. Wenn die Besatzung in der Lage ist, das Flugzeug für den Endanflug zu stabilisieren, wird es kein Problem geben und die Passagiere werden nichts von all dem mitbekommen…

6 Uhr 27 Minuten und 44 Sekunden (Kopilot): *Tower Mangaluru… Express India 812, wir befinden uns auf dem 10 DME-Arc für die Piste 24.*

6 Uhr 27 Minuten und 52 Sekunden (Tower): *Verstanden, Express India 812. Rufen Sie mich wieder, wenn Sie auf dem ILS sind.*[39]

---

[38] Siehe Karte. Es handelt sich um die Höhe im Vergleich zum Meeresspiegel. Die Höhe dieser Rundstrecke im Vergleich zur Piste beträgt nur 1.893 Fuß (575 Meter).

[39] Instrument Landing System: Bodenbasiertes System, das Piloten in den Flugphasen vor der Landung unterstützt.

6 Uhr 27 Minuten und 58 Sekunden (Kopilot): *OK, Sir... Wir werden zurückrufen, wenn wir auf dem ILS sind... Express 812.*

Es vergehen sechs Minuten, in denen die Boeing den Kreisbogen fliegt, der auf der Karte als 3 eingetragen ist. Dabei müsste die Maschine eigentlich auf 2.200 Fuß stabilisiert sein. Doch sie befindet sich noch immer im Sinkflug und erreicht diese Höhe nie. Obwohl Glusica wach ist, ist es noch immer Ahluwalia, der über Funk spricht und das Flugzeug fliegt. Er weiß natürlich, dass das nicht ewig so weitergehen kann. Die Regeln der Fluggesellschaft lassen keine Ausnahmen zu: Einzig und allein der Kapitän darf das Flugzeug steuern, um in Mangaluru zu landen.
Die elementarsten Sicherheitsregeln verlangen, dass die beiden Piloten während der Anflugphase einsatzfähig sind. Das ist jedoch bisher nicht der Fall.

Ungefähr gegen **6 Uhr 30** erklingt ein Brummen. Dann zeichnet der Stimmrekorder das Geräusch von rutschendem Metall auf. Der Flugkapitän stellt seinen Sitz so ein, dass er endlich wieder das Steuer übernehmen kann. Man sollte meinen, dass er erholt ist, nachdem er anderthalb Stunden ohne Unterbrechung geschlafen hat!

Um **6 Uhr 32 Minuten** biegt die Boeing in die letzte Rechtskurve ein, um sich in die Längsachse der Landebahn 24 zu begeben (Position 4 auf der Karte). Es ist immer noch der Autopilot, der das Flugzeug steuert. Einige Sekunden später zentriert sich die Nadel des Anflugsenders auf dem Bildschirm. Der Flugweg wäre perfekt, wenn das Flugzeug nicht so hoch wäre.
Die Klappen sind mit 40 Grad voll gesetzt... Die Bremsklappen sind ausgefahren. Drei grüne Lampen leuchten und zeigen, dass das Fahrwerk korrekt verriegelt ist. Aber all das reicht nicht aus, um das Flugzeug wieder auf den richtigen Gleitweg zu bringen, da die Boeing 737-800 eine sehr hohe aerodynamische Effizienz hat. Im Gegensatz zu den vorherigen Serien[40] hat sie Schwierigkeiten, langsamer zu werden. Das verbessert die Situation an diesem Morgen nicht. Das Fahrwerk ist ausgefahren und das Flugzeug

[40] Die früheren 737-Serien (200 – 300 – 400 – 500 – 600 – 700) erinnern an die 800, aber von aerodynamischen Gesichtspunkten her haben sie nichts mit ihr gemein. Das letzte Modell hat eine außerordentliche Gleitzahl, was natürlich einen geringeren Treibstoffverbrauch garantiert.

vibriert sanft. Aber es sinkt nicht schnell genug, um auf den richtigen Gleitweg zurückzukommen.
Neues Gähnen im Cockpit...
Die Maschine befindet sich jetzt in der Verlängerung der Landebahn, aber es ist noch immer mehr als 6.000 Fuß hoch.
Nimmt der Stress zu? Auf jeden Fall vergisst der Kopilot, sich wie angewiesen beim Tower zurückzumelden. Deshalb funkt ihn der Fluglotse an.

6 Uhr 34 Minuten und 15 Sekunden (Tower): *Express India 812... Bestätigen Sie, dass Sie auf dem ILS sind?*

6 Uhr 34 Minuten und 17 Sekunde (Kopilot): *Äh... positiv, Express India 812...*

6 Uhr 34 Minuten und 19 Sekunden (Tower): *Der Wind ist ruhig. Freigegeben zur Landung auf Piste 24.*

6 Uhr 34 Minuten und 22 Sekunden (Kopilot): *Freigegeben zur Landung, Express.*

Der Kopilot hat gerade etwas gemogelt. Das Flugzeug ist absolut nicht auf dem ILS... Auch wenn es sich in der Verlängerung der Landebahn befindet, ist es doch weit von dem richtigen Gleitweg entfernt.
Die Sekunden vergehen und die Boeing behält ihr hohes Anflugprofil. Das wäre nicht weiter schlimm, wenn sie vor sich eine vier Kilometer lange Landebahn hätte wie es sie an einigen Flughäfen gibt. In Mangaluru muss der Anflug jedoch mit größter Sorgfalt durchgeführt werden. Ein Blick auf die Oberflächenbeschaffenheit (siehe Zeichnung) genügt, um zu sehen, dass die Landebahn 500 Meter nach der Schwelle abschüssig ist. Wenn es dem Flugzeug nicht gelingt, sich jetzt ein für alle Male zu stabilisieren, wird es schiefgehen.

Die Sekunden vergehen... Die Boeing ist jetzt 2,5 Meilen von der Landebahn entfernt.[41] Der Schub ist auf das Minimum reduziert, aber die Maschine ist noch immer auf einer Höhe von 2.500 Fuß. Das ist viel zu hoch. Die Anflug-Karte zeigt, dass der ideale Anflugwinkel **3 Grad** beträgt. Wenn der Flugkapitän jetzt noch die Landebahn erreichen will, müsste er mit einem Anflugwinkel von

[41] 4,5 Kilometer.

6 Grad heruntergehen. Das ist genau das Doppelte. Der Kopilot bemerkt zu Recht:

- *Wir sind zu hoch!*

Der Kapitän antwortet nicht. Er ist gerade dabei, den Autopiloten abzuschalten, um die Maschine manuell zu steuern. Anschließend drückt er den Steuerknüppel noch stärker. Er will die Landebahn unbedingt erreichen. Er will es schaffen!
Der Kopilot ist allerdings anderer Ansicht. Für ihn ist klar, dass das nicht gelingen kann. Er warnt ein zweites Mal:

- *Die Piste ist direkt vor uns... äh... unten.*

Aber der Flugkapitän bleibt stur. Anstatt vernünftig zu sein und durchzustarten, sagt er sich, dass er es schaffen wird. Er drückt weiter. Das Flugzeug sinkt noch stärker. Leider sind die physikalischen Gesetze stur: Was er an Höhe verliert, gewinnt er an Geschwindigkeit.
Die Boeing beschleunigt!

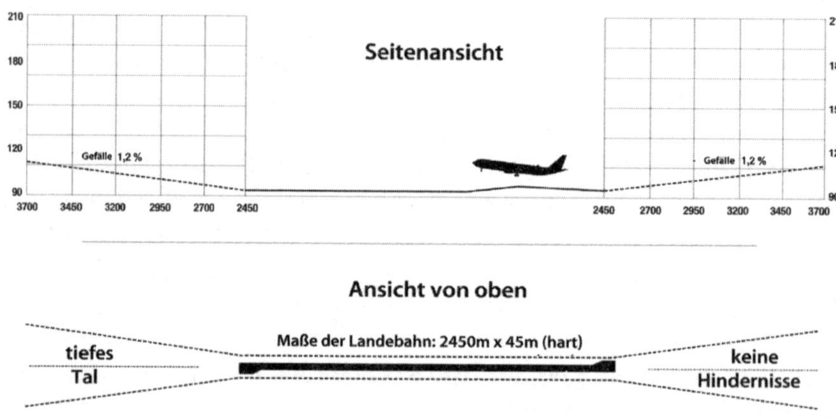

Längsschnitt der Landebahn von Mongaluru

6 Uhr 34 Minuten (Kapitän): *Oh mein Gott...*[42]

Die Ermittler glauben, dass dieser Ausruf eher Erstaunen als Angst ausdrückt. Vermutlich realisiert der Kapitän erst in diesem Moment, dass er viel zu hoch ist, um landen zu können. Das Problem ist nur, dass er mit dem Fehler weitermacht. Seine Reaktion ist extrem drastisch. Sturköpfig drückt er den Steuerknüppel noch

[42] Aus unerklärlichen Gründen hat die Untersuchungskommission die exakte Zeit des Cockpit Voice Recorders nicht offiziell veröffentlicht. Der Autor hat deshalb auf die Sekundenangabe verzichtet.

weiter, um die Landebahn zu erreichen. Die Ärzte, die später das Verhalten Zlatko Glusicas untersuchten, glauben, dass sein Gehirn nach dem Aufwachen nicht genügend Zeit hatte, sich der Situation anzupassen. Deshalb reagierte er immer phasenverzögert.
Innerhalb von zwei Sekunden verwandelt sich die Flugbahn in einen beeindruckenden Sturzflug. Die Sinkgeschwindigkeit erreicht 4.000 Fuß pro Minute. Das ist fast das **sechsfache** einer normalen Anflugrate. Das ist umso absurder, da der Kapitän aus unerklärlichen Gründen die Bremsklappen einfährt und den Steuerknüppel drückt. Geistige Umnachtung? Eine falsche Bewegung? Wie auch immer. Jedenfalls erhöht sich die Geschwindigkeit dadurch noch mehr.

Dieses Mal realisiert der Sikh, dass es nicht klappen wird. Logischerweise schlägt er vor:

6 Uhr 34 Minuten (Kopilot): *Durchstarten?*

Das ist nur ein Vorschlag, den er wie eine höfliche Frage formuliert. Immerhin besteht noch immer kein Risiko. Sicher, es ist nicht besonders ehrenwert, aber jeder Pilot hat schon einmal einen Anflug verpatzt. Es genügt, den TOGA-Knopf[43] zu drücken und die Triebwerke werden wieder auf ihre maximale Leistung gebracht. Die Flugzeugnase wird wieder über den Horizont gezogen und das Flugzeug steigt wieder.
Der Flugkapitän grummelt ein paar unverständliche Worte als Antwort:

6 Uhr 34 Minuten (Kapitän): *Schlechter Loc... Localizer... äh... Gleitweg.*

Inkohärentes Kauderwelsch! Glusica scheint die Anflugachse mit dem Gleitweg zu verwechseln... Ist er wirklich ganz wach? Der Kopilot beginnt, sich Sorgen zu machen. Als er sieht, dass der Kapitän weiter den Steuerknüppel nach vorne drückt, reagiert er erneut.

6 Uhr 34 Minuten (Kopilot): *Durchstarten? Wir sind nicht stabilisiert! Durchstarten?*

[43] *Take Off Go Around*: Start und Durchstarten. Ein einfaches Drücken dieses Knopfes bringt das Flugzeug wieder in den Steigflug und die Triebwerke auf ihre maximale Leistung.

Ahluwalia hat vollkommen Recht... Da das Flugzeug nicht im Endanflug stabilisiert ist, ist ein Durchstarten dringend notwendig. Das Problem ist, dass er selbst nichts dafür tut, das Kommando zu übernehmen. Das wäre keine Disziplinlosigkeit, da ihm die Vorschriften der Fluggesellschaft in einem Fall wie diesem sogar das Recht dazu geben. Dort wird ausführlich erläutert, dass es *dem Kopiloten gestattet ist, selber durchzustarten,* wenn er den Flugkapitän *zweimal darum gebeten* hat und dieser nicht reagiert. Ahluwalia hätte also nicht nur das Recht dazu, selbst durchzustarten, sondern aus Sicherheitsgründen sogar die Pflicht. Leider tut er nichts. Aus Angst, erneut einen Konflikt mit einem serbischen Kapitän zu bekommen? Hofft er, dass Glusica doch noch reagiert? Wir werden es nie erfahren...
Ahluwalia macht nichts.

Im Cockpit sind laute EGPWS-Warnungen[44] zu hören:

Computerstimme des EGPWS : *Sink Rate... Sink Rate... Whoop whoop Pull up... Whoop whoop pull up...*[45]

Die Sinkrate ist so hoch, dass das Bodenannäherungs-Warnsystem davon ausgeht, dass die Boeing dabei ist, gerade abzustürzen.
Die Warnmeldung des EGPWS hört nicht auf.

Computerstimme des EGPWS: *Sink Rate... Sink Rate... Whoop whoop Pull up... Whoop whoop pull up...*

Einen Moment lang scheint der Flugkapitän zu denken, dass er es schaffen wird. Dank des beeindruckenden Sturzfluges hat er genügend Höhe verloren. Er wird die Landebahn am Ende doch erreichen... Das Problem ist nur, dass das Flugzeug viel zu viel Energie gespeichert hat, die sich jetzt als viel zu hohe Geschwindigkeit darstellt. Obwohl die Brems- und Landeklappen und das Fahrwerk ausgefahren sind, rast die Maschine wie eine Rakete auf die Landebahn zu.
Die Zahlen sprechen für sich selbst:
Die Boeing passiert die Schwelle der Landebahn mit 160 Knoten

[44] Enhanced Ground Proximity Warning System: Bodenannäherungs-Warnsystem.
[45] *Enhanced Ground Proximity Warning System*: Sinkrate... Sinkrate. Starten Sie durch... Starten Sie durch.

und einer Höhe von 200 Fuß.[46] Unter normalen Umständen müsste sie eine Höhe von 50 Fuß und eine Geschwindigkeit von 144 Knoten haben.
Zu hoch und zu schnell!
Da die Maschine sehr schwer ist, wie wir gesehen haben, wirkt sich das noch nachteiliger aus. In den Tanks befinden sich mehr als acht Tonnen Treibstoff. Und dann sind da noch die jeweils 30 Kilo schweren Gepäckstücke der Passagiere im Frachtraum und ihr Handgepäck... All das wiegt noch drei Tonnen zusätzlich.

Computerstimme des EGPWS : *Sink Rate... Sink Rate... Whoop whoop Pull up... Whoop whoop pull up...*

Als er dicht über dem Boden ist, zieht der Kapitän stark am Steuerknüppel, um den Endanflugweg zu korrigieren. Aber das Flugzeug weigert sich, aufzusetzen. Wegen der Geschwindigkeit ist die Auftriebskraft noch zu stark. Es fliegt dicht über dem Boden weiter. Da Sekunden vergehen, ohne dass etwas passiert, entschließt sich Zlatko Glusica, das Schicksal herauszufordern...
Durch einen kräftigen Schub des Steuerknüppels nach vorne zwingt er die Maschine dazu, den Boden zu berühren. Seine Landung hat nichts von einem „kiss".[47] Es erfolgt eine brutale „Drei-Punkt-Landung", nachdem das Flugzeug bereits 1.370 Meter der Landebahn hinter sich gelassen hat.
In der Kabine schreien die Passagiere überrascht auf, da nach dem Aufsetzen eine starke Explosion zu hören ist. Das Aufsetzen war so heftig, dass ein Reifen am linken Fahrwerk geplatzt ist. Das hindert die Boeing nicht, wieder zehn Meter in die Luft zu springen...
Der Kopilot mischt sich sofort wieder ein. Dieses Mal handelt es sich jedoch nicht um einen höflichen Vorschlag, sondern um einen wahren Aufschrei:

6 Stunden 34 Minuten und 38 Sekunden (Kopilot): *Starten Sie durch, Kapitän! Starten Sie durch, Kapitän!*

In der Stimme von Ahluwalia ist die Panik deutlich zu hören. Er ist so erschreckt, dass er instinktiv die Sprechtaste des Mikrofons betätigt. Sein Aufschrei ist sofort im Kontrollturm zu hören.

---

[46] 300 km/h und 60 Meter Höhe, obwohl sie eine Geschwindigkeit von 266 Stundenkilometern und eine Höhe von 15 Metern hätte haben sollen.
[47] *Kiss landing*: Luftfahrtausdruck, um eine Landung zu beschreiben, die „sanft wie ein Kuss" ist.

Aber der Flugkapitän hat nicht vor, den Ratschlag seines Kopiloten zu befolgen. Er drückt erneut den Steuerknüppel, um das Flugzeug zurück auf den Zementstreifen zu bringen.
Die Boeing schlägt erneut auf dem Boden auf und prallt dieses Mal nicht ab. Zu diesem Zeitpunkt hat sie bereits 1.581 Meter der Landebahn hinter sich gelassen. Es bleiben nur noch 867 Meter. Das ist umso kürzer, als die Landebahn leicht abschüssig ist.
In den folgenden sechs Sekunden bleibt Zlatko Glusica total passiv. Er zögert: Bremsen oder Durchstarten, um anschließend wieder abzuheben? Dieses Hinauszögern scheint endlos zu sein... Sechs Sekunden während das Flugzeug mit einer Geschwindigkeit von mehr als 200 km/h rollt. Das wirkt wie eine Ewigkeit!
Letztendlich entschließt sich Glusica, zu bremsen. Er aktiviert die Schubumkehr[48] und auch die Bremsen. Das Problem ist nur, dass er dies nicht entschlossen genug tut. Der Auswahlknopf der Bremsautomatik wurde nur auf 2 eingestellt, was einem durchschnittlichen Bremsvorgang bei normalen Bedingungen entspricht. Die Boeing verlangsamt sich deshalb nur zögerlich.
Später werden die Ermittler beim Flugzeugbauer eine Bremsung simulieren und dabei eine erstaunliche Entdeckung machen. Wenn der Kapitän entschieden hätte, die maximale Notbremskraft einzusetzen, hätte die Maschine 100 Meter vor dem Ende der Landebahn gehalten. Die Lage ist also ernst, aber noch nicht hoffnungslos.
Leider rast vor der Cockpitscheibe das Ende der Landebahn heran. Und Glusica zögert immer noch, energisch zu bremsen. Als er endlich begreift, dass er die falsche Entscheidung getroffen hat, macht er das, was er auf keinen Fall tun sollte: *Er ändert seine Meinung.*
Mit stockender Stimme ordnet er an:

6 Uhr 34 Minuten und 44 Sekunden (Kapitän): *Durchstarten!*

Während er spricht, schiebt er die Schubhebel nach vorn zurück. Das ist ein schrecklicher Fehler. Denn in diesem Moment zeigen alle Daten, dass es zu spät ist, um wieder abzuheben:

- Es verbleiben nur wenige hundert Meter (ungefähr 350).
- Der Kapitän hat vergessen, dass der Flugzeugbauer *ein Durchstarten nicht ermöglicht, wenn die Schubumkehrvorrichtungen benutzt wurden.* Es braucht Zeit, bis die Klappen wieder zurückspringen und bis der Triebwerksschub wirkt.

[48] Vorrichtung an den Triebwerken, die einen Teil des Schubes nach vorne umleiten. Durch diesen Gegenschub wird das Flugzeug ebenfalls abgebremst.

- Die Außentemperatur ist hoch.
- Das Flugzeug ist schwer.
- Und als ob das nicht schon genug wäre... hat die Maschine auch noch einen geplatzten Reifen.

Dennoch springt die Schubumkehr unerwarteterweise zurück und die Boeing beginnt, wieder schneller zu werden. Leider hat sie keine Chance, auf einer so kurzen Distanz abzuheben.

Im Tower bekommt der Fluglotse von all dem nichts mit. Er hat die Boeing auf der Landebahn aufsetzen sehen. Er glaubt, dass sie ganz normal anhalten wird. Er beginnt also, ihr Anweisungen zu geben, um sie zum Terminal zu leiten.

6 Uhr 35 Minuten und 04 Sekunden (Tower): *Express India 812, kehren Sie um, rollen Sie die Piste zurück und verlassen Sie sie über die Rollbahn Delta.*

Die Besatzung antwortet nicht. Die beiden Triebwerke laufen auf Hochtouren, aber es ist zu spät... Es ist eine Ironie des Schicksals, denn einige Sekunden zuvor war die Boeing zu schnell für die Landung. Jetzt ist sie zu langsam, um wieder abheben zu können... Das Ende der Landebahn ist erreicht.
Der Fluglotse hört auf seiner Frequenz erneut jemanden schreien. Es ist der Kopilot, der eine Art letzten Hilferuf abgibt.

6 Uhr 35 Minuten und 21 Sekunden (Kopilot mit panischer Stimme): *Flugsicherung!!!*

Es bringt nichts. Der Fluglotse kann nichts machen, um zu helfen. Die Boeing kommt am Ende der Landebahn an. Sie beschleunigt noch immer, aber ihre Geschwindigkeit beträgt nur 140 km/h. Das ist vollkommen unzureichend, um wieder abzuheben. Die Maschine durquert einen Sandbunker. Ihr linker Flügel prallt gegen die Antenne des Landekurssenders. Links am Fahrwerk platzt ein zweiter Reifen. Dann durchbricht die Maschine den Zaun des Flughafens. Direkt dahinter befindet sich der steile Abhang, der 60 Meter abfällt.
Das Flugzeug rutscht mit voller Geschwindigkeit in einen dichten Wald und verschwindet schlagartig aus dem Sichtfeld des Fluglotsen.

6 Uhr 39 Minuten und 29 Sekunden (Tower): *Express India 812, von der Flugsicherung… Express India 812, dies ist der Tower von Mangaluru.*

6 Uhr 39 Minuten und 39 Sekunden (Tower): *Express India 812,… Hier ist der Tower von Mangaluru…*

Es kommt keine Antwort.

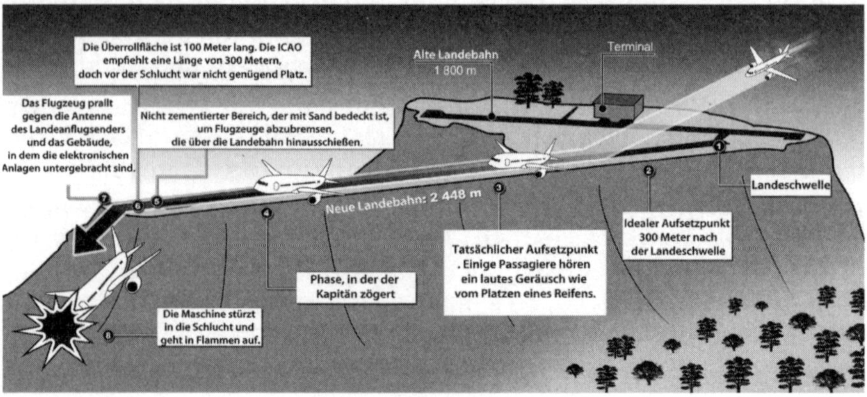

Die Zeitabfolge des Unfalls

Im Flugzeug spielen sich schreckliche Szenen ab. Die Sitze scheinen plötzlich unter den Passagieren nachzugeben. Auf dem Rumpf sind Schläge zu hören. Es sind Äste, die gegen das Metall stoßen und mit schrillem Quietschen über die Fenster kratzen. Dann wird das Knacken lauter und die Flugzeugzelle beginnt, sich zu verziehen. Der Boden reißt auf... Die Passagiere schreien. Vorne werden einige Sitze aus ihren Verankerungen gerissen. Ein schrecklicher Brandgeruch erfüllt die Kabine.

Plötzlich lodern bei den Tragflächen Flammen auf.

Joël de Souza ist ein 24 Jahre alter Portugiese, der in Mangaluru geboren wurde. Er sitzt auf Platz 23A. Er sieht, wie innerhalb weniger Sekunden aus dem Boden eine helle Flüssigkeit hervorsprudelt. Zunächst glaubt er, dass das Flugzeug in einen Fluss gefallen ist, doch dann entzündet sich die Flüssigkeit unter seinen Füßen. Seine Hosenbeine beginnen zu brennen. Das Feuer breitet sich mit rasender Geschwindigkeit aus. Es ist die reinste Hölle. Der Rumpf der Boeing rumpelt noch immer über den Abhang, als zahlreiche Passagiere ihre Sicherheitsgurte öffnen, um den Flammen zu entkommen. Denn diese tauchen überall unter ihren Sitzen auf. Der junge Portugiese ist überzeugt, sterben zu müssen.

Und dann geschieht plötzlich ein Wunder.
Der Rumpf knackt und in der Wand direkt neben ihm entsteht ein Riss, der innerhalb weniger Sekunden größer wird. De Souza zögert keinen Augenblick: Er lässt sich in die größer werdende Öffnung fallen. Das Wrack rutscht in diesem Moment den Abhang mit einer Geschwindigkeit hinab, die die Ermittler später auf 50 km/h schätzen. Die Flügel stutzen den Wald wie eine riesige Sense. Der Portugiese fällt in einen großen Asthaufen. Dann schlittert er den Abhang hinunter... Bei seinem Fall bricht er sich ein Bein und mehrere Wirbel, aber er verspürt keinen Schmerz. Es gelingt ihm, aufzustehen und durch das Dickicht zu fliehen. In diesem Moment bemerkt er, dass seine Schuhe und seine Hose brennen.
Er ist nicht der Einzige, der der Hölle entkommt. Hinter ihm gelingt es sechs anderen Passagieren, durch die Öffnung im Metall zu springen. Der letzte Gerettete ist gerade nach draußen gelangt, als ein riesiger Feuerball in den Himmel steigt... Acht Tonnen Treibstoff haben sich entzündet! Die Druckwelle ist so enorm, dass die Fliehenden brutal ins Dickicht gedrückt werden.
Die letzten Geretteten haben weniger Glück als der Portugiese. Einige haben wie KP Manikutty, Krishna ou Stalin Mayakutti verbrannte Gesichter. Insgesamt gibt es acht Überlebende, die diese außergewöhnliche Situation überstanden haben. Sieben von ihnen sind schwerverletzt. Nur ein einziger ist fast unversehrt.
Die anderen Menschen an Bord des Flugzeugs haben kein Glück. Sie verbrennen alle. Auch Kapitän Zlatko Glusica und Kopilot Ahluwalia überleben nicht.

Bei dem Unfall kommen 158 Menschen ums Leben.

Die Katastrophe des Fluges 812 von Air India Express war für Indien ein traumatisches Erlebnis. Die breite Öffentlichkeit kritisiert den Unfall heftig. Denn sie glaubt, dass der Kopilot das Flugzeug hätte retten können, wenn ihm erlaubt worden wäre, es zu fliegen. Er wird von den indischen Medien als Held gefeiert.
Was den Flugkapitän angeht, erklären die Ermittler später, dass sein unglaublich passives Verhalten daher kam, dass er sich noch in der Aufwachphase befand. Als er sich wieder an die Arbeit machte, waren nur neun Minuten seit dem Moment vergangen, in dem er seine Augen geöffnet hat. Das war zu kurz... Die Spezialisten sprechen von „Trägheitsschlaf und einer Störung des zirkadianen Rhythmus“, einem Trauma, das die innere Uhr des Gehirns in der Region des Hypthalamus aus dem Gleichgewicht bringt. Das

hat die Urteilskraft von Zlatko Glusica komplett verzerrt. Er war nicht in der Lage zu realisieren, dass sein Anflug viel zu hoch war. Anschließend hat er nicht bemerkt, dass das Flugzeug nicht stabilisiert war. Schlimmer noch: Obwohl alle Parameter zeigten, dass er keine Chance hatte, hat er sich eingeredet, dass es ihm gelingen würde, das Flugzeug zu landen.
Die besondere geographische Beschaffenheit des Flughafens als „table top"/ Flugzeugträger-Landebahn wird selbstverständlich ebenfalls als eine der Unglücksursachen genannt. Der Ausfall des Radars wird auch erwähnt, genau wie die Unfähigkeit des Fluglotsen, das Flugzeug zum Sinken zu bringen. Aber in Wirklichkeit sind all diese Elemente nur zusätzliche Faktoren, ohne die es nicht zu dem Unglück gekommen wäre. Der Flugunfall von Mangaluru ist jedoch vor allem menschlichem Versagen zuzuschreiben. Der wahre Unfallverursacher ist der Kapitän und sein fahrlässiges Verhalten.

Man kann diesen Bericht nicht abschließen, ohne ein Ereignis zu erwähnen, das in den Annalen der Luftfahrtkatastrophen sicherlich einmalig ist....
Wie es so oft nach einem Unglück der Fall ist, versucht die Fluggesellschaft die Überlebenden davon abzubringen, sie zu verklagen. Air India Express hat sich dafür ein bisher einzigartiges Mittel ausgedacht. Die Fluggesellschaft bietet den Überlebenden eine Anstellung an, wenn sie sich schriftlich verpflichten, die Airline niemals zu verklagen. In einem Land, wo es ein unschätzbares Privileg ist, nicht arbeitslos zu sein, haben einige das Angebot sofort angenommen...

STRESS und VERGESSEN

Mittwoch, 20. August 2008
Madrid

Am Flughafen Madrid-Barajas ist es 13 Uhr 10. Eine DC-9-82 der Fluggesellschaft Spanair wartet am Flugsteig T 21.[1] Die Maschine ist am Vormittag aus Barcelona gekommen und will nun nach Las Palmas auf den Kanaren weiterfliegen. Die meisten der 166 Passagiere an Bord sind Touristen, die auf den Inseln Urlaub in der Sonne machen wollen. Es sind vor allem Spanier, aber unter ihnen befinden sich auch zahlreiche Ausländer.[2]

Die DC-9-82, um die es in diesem Kapitel geht (Kennzeichen EC-HFP). Die Auftriebshilfen sind gut zu erkennen: Die Landeklappen an der Flügelhinterkante sind auf 40 Grad ausgefahren. Die Slats geben den Flügelvorderkanten eine gebogene Form.

---

[1] Bei der Maschine handelt es sich um eine DC-9-82, deren technische Bezeichnung später in „MD 82" geändert wurde.

[2] Neben 131 Spaniern befinden sich Passagiere aus zwölf anderen Ländern an Bord. Fünf kommen aus Deutschland, die anderen aus Brasilien, Frankreich, Mauretanien, der Türkei, Bulgarien, Gambia, Italien, Indonesien, Chile, Finnland und Schweden. Eine Frau, von der später noch die Rede sein wird, besitzt sogar die doppelte spanisch-britische Staatsangehörigkeit.

Die Maschine ist in den neuen Farben der Fluggesellschaft - Weiß und Blau - gehalten und quer über ihren Rumpf erstreckt sich die Aufschrift „Star Alliance". Ihr Taufname „Sunbreeze" ist etwas dezenter unterhalb des Cockpitfensters angebracht, wie es oft der Fall ist. Die Namen der meisten Flugzeuge von Spanair greifen das Thema Sonne auf: Etwa *Sunspot, Sunrise, Sunset, Sundowner*, etc. Die „Sunbreeze", um die es hier geht, ist unter dem Kennzeichen EC-HFP registriert.

Der Kapitän heißt Antonio Garcia Luna. Er ist 39 Jahre alt und Inhaber einer Flugzeugführerlizenz für den Linienflugverkehr (Airline Transport Pilot Licence (ATPL)). Er kommt auf 8.476 Flugstunden, von denen er Dreiviertel auf einer DC-9 absolviert hat. Der Mann gilt als seriös. Er ist verheiratet, hat zwei kleine Töchter und wohnt in einem hübschen Haus an der Küste Mallorcas. Einen Monat vorher wurde er in einem Pressebericht lobend erwähnt, da er die Ehre hatte, die Fußballmannschaft von Castellón während einer unvergesslichen Reise zu fliegen.
Bevor er von Spanair angeheuert wurde, ist Antonio Garcia Luna bei der Luftwaffe See-Rettungs- und Überwachungseinsätze am Steuer einer kleinen „Aviocar 200" geflogen. Er ist ein gut bewerteter, ruhiger Pilot. Auf diesem Flug wird er die DC-9 als PF (Pilot Flying) steuern.

Der Kopilot ist 31 Jahre alt und heißt Javier Francisco Mulet. Bevor er bei Spanair als Kopilot angefangen hat, ist er ein paar Monate lang für die Chartergesellschaft *Iberworld* geflogen. Er hat nur 1.000 Flugstunden absolviert und besitzt keine Flugzeugführerlizenz für den Linienflugverkehr, sondern nur eine Commercial Pilot Licence (CPL). Er ist Anfänger... Wegen seiner geringen Erfahrung hat der junge Mann das traurige Privileg, zu den am schlechtesten bezahlten Piloten der Fluggesellschaft zu gehören. Aber für ihn ist Geld nicht das Wichtigste. Wie alle Flugbegeisterten will er Karriere in der Luftfahrt machen und so erklärt er oft, dass er sogar bereit sei, dafür zu zahlen, um im Cockpit arbeiten zu können. Während dieses Fluges wird er der PM (Pilot Monitoring) sein. Er wird sich also um den Funkverkehr und - wie wir später sehen werden - auch um das Abarbeiten der Checklisten kümmern.

Das **Kabinenpersonal** besteht aus vier Stewardessen. Lourdes Romero Flores ist die leitende Flugbegleiterin. Die drei jungen Frauen, die unter ihr arbeiten, heißen Sonsoles Lorenzo Simarro, Sonia Rodrigez del Catillo und Susana Marin Ramos.
An Bord befinden sich zwei weitere Stewardessen und ein Steward, die zu ihrem Einsatz auf den Kanaren fliegen.[3] Alle drei tragen ihre Uniform, arbeiten aber während dieses Fluges nicht. Sie gelten als Passagiere, die umsonst mitfliegen.

Der Bodenabfertigungsdienst von Spanair hat nach dem Unfall zunächst verkündet, es hätten sich 163 Passagiere an Bord befunden. Diese Zahl war auf der Passagierliste vermerkt. Wenige Minuten, bevor die Besatzung die Türen verriegelt hat, sind jedoch drei weitere Personen an Bord gegangen. Dazu gehört José Fernandez Vasquez, ein Flugkapitän, der zu einem Einsatz auf den Kanaren fliegen will. Keiner dieser drei Passagiere hätte sich an Bord der DC-9 befinden sollen, da sie alle eigentlich auf andere Flüge gebucht waren. Aber die Fluggesellschaft hat ihnen in letzter Minute die Möglichkeit angeboten, diesen Flug zu nehmen. Alle scheinen sich darüber zu freuen. Sie können zu diesem Zeitpunkt nicht ahnen, dass sich dieses vermeintliche Glück als fatal erweisen wird.

Wegen der unerwarteten Ankunft der drei zusätzlichen Fluggäste lässt der Kapitän die Ladeliste ändern. Unter Berücksichtigung der zusätzlichen Passagiere und ihres Gepäcks wiegt das Flugzeug 226 Kilo mehr als ursprünglich geplant. Seine Abflugmasse beträgt deshalb exakt 64,528 Tonnen.
Einer der Neuankömmlinge heißt Gabriel Guerrero. Er ist Steward. Fliegen und Flugzeuge faszinieren ihn. Deshalb hat er gefragt, ob er im Cockpit sitzen darf. Der Kapitän hat zugestimmt und ihm den Jump-Seat angeboten, der sich hinter den Sitzen der Piloten befindet. Guerrero ist begeistert, dort sitzen zu dürfen, denn so kann er das Instrumentenbrett beobachten.

Die DC-9-82 dieses Berichts gehört nicht zu den neuesten Verkehrsflugzeugen, da ihr Prototyp seinen Erstflug bereits 1965 absolviert hat. Seitdem wurden 2.500 Exemplare des Modells verkauft, das bei den Fluggesellschaften einen hervorragenden Ruf erworben hat. Die Maschine ist zuverlässig und problemlos zu fliegen. Das Flugzeug dieses Berichts ist zum Zeitpunkt der

[3] Sie heißen Raquel Perez Sanchez, Antonia Martinez Jimenez und Gabriel Guerrero.

Geschehnisse mehr als 15 Jahre alt. Es wurde zehn Jahre vorher gebraucht von der Fluggesellschaft *Korean Air* gekauft, von der sie perfekt gewartet wurde. Die spanischen Piloten schätzen dieses Flugzeug sehr. Es hat sich für Spanair sehr verdient gemacht.
Das Problem ist, dass die DC-9 im August 2008 nicht mehr der geeignete Flugzeugtyp für die Wirtschaftskrise ist, die damals die gesamte Welt erfasst hat. Trotz ihrer enormen Qualitäten hat sie nämlich einen großen Nachteil: Ihre alten JT8D-219 Triebwerke von Pratt & Whitney verbrauchen sehr viel Treibstoff.[4] Seit Beginn des Jahres 2008 ist jedoch der Ölpreis explodiert und die Treibstoffkosten wirken sich deshalb dramatisch auf die finanzielle Gesundheit der Fluggesellschaften aus.
Das ist nicht alles... Der Flugzeugbauer McDonnell Douglas, von dem die DC-9 stammt, ist 1997 Pleite gegangen und von Boeing übernommen worden. Die Strategie des neuen Besitzers ist eindeutig: Er will alle alten DC-9 vom Markt verschwinden lassen, um sie durch seine eigenen Maschinen zu ersetzen. Die Ersatzteile sind deshalb teuer und ihre Lieferzeiten endlos lang. Diese Bedingungen erschweren es den Fluggesellschaften, die die DC-9 betreiben.
Spanair schreibt horrende Verluste. Obwohl die Airline in Spanien die Nummer Zwei nach Iberia ist, befindet sie sich am Rande des finanziellen Abgrunds. Die Firmenleitung hat drastische Maßnahmen ergriffen, um die Fluggesellschaft wieder flott zu machen. Sie hat 15 der insgesamt 36 Flugzeuge stillgelegt. Sie hat sich entschieden, ein Viertel der Belegschaft zu entlassen und viele nicht rentable Flugverbindungen zu schließen. Für die Belegschaft ist das bitter... Jeder rechnet mit einem Einschreiben, das zwar seine großartigen Leistungen lobt, aber vorschlägt, sich woanders eine neue Arbeit zu suchen. Selbst die Piloten sind davor nicht gefeit. Ihre Stellung wird durch die Schließung der Flugverbindungen und der Stilllegung eines Teils der Flotte stark geschwächt. Am Morgen dieses August-Tages hat „SEPLA“, die Pilotengewerkschaft von Spanair, zu einem Streik aufgerufen. Die Stimmung innerhalb der Fluggesellschaft verschlechtert sich von Tag zu Tag.
Diese Situation ist nicht der direkte Grund für den Unfall, der passieren wird. Doch sie trägt erheblich mit dazu bei. Denn sie bringt die Mitarbeiter dazu, sich nicht mehr für die Zukunft von Spanair verantwortlich zu fühlen. Die Erfahrungen haben jedoch gezeigt, dass es sofort Folgen für die Sicherheit hat, wenn die Belegschaft nicht mehr motiviert ist.

---

[4] Das Triebwerk JT8D kam unter anderem auch bei der Boeing 727, der Mercure und bei den letzten Versionen der Caravelle zum Einsatz.

Der Spanair-Flug vom 20. August 2008 trägt die Nummer JKK 5022. Da er im Codesharing mit Lufthansa betrieben wird, trägt er eine zweite, zusätzliche Flugnummer: LH 2554.[5]
Die Wetterbedingungen an diesem Tag sind unproblematisch. Der Himmel ist blau. Es ist 29 Grad warm und die Meteorologen sagen voraus, dass die Temperatur im Laufe des Nachmittags weiter steigen wird. Für August ist das in Madrid ganz normal.

Um **13 Uhr 13** verlässt die Maschine Terminal 2 und begibt sich zur linken Startbahn 36. Mit einer Länge von mehr als vier Kilometern ist sie die längste des Flughafens.
Die DC-9 rollt ziemlich schnell. Obwohl sie schon um 10 Uhr 13 gelandet ist, ist sie jetzt zehn Minuten verspätet. Das bedeutet, dass sie sich seit exakt **drei Stunden** am Boden befindet. Wenn man bedenkt, dass die Turnaround-Zeit bei Low Cost-Airlines 20 Minuten beträgt, kann man sich ausmalen, wie niedrig die Rentabilität von Spanair ist. Denn ein Flugzeug, das lange am Boden bleibt, kostet eine Fluggesellschaft viel Geld. Der Zeitfaktor wird im Laufe der Ereignisse stets eine Rolle spielen.

Für die Maschine ist der Weg bis zum Wartepunkt lang. Sie muss zunächst an der Start- und Landebahn 15R/33L entlang bis zu deren Ende rollen und sich dann in das Labyrinth der Rollbahnen Mike 14 und 15 begeben. Der Flughafen Madrid Barajas erstreckt sich über eine große Fläche. Er ist derzeit vom Passagieraufkommen her der sechstgrößte Flughafen in Europa. Bis zum Ausbruch der Finanzkrise 2007 hat er sich stark entwickelt. Es gibt drei Tower und vier Start- und Landebahnen, von denen zwei in Nord-Süd-Richtung verlaufen.[6]
Während des Rollens arbeitet die Besatzung alle Checklisten ab, um zu überprüfen, ob alle Einstellungen korrekt sind. Zunächst läuft alles normal. Nichts wird vergessen, vor allem nicht die Landeklappen, die auf 11 Grad gestellt werden. Das ist die für diese Startart empfohlene Konfiguration. Das Setzen der Landeklappen löst automatisch das Ausfahren der Slats aus, dieser merkwürdigen Vorflügel, die sich an der Vorderkante der Tragflächen befinden (siehe Foto zu Beginn dieses Kapitels).

[5] Das „Codesharing" ist eine Vermarktungsmethode von zwei Fluggesellschaften. Die eine führt den Flug durch, die andere vermarktet diesen ebenfalls. Deshalb wird ein Flug auf Anzeigetafeln mit zwei verschiedenen Nummern angezeigt.

[6] Siehe Zeichnung: Die vier Start- und Landebahnen sind die 15L/33R (3.500 Meter), die 15R/33L (4.100 Meter), die 18R/36L (4.349 Meter) und die 18L/33R (3.500 Meter).

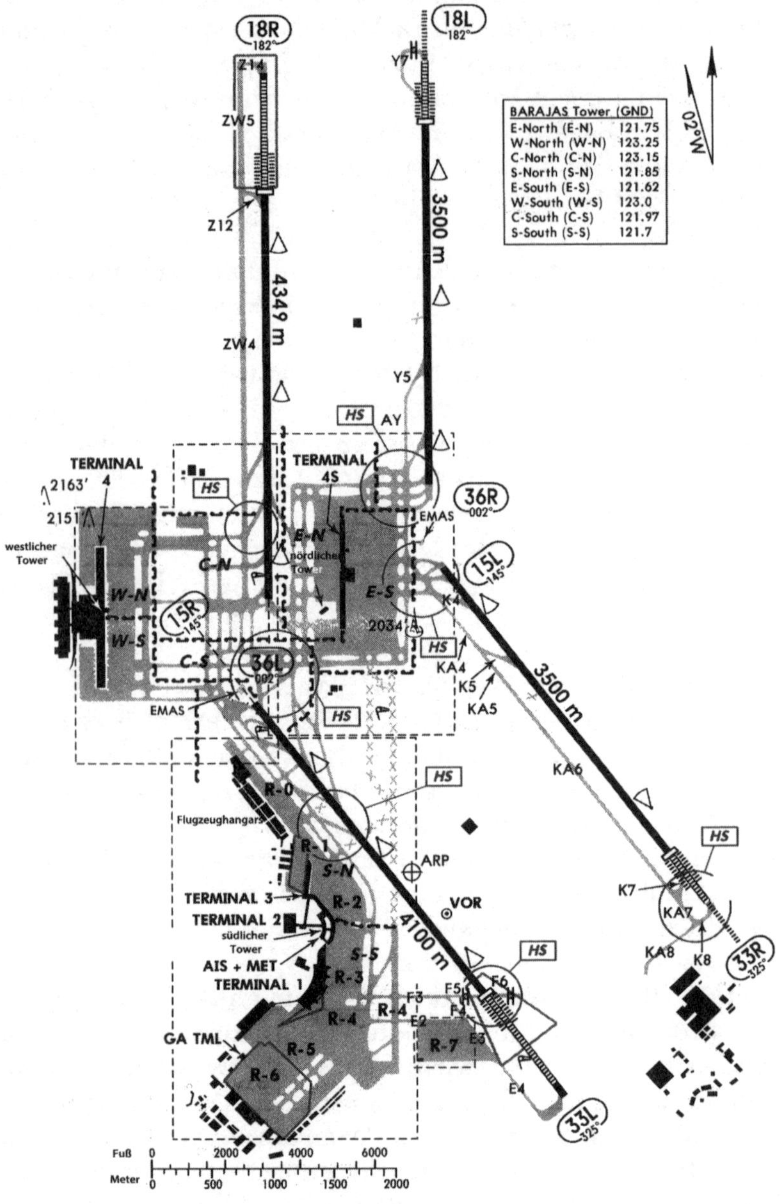

Ausführlicher Plan der vier Start- und Landebahnen und der Rollbahnen von Madrid Barajas.

Die als HS (Hot Spot) gekennzeichneten Punkte sind kritische Stellen, an denen Piloten aufpassen müssen, nicht versehentlich auf eine Start- und Landebahn zu geraten.

Die Landeklappen und die Slats sind entscheidende Auftriebshilfen. Sie sind besonders wichtig, wenn es heiß ist und das Flugzeug so wie heute schwer beladen ist. Bei der DC-9 funktionieren die Landeklappen und die Slats immer simultan. Der Pilot bedient sie mit einem einzigen Hebel, der sich in der Mittelkonsole befindet.
Je nach Flugphase kann die Besatzung zwischen drei Möglichkeiten wählen:

- Die Klappen können komplett eingefahren werden. Diese Option wird vor allem während des Reisefluges genutzt. Es ist nicht vorgesehen, dass das Flugzeug mit dieser Klappen-Konfiguration startet oder landet.
- Die Klappen können auf 14 Grad eingestellt werden. Dies ist der Höchstwert für Starts, aber die Besatzung kann auch eine niedrigere Klappenstellung wählen. In der Regel wird die Klappenstellung „11 Grad“ gewählt.
- Die Klappen können wie auf dem Foto am Anfang dieses Kapitels komplett gesetzt und auf 40 Grad gestellt werden. Diese Klappenstellung wird in der Regel für Landungen genutzt.

Während die DC-9 zur Startbahn rollt, hat die Besatzung die Klappenstellung „11 Grad“ eingestellt. Als sie in Höhe des Rollhalteortes Zulu 2 ankommt, sind die Checklisten abgearbeitet. Bisher läuft alles planmäßig. Es ist ein normales Linienflugzeug, das sich darauf vorbereitet, vollgepackt mit Touristen abzufliegen. In der Kabine freuen sich die Passagiere schon: In drei Stunden werden sie im Urlaubsparadies ankommen. An Bord befinden sich viele Kinder, so dass die Stimmung laut und angeregt ist.

Um **13 Uhr 25 Minuten und 03 Sekunden** bittet der Kapitän um die Genehmigung, auf die Startbahn rollen zu dürfen. Der Fluglotse erteilt ihm die Erlaubnis und bittet ihn, sich abflugbereit zu melden.
Von diesem Moment an nimmt alles einen ungewöhnlichen Verlauf. Denn die DC-9 rollt nun in die Startposition, doch Sekunden vergehen, ohne dass sich die Besatzung wieder beim Tower meldet. Da kein Fluglotse gerne sieht, wenn seine Startbahn lange blockiert ist, mahnt der Lotse:

13 Uhr 26 Minuten 07 Sekunden (Fluglotse): *Spanair 5022, melden Sie, wenn Sie abflugbereit sind.*

13 Uhr 26 Minuten 13 Sekunden (Kopilot): *Verstanden, 5022.*

Aber nichts geschieht... Denn der Kapitän hat bemerkt, dass das digitale Anzeigegerät für die Außentemperatur... 101 Grad anzeigt. Da es in Spanien nie so heiß wird, versucht die Besatzung zu verstehen, was los ist. Handelt es sich um einen Kurzschluss oder einfach um eine Fehlanzeige?[7] Sollen sie unter diesen Bedingungen starten?

Anfänger werden sich sicher fragen, ob es wichtig ist, dass ein Pilot vor dem Start weiß, wie hoch die Lufttemperatur ist. Ist das nur, um den Passagieren ankündigen zu können, dass die Temperatur oben auf der Reiseflughöhe -50 Grad beträgt?

In Wirklichkeit spielt die Außentemperatur in zweifacher Hinsicht eine Rolle:

- Zum einen ermöglicht sie, die Vereisungsgefahr während des Fluges zu überwachen, da die Besatzung dann das Enteisungssystem anschalten muss.
- Zum anderen nutzt der Bordcomputer die Lufttemperatur als Parameter, um die Leistung der Triebwerke mit Hilfe der automatischen Schubkontrolle zu regeln.[8]

Was tun? Starten? Oder auf die Parkposition zurückkehren?

Die Besatzung zögert... Die Wetterlage sieht heute auf der Strecke keine Vereisungsbedingungen vor. In Richtung der Kanaren ist keine einzige Gewitterwolke vorhergesagt... Es besteht also keine Gefahr, dass sich an den Anströmkanten Eis bildet. Und die automatische Schubkontrolle? Aber auch das ist nicht so schlimm... Wenn sie nicht funktioniert, wird die Besatzung ohne sie auskommen. Es genügt, die Triebwerksleistung manuell einzustellen. Das funktioniert genau so gut.

Die Sekunden vergehen...

Die Besatzung meldet sich noch immer nicht beim Fluglotsen und das Flugzeug bleibt in der Mitte der Startbahn stehen... Etwas von der Warteposition entfernt wartet ein Airbus von Iberia.

Die Besatzung versucht, die Situation zu analysieren. Währenddessen steigen die Temperaturen weiter. Das Messgerät zeigt jetzt 103 Grad an... Gewiss haben sie einen Defekt,

[7] Das Gerät befindet sich in der Mitte des Instrumentenbretts oberhalb der Instrumente zur Triebwerksüberwachung.

[8] Wenn die automatische Schubkontrolle aktiviert wird, verstellen sich die Schubhebel von alleine, ohne dass die Besatzung eingreifen muss. Der Computer regelt die Leistung der Triebwerke in Abhängigkeit von der Geschwindigkeit des Flugzeugs, der gewünschten Steig- oder Sinkrate und der Außentemperatur.

wahrscheinlich bei der „RAT“-Sonde[9], denkt die Besatzung. Diese Temperatursonde hat die Form eines Metallrohrs, das im rechten vorderen Bereich des Flugzeugrumpfes angebracht ist... Ist sie wirklich defekt? Die Tatsache, dass sie überhitzt ist, bedeutet nicht unbedingt, dass sie nicht funktioniert. Es ist die Heizung der Temperatursonde, die überhitzt ist! Sie soll die Vereisung der Sonde verhindern. Der Kapitän zögert... Schließlich wird sie wieder abkühlen, so bald sie abgehoben haben. Doch eigentlich darf sich diese Sondenheizung nie von alleine aktivieren, wenn das Flugzeug am Boden ist.

Eine Temperatursonde

Es wird nicht besser... Ein letzter Blick auf das Anzeigegerät zeigt, dass die Temperatur der Sonde mittlerweile 104 Grad beträgt. Die Auswertung der Blackboxen zeigt später, dass ihre Temperatur kontinuierlich gestiegen ist, seit das Flugzeug seine Parkposition verlassen hat. Was die Besatzung in diesem Moment nicht weiß: Die Störung liegt an einem Relais. Es funktioniert permanent, obwohl es eigentlich abgeschaltet sein sollte, wenn das Flugzeug am Boden ist.
Dieser Defekt ist nicht neu. Er tritt jetzt bereits zum sechsten Mal innerhalb von drei Tagen auf, ohne dass bisher etwas unternommen

[9] Die „Ram Air Temperature“-Sonde hat den Vorteil, dass sie die kinetische Erwärmung nicht berücksichtigt, die beim Kontakt mit der Luft ab einer Geschwindigkeit von 400 Stundenkilometern entsteht.

wurde.[10] Denn Spanair befindet sich in einer Situation, die typisch für Unternehmen ist, die eine Krise durchmachen. Es herrscht eine Art Endzeit-Stimmung. Das berufliche Verantwortungsbewusstsein ist zu einem theoretischen Konzept verkommen.
Der auf der Warteposition blockierte Airbus von Iberia wartet noch immer darauf, dass die DC-9 Platz macht. Aber deren Besatzung zögert nach wie vor.

Schließlich entscheidet der Kapitän, dass er mehr Zeit zum Nachdenken braucht.

13 Uhr 26 Minuten 27 Sekunden (Kapitän): *5022, wir haben ein technisches Problem... Wir brechen den Start erst einmal ab.*

Auf der Frequenz herrscht zunächst Stille. Es kommt sehr selten vor, dass ein für den Start bereites Flugzeug eine solche Ansage per Funk macht.

13 Uhr 26 Minuten 45 (Fluglotse): *Was haben Sie vor, 5022?*

13 Uhr 26 Minuten 52 (Kapitän, etwas zögerlich): *Wir würden gerne die Startbahn verlassen.*

13 Uhr 26 Minuten 56 Sekunden (Fluglotse): *Roger, 5022. Rollen Sie über den nächsten Rollweg nach links ab.*

Die Maschine rollt ein paar Meter vorwärts und biegt dann auf den Rollweg Zulu 6 ein. So bald die Startbahn frei ist, rollt der Airbus von Iberia in Startposition.

Die DC-9 biegt zunächst links auf ZW1 ein und hält dann mit 185 Grad Richtung Süden ausgerichtet an. So bleibt sie sieben Minuten lang stehen. Diese Pause ist aufschlussreich. Der Kapitän und der Kopilot erörtern nämlich gerade die Lage. Sie können sich nicht durchringen, wieder auf die Parkposition zurückzukehren.[11] Die Temperatur der Sonde hat sich mittlerweile bei 104 Grad stabilisiert. Zurückzukehren würde einen beträchtlichen Zeitverlust bedeuten.

---

[10] Der Defekt wird durch die Störung des Relais R2-5 ausgelöst, das ständig verbunden bleibt, obwohl es am Boden automatisch getrennt werden sollte.

[11] Auch wenn diese Unterhaltung nicht beim Cockpit Voice Recorder ausgelesen werden konnte, so wurde sie später durch den Kopiloten an zwei Wartungstechniker übertragen.

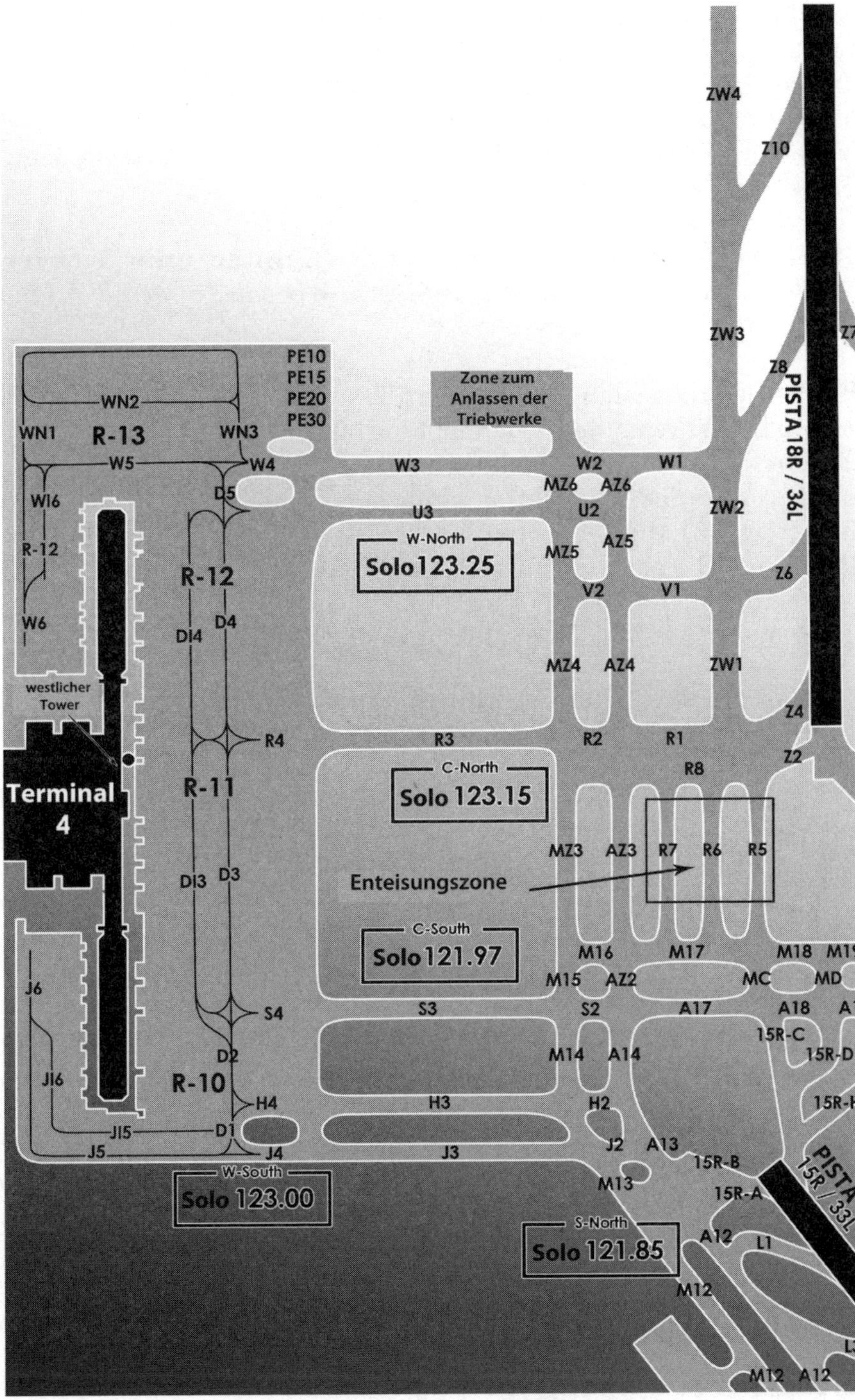

Plan der Parkpositionen des Terminals 4

Sie sind bereits zu spät dran... Auf der anderen Seite hat kein Pilot Lust, mit einem funktionsunfähigen System zu starten. Es ist klar, dass es irgendwo ein elektrisches Problem gibt. Ein Kurzschluss könnte während des Fluges einen Brand auslösen.[12]
Nach langem Zögern trifft der Kapitän endlich eine Entscheidung. Sie ist vernünftig:

13 Uhr 33 Minuten 12 Sekunden (Kapitän zum Tower): *5022... Unser Problem ist nicht gelöst... Wir würden gerne auf die Parkposition zurückkehren.*

Einige Sekunden lang herrscht Stille... Der Fluglotse informiert seinen Dienstleiter, dass Spanair-Flug 5022 den Start abgesagt hat. Er muss auf der Abstellfläche schnell einen Platz für die Maschine finden. Aber das ist nicht so einfach, weil sie nicht zurück zum Flugsteig T 21 kann. Dort hat inzwischen ein anderes Flugzeug den Platz der DC-9 eingenommen und die Passagiere sind gerade dabei, auszusteigen. Im Tower wird schnell beraten, wie das Problem geregelt werden soll. Dann antwortet der Fluglotse:

13 Uhr 33 Minute 47 Sekunden (Fluglotse): *Roger, Spanair 5022. Rollen Sie zur Position Romeo 11. Wir werden das Technik-Team ihrer Fluggesellschaft bitten, dort zu Ihnen zu stoßen.*

Die DC-9 rollt langsam zu ihrer neuen Parkposition. Diese befindet sich am Fuße des Towers direkt vor dem Terminal 4. Sie ist sehr viel näher als Flugsteig T21. Das ist ein Vorteil, denn die Zeit drängt. Ab jetzt ist die Besatzung hin- und hergerissen zwischen dem Wunsch, das Problem zu lösen, und dem, so schnell wie möglich loszufliegen.

Während das Flugzeug zu seiner neuen Parkposition rollt, sind die Klappen noch immer wie für den Start vorgesehen auf 11 Grad gestellt. Zunächst bleiben sie so. Die beiden Männer im Cockpit konzentrieren sich auf die Überhitzung der Sonde. Für sie scheint nichts anderes mehr zu zählen. Der Flugkapitän bittet den Kopiloten lediglich, eine „Public Adress"-Ansage zu machen, um die Passagiere darüber zu informieren, was los ist. Der Kopilot erklärt also über den Lautsprecher, dass sie *„ein technisches Problem haben, das nicht ernsthaft ist. Da leuchtet nur irgendwo ein rotes Lämpchen"*.

---

[12] Siehe den Absturz des Swissair-Fluges 111 in „Le Secret des Boîtes noires" („Das Geheimnis der Blackboxen") desselben Autors, erschienen bei Editions Altipresse.

In der Kabine verstummen sofort die Gespräche. Die Stimmung wird angespannt. Auch wenn von einem „nicht ernsthaften Problem“ die Rede war, stellt sich jeder die Frage, was los ist.

Um **13 Uhr 39** erreicht die DC-9 Romeo 11. Eine Gangway ist schon bereit, um sie in Empfang zu nehmen. Erst kurz bevor er die Triebwerke ausschaltet, fährt der Kapitän die Landeklappen ein... Die APU[13] wird abgeschaltet. Die Klimaanlage in der Kabine funktioniert also nicht mehr.
Alles geht sehr schnell. Die Besatzung ist sich bewusst, dass man die Passagiere nicht lange unter diesen Umständen ausharren lassen kann. So bald die Gangway installiert ist, kommen ein Mitarbeiter des Bodenpersonals und zwei Techniker von Spanair an die Tür. Der Steward räumt seinen Jump-Seat und der Kapitän bittet die drei Männer ins Cockpit. Man muss kein Spezialist sein, um das Problem zu erkennen. Es genügt ein Blick auf die Dioden der Anzeige „RAT Temperatur“ oben am Instrumentenbrett, um zu sehen, dass die Sonde überhitzt ist. Sie ist immer noch 104 Grad heiß.
Dennoch versuchen die Techniker sofort, die Besatzung zu beruhigen. Einer der beiden erklärt: *„Natürlich heizt sich das auf, aber wenn das Flugzeug erstmal in der Luft ist, wird der Luftstrom die Sonde wieder abkühlen und alles wird sich normalisieren. Es sollte möglich sein, so loszufliegen.“* Kapitän Garcia Luna scheint zunächst nicht damit einverstanden zu sein.
Während der Diskussion betreten und verlassen mehrere Personen das Cockpit. Um den Zugang zu erleichtern, wartet Steward Gabriel Guerrero in der vorderen Bordküche. José Fernandez Vazquez, der andere Flugkapitän von Spanair, kommt, um sich zu informieren. Ein Techniker erklärt ihm, was los ist. Dann will Lourdes Flores, die leitende Flugbegleiterin, wissen, was sie den Passagieren sagen soll. Denn die hören nicht auf, Fragen zu stellen... Mitten in diesem Durcheinander nehmen die Techniker nacheinander Stellung. Ihre Vorschläge sind manchmal merkwürdig. So schlägt einer vor, die Sonde mit Trockeneis zu kühlen. Das wäre einfach, da es davon im Flughafen reichlich gibt.[14] Natürlich braucht man eine Leiter, um an den Rumpf heranzukommen, doch das müsste gehen... Man

[13] Auxilary Power Unit: Kleines Hilfstriebwerk, das die Batterien entlastet und das Flugzeug am Boden mit elektrischer Energie und Luft versorgt.

[14] Trockeneis ist festes Kohlenstoffdioxid (CO2). Seine Sublimationstemperatur beträgt rund -78 Grad. Übergossen mit heißem Wasser, wird es bei Veranstaltungen eingesetzt, um Rauch- oder Nebeleffekte zu erzeugen. Es wird an Flughäfen zur Kühlung der Essenscontainer genutzt.

kann sich nur über diese überraschende Idee wundern, denn es ist nicht ersichtlich, wie die Kühlung der Sonde das elektrische Problem regeln soll.
Selbstverständlich ist Kapitän Garcia Luna nicht mit diesem neuen Vorschlag einverstanden. Er erinnert daran, dass das Problem bereits vor einigen Tagen gemeldet wurde, ohne dass etwas geschehen ist. Er verlangt, dass der Defekt sofort repariert wird. Da seine Forderung auf wenig Resonanz stößt, macht er seinem Unmut Luft.

13 Uhr 51 Minuten 48 Sekunden (Kapitän, schlecht gelaunt): *Ich mache Sie darauf aufmerksam, dass wir uns sehr verspäten. Ich werde einen Bericht machen müssen, was passiert ist.*

Gleichzeitig beginnen die Passagiere in der Kabine, sich zu beschweren. Einige beklagen sich, weil ihnen zu warm ist. Außerdem haben alle verstanden, dass das Flugzeug eine Panne hat. Angst breitet sich aus. Die Ansage des Kopiloten, der von „einer roten Lampe" sprach, hat niemanden beruhigt. Die Techniker kommen und gehen. Auch das trägt nicht gerade dazu bei, die Passagiere zu beruhigen.
Plötzlich steht ein Fluggast auf, um mit einer Stewardess zu sprechen. Es ist ein korpulenter Spanier. Sein Ton ist aggressiv. Er weist darauf hin, dass sich viele Kinder an Bord befinden, und dass man sie nicht endlos so warten lassen kann. Die Stewardess erklärt ihm ruhig, dass es sich nur um einen kleinen Zwischenfall handelt. Ein anderer Passagier will wissen, ob es Probleme mit den Triebwerken gibt. Die Stewardess antwortet, dass sie es nicht wisse, dass sie sich aber erkundigen werde. Sie geht zum Cockpit, kommt jedoch nicht zurück.
Die Beschwerden nehmen zu. Einige Passagiere äußern den Wunsch, das Flugzeug verlassen zu dürfen. Chefstewardess Lourdes Romero kommt zurück und erklärt, dass das nicht möglich sei. Jetzt, wo sie an Bord seien, könnten sie nicht mehr aussteigen. Das sei zu kompliziert, da man dann ihr Gepäck wieder aus dem Frachtraum holen, die Ladeliste ändern und die polizeilichen Formalitäten wiederholt werden müssten... Einige Passagiere glauben diese Erklärung nicht, da es sich ja um einen Inlandsflug ohne behördliche Formalitäten handelt.
Kim Tate Perez sitzt auf Platz 6C. Sie ruft ihre Mutter an, um ihr zu sagen, dass sie es nicht mehr aushält. *„Es ist entsetzlich heiß und wir haben anderthalb Stunden Verspätung."* Kim ist britische

Musiklehrerin. Bei ihrer Hochzeit hat sie zusätzlich zu ihrer britischen auch die spanische Staatsangehörigkeit angenommen. Heute kehrt sie nach zwei Wochen Urlaub in Bulgarien nach Hause auf die Kanaren zurück. Sie hätte sich nie träumen lassen, dass die Reise so kompliziert werden würde. Sie erklärt ihrer Mutter: *„Das Flugzeug scheint eine Panne zu haben. Es war kurz davor zu starten, doch dann hat der Pilot den Start abgebrochen.“ Jetzt habe sie Angst.*

Neben ihr sitzt ein kleines Mädchen auf Platz 6B. Sie heißt Maria Alvarez Carretero und sie reist zusammen mit ihrem achtjährigen Bruder Ricardo. Er sitzt am Fenster. Den beiden Kindern ist auch sehr warm. Kim Tate spricht lange mit ihrer Mutter. Sie sagt, dass *„Leute gebeten haben, das Flugzeug verlassen zu dürfen, aber die Stewardessen lehnen ab“.*

Ein anderer Passagier, Ruben Santana, schickt seiner Frau Maria eine SMS, er habe gebeten, die Maschine verlassen zu dürfen. Das sei ihm jedoch nicht erlaubt worden. Als ihn seine Frau zurückruft, erklärt er: *„Einige Passagiere haben gehört, dass sie das Flugzeug auswechseln werden.“*

Diese ganze Aufregung ist natürlich schlecht für den Ruf der Fluggesellschaft. Das Bodenpersonal ist darüber sehr beunruhigt. Im Büro von Spanair beraten die Betriebs-Leiter der Fluggesellschaft und des Flughafens, ob es notwendig ist, ein anderes Flugzeug einzusetzen. Diese Unterhaltung wird nach dem Unfall gemeldet, was Kontroversen auslöst.

Die Verantwortlichen des Flughafens verlangen, schnell über die Entscheidung der Fluggesellschaft informiert zu werden. Denn die DC-9 befindet sich auf einer ungeeigneten Parkposition. Wenn sie länger in Madrid bleiben soll, muss sie auf einen anderen Platz bewegt werden. Da die Anspannung steigt, bestätigt die Fluggesellschaft dem Kontrollturm, dass der Flugplan um eine Stunde verschoben werden muss. Sie fügt auch hinzu, dass das Risiko besteht, dass der Flug schlichtweg annuliert wird.

Im Cockpit dauern die Beratungen an.

13 Uhr 53 Minuten 21 Sekunden (Kapitän zu einer Stewardess): *Wie läuft es in der Kabine? Ist es ihnen nicht zu heiß?*

13 Uhr 53 Minuten 48 Sekunden (Stewardess): *Doch, es gibt Probleme, Kapitän. Sie beschweren sich und wollen wissen, was passieren wird.*

Neben dem Cockpit diskutieren die Techniker weiter. Sie wissen nicht, wie sie das Problem lösen sollen, da sie die entsprechenden Schaltpläne nicht haben. Wie soll man unter diesen Bedingungen eine Reparatur wagen? Das wird Zeit in Anspruch nehmen. Die Beschwerden der Passagiere sind zu hören. Man wird sie aussteigen lassen müssen... All das für eine fehlerhafte Temperatursonde! Der technische Leiter macht einen Vorschlag, mit dem alle einverstanden zu sein scheinen. Er empfiehlt, einfach den „Breaker" zu ziehen. Das ist eine Sicherung, wie man sie in jedem Haus findet. Jedes Flugzeug enthält Dutzende davon. Jede entspricht einem speziellen Ausrüstungsgegenstand. Wenn man die Sicherung der Sonde herausspringen lässt, repariert man sie zwar nicht, aber man beseitigt das Problem.
Diese Argumentation ist merkwürdig. Denn es ist ja nicht die Enteisungsvorrichtung, die nicht funktioniert. Sie funktioniert – und zwar permanent. Deshalb ist die Sonde überhitzt. Die Zeit drängt... Die Techniker suchen nicht weiter nach den Ursachen des Defekts. Ihnen ist nicht bewusst, dass das Problem vorne am Relais R2-5 liegt. Es ist das Relais, das nicht richtig funktioniert. Das Problem ist, dass dieser Defekt weitere Folgen haben wird, die sie nicht erahnen.
Als der Kapitän gefragt wird, was er von der Idee hält, den Breaker zu ziehen, antwortet er:

13 Uhr 53 Minuten 54 Sekunden (Kapitän): *Ja, das müsste gehen. Es gibt keine Vereisungsvorhersage für die Strecke.*

13 Uhr 54 Minuten 00 Sekunden (Techniker MT3): *Ich stimme dem zu... Wir werden Ihnen das Flugzeug mit der deaktivierten Heizung der Sonde geben.*

Der technische Leiter zieht leicht an dem Sicherungsschalter, auf dem *„RAT Probe & Heater"* steht.[15] Ein Klicken ist zu hören. Es ist vorbei... Der Stromkreis der Sonde ist unterbrochen.
Der technische Leiter ist zufrieden, „das Problem gelöst zu haben":

13 Uhr 55 Minuten 04 Sekunden (Techniker MT3): *Jetzt ist alles gut, wie Sie sehen!*

Doch es müssen noch die offiziellen Unterlagen ausgefüllt werden, um die „Reparatur" zu bestätigen. Ein Linienflugzeug kann nicht

[15] Temperatur-Sonde und Heizung.

einfach so abfliegen, wenn ein System nicht richtig funktioniert. Die Besatzung muss sich zunächst vergewissern, dass der Defekt nicht im Widerspruch zur **„Mindestausrüstungsliste“** steht. Die „MEL“[16] listet detailliert auf, mit welchen Defekten ein Flugzeug wie lange unter welchen Umständen betrieben werden darf. Einige Mindestausrüstungen sind unabdingbar. So wäre es absurd, ein Flugzeug mit einem defekten Triebwerk abheben zu lassen. Aber wäre es genau so absurd, einen Jet am Boden zu lassen, weil eine Birne im Cockpit durchgebrannt ist? Die Liste berücksichtigt übrigens auch andere Betriebsfaktoren. Welche Ersatzteile sind vor Ort verfügbar? Wie lange dauert es, um die Reparatur durchzuführen? Unter Berücksichtigung all dieser Aspekte lässt die MEL zeitlich befristete Ausnahmen für den Start von Flugzeugen mit kleineren Defekten zu. Diese Ausnahmen dürfen natürlich nicht die Sicherheit beeinträchtigen. Und sie müssen absolute Ausnahmen bleiben. Sie dürfen nicht endlos lange andauern, ohne dass die notwendige Reparatur erfolgt.
Nachdem sie überprüft haben, dass der Defekt der Sonden-Heizung in der MEL genannt wird, unterzeichnen der Flugkapitän und der technische Leiter die Unterlagen. Die DC-9 darf weiterfliegen.

Die Besatzung will sich beeilen, da es ja kein Problem mehr gibt!

Leider *gibt es sehr wohl ein Problem…* Denn der Wartungstechniker hat die Ursachen des Defekts nicht beseitigt, als er den Sicherungsschalter betätigt hat. Wenn er alles genauer untersucht hätte, hätte er festgestellt, dass die Sonde gar nicht defekt war (das war übrigens offensichtlich, da sie ja überhitzt war). Er hätte herausgefunden, dass das Relais R2-5 defekt war, was sehr viel gefährlichere Folgen hat: *Der Alarm für die Startkonfiguration funktioniert deshalb nämlich nicht…*
Dieses sogenannte „TOWS“-Warnsystem[17] gibt es in allen Linienflugzeugen… Es ist eine Art Ermahnung, die ausgelöst wird, wenn vor dem Start etwas Wichtiges vergessen wurde. Das System ähnelt Warnsignalen, die in modernen Autos ertönen, wenn der Fahrer vergessen hat, den Gurt anzulegen oder die Parkbremse zu lösen.
In einer DC-9 gibt es fünf Gründe, weshalb der Computer die Besatzung warnt, dass das Flugzeug nicht bereit zum Abheben ist:

[16] Minimum Equipment List.

[17] Take Off Warning System: System, das Piloten vor gefährlichen Konfigurationen vor dem Start warnt. Bei einigen Flugzeugtypen heißt es auch „Take Off Configuration“.

- Die Parkbremse ist angezogen (wie bei einem Auto!).
- Die automatische Bremse „autobrake“ ist nicht ausgewählt.[18]
- Die Bremsklappen sind ausgefahren.
- Die Trimmung ist nicht richtig eingestellt.
- Und zuletzt... *die Klappen sind nicht in der Stellung für den Start.*

All das sind entscheidende Punkte. Es genügt, einen von ihnen zu vergessen, um die Sicherheit des Flugzeugs zu beeinträchtigen. Das TOWS-Startwarnsystem macht sich durch eine Art Signalhorn bemerkbar. Zusätzlich dazu erklärt eine Computerstimme, was genau vergessen wurde.
Doch wegen des Defekts des Relais R2-5 funktioniert dieses Warnsystem an diesem Tag nicht... Das weiß die Besatzung jedoch nicht. Zur Zeit ist ihre einzige Sorge, nicht noch mehr Zeit zu verlieren. Sie denkt nur noch an die Verspätung. Diese sorgt sogar auf privater Ebene für Probleme. So sagt Kopilot Javier Mulet trotz des ganzen Stresses seiner Freundin Bescheid, dass er abends nicht rechtzeitig nach Hause kommen kann...

13 Uhr 54 Minuten 47 (Kopilot per Handy zu seiner Freundin): *Ich bin es. Hörst du mich? ... Ich bin noch in Madrid... Wir haben Verpätung, dafür kann ich nichts... Ich werde erst spät nach Hause kommen. Wir müssen unsere Pläne für heute Abend ändern.*

Während sich der junge Mann bei seiner Freundin entschuldigt, füllt Kapitän Garcia Luna zusammen mit den Wartungstechnikern das technische Logbuch mit den Referenzen aus der MEL-Liste aus. Er bestätigt dem Betriebsleiter, einverstanden zu sein, ohne die Temperatur-Sonde und ihre Heizung loszufliegen. Er scheint sich rechtfertigen zu wollen, denn er wiederholt mehrmals, dass für die Strecke keine Vereisungszonen vorhergesagt sind. Es gibt also kein Risiko...
Als die Unterlagen unterzeichnet sind, spricht er den Kopiloten an:

14 Uhr 02 Minuten 36 Sekunden (Kapitän): *Ich werde rausgehen, während sie die Tanks auffüllen. Du sagst den Passagieren Bescheid...*

[18] Die DC-9 ist eine der seltenen Maschinen in denen das Vergessen des automatischen Bremssystem das TOWS-Warnsystem auslöst. Bei anderen Flugzeugen darf dieses System nicht während der Hochfuhr der Triebwerke verwendet werden.

Die DC-9 verbraucht viel Treibstoff. Während der wenigen Minuten, die sie über den Flughafen gerollt ist, haben ihre Triebwerke bereits 400 Kilo Kerosin „geschluckt". Der Flugkapitän will kein Risiko eingehen und lässt deshalb die Maschine erneut betanken, um mit vollen Tanks starten zu können. Da Passagiere an Bord sind, darf er jedoch nicht tanken, ohne sie darüber zu informieren. Die Fluggäste müssen sich abschnallen, um bei einem Brand möglichst schnell das Flugzeug verlassen zu können... Da sich die Besatzung beeilen will, geht der Kapitän aufs Vorfeld, um die Prozedur zu beschleunigen.
Sich beeilen... Die Besatzung ist so besessen davon, die Verspätung wieder wettzumachen, dass sie ab jetzt alles nur noch sehr hastig erledigt. Leider geht „Hast" in der Luftfahrt nicht mit „Sicherheit" einher.

Um **14 Uhr 06** kehrt Garcia Luna an seinen Platz zurück. Bevor er wieder ins Cockpit gegangen ist, hat er die Chefstewardess gebeten, die Gangway zurückzufahren und die Tür zu verriegeln.
Steward Gabriel Guerrero klappt den Jump-Seat auf, um wieder in der Mitte des Cockpits sitzen zu können. Er sagt kein Wort. Denn er will die Besatzung nicht stören, die ihre Arbeit eiligst wieder aufnimmt. Alles geht sehr schnell... Garcia Luna hat noch nicht einmal seinen Sicherheitsgurt angelegt, als er Javier Mulet bereits anweist, den Tower um die Freigabe zum Anlassen der Triebwerke zu bitten.
Mulet führt die Anordnung sofort aus.

14 Uhr 07 Minuten 2 Sekunden (Kopilot): *Barajas, Spanair 5022, erbitte Anlass-Erlaubnis für Gran Canaria.*[19]

Leider hat der Kopilot in seiner Eile einen ersten Fehler gemacht. Er hat den Tower auf der Frequenz angerufen, die noch immer auf seinem Funkgerät eingestellt war: 123.25 MHz... Das ist jedoch die „Boden"-Frequenz, die für das Rollen zuständig ist. Der Fluglotse antwortet ihm etwas verärgert, da die Probleme der DC-9 ohnehin schon für genug Durcheinander auf dem Flughafen gesorgt haben und nun alle gestresst sind.

[19] Für IFR-Flugpläne (Flüge nach Instrumentenflugregeln) muss die Flugsicherung das Starten der Triebwerke genehmigen.

14 Uhr 07 Minuten 20 Sekunden (Fluglotse auf der Boden-Frequenz): *Spanair 5022, rufen Sie „Clearance Delivery“ auf 130.07…*

Unzufrieden mit sich selbst wechselt der Kopilot auf die richtige Frequenz.

14 Uhr 07 Minuten 52 Sekunden (Kopilot): *Barajas von Spanair 5022, erbitte Anlass-Genehmigung.*

14 Uhr 08 Minuten 08 Sekunden (Fluglotse): *Anlassen erlaubt, 5022. Melden Sie Roll-Bereit...*

Alles muss schnell gehen… Der Kopilot hat gerade das Mikrofon zurückgelegt, als er schon beginnt, die Checkliste *„Preflight-Check“* durchzugehen. Von einem Piloten wird niemals verlangt werden, alle Punkte der notwendigen Überprüfung auswendig zu lernen. Das wäre unmöglich. Deshalb muss er sie anhand detaillierter Listen vornehmen, die jeweils einer Flugphase entsprechen.
Wie die untenstehende Tabelle zeigt, ist die erste „Vorflugkontroll-Liste“ lang. Sie umfasst 26 Punkte, die überprüft werden müssen. Das braucht normalerweise Zeit. Der Kopilot hat jedoch gerade... sieben Sekunden, um die gesamte Liste zu lesen. Natürlich handelt es sich nicht um den ersten Flug an diesem Tag – dann würde die Liste 59 Punkte umfassen. Dennoch! Der Kopilot füllt die Punkte eilig, fast automatisch aus – oft unverständlich.
Anschließend nimmt er sich zusammen mit dem Kapitän die zweite Checkliste *„Before Start“ (Vor Anlassen der Triebwerke)* vor. Sie wird ebenso schnell abgearbeitet. Schlimmer noch… Beim Abhören der Aufnahmen stellen die Ermittler später fest, dass der Flugkapitän den Punkten vorgreift, bevor der Kopilot sie ankündigt. Der Kopilot hat nicht einmal Zeit, Worte wie „Gurte“, „Verriegelung der Türen“, „Antikollision“ oder „Bericht aus der Kabine“ zu sagen, da ist der Kapitän schon zum nächsten Punkt übergegangen.
Die Besatzung ist in diesem Moment vollkommen darauf fixiert, die Checklisten so schnell wie möglich abzuarbeiten, um so schnell wie möglich losfliegen zu können.
Bevor der Bericht fortgesetzt wird, ist es wichtig, ein paar zusätzliche Erklärungen zu den Checklisten zu geben. Vor dem Start gibt es fünf Checklisten, die alle eine gewisse Anzahl an Punkten umfassen.

Die Verfahrensweise sieht vor, dass der Kopilot die Checkliste vorliest und der Kapitän antwortet und falls notwendig handelt.

NAME der CHECKLISTE	ANZAHL der zu überprüfenden PUNKTE
Before Start (Vor Start)	59 (wenn es der erste Flug am Tag ist) 26 (wenn einer der Piloten bei der Zwischenlandung an Bord bleibt)
Before Engine Start (Vor Anlassen der Triebwerke)	8
After Start (Nach Anlassen der Triebwerke)	9
Taxi (Rollen)	12
Take-off (Start unmittelbar)	6

Wie in der Tabelle zu sehen ist, haben einige Checklisten zahlreiche Punkte, die überprüft werden müssen.[20] Da die DC-9 ein ziemlich altes Modell ist, ist das normal. Dagegen übernimmt der Computer bei einem mit Datenverarbeitung vollgestopftem Airbus einen Großteil der Überprüfungen. Bei einem alten Flugzeugmodell muss dagegen die Besatzung überwachen, ob alles korrekt funktioniert.
Das Verfahren sieht auch vor, dass der Kopilot bevor er sich um eine andere Sache kümmert „Checkliste beendet“ sagen muss, wenn er eine Liste abgearbeitet hat.[21]
Eine Checkliste erfordert Genauigkeit und Präzision. Das braucht Zeit… Und genau das mag lästig wirken, wenn man in Eile ist.

Um **14 Uhr 09 Minuten und 01 Sekunden** startet die Besatzung das erste Triebwerk. Während sie überwachen, wie die Triebwerksparamater N1 und N2 ansteigen, fragen sich Garcia Luna und Javier Mulet, ob sie einen manuellen Start machen oder die automatische Schubregulierung (Auto Thrust) benutzen

[20] Die Anzahl der zu überprüfenden Punkte einer Checkliste hängt vom Flugzeugtyp ab. Selbst bei demselben Flugzeugtyp können sie unterschiedlich ausfallen – je nachdem welche verschiedenen Elektronikoptionen die Fluggesellschaft gewählt hat.

[21] Bei den meisten Fluggesellschaften werden die Prozeduren auf Englisch gemacht und der Kopilot sagt „Checklist completed“.

sollen.[22] Sie sind sich nicht einig. Der Kopilot denkt, dass die automatischen Schubregler nicht funktionieren werden, weil die Temperatur-Sonde nicht geht. Der Kapitän ist sich nicht sicher.
Die beiden Männer sprechen sehr schnell... Beide sind zu diesem Zeitpunkt sehr entnervt. Man kann sich gut vorstellen, wie sich der Flugkapitän fühlt, der glaubt, er sei Schuld an der Verspätung. Und all das für nichts! Denn er hätte ja selbst die Sicherung der Sonde ziehen können! Um auf diese Idee zu kommen, hätte er keine Wartungstechniker rufen müssen. Die Verspätung wird sich auf die gesamte Tagesplanung auswirken und der Tag wird sehr lang werden. Die beiden Männer sind an diesem Morgen aus Barcelona gekommen. Sie sind schon seit mehr als vier Stunden in Madrid und sie werden noch einmal drei Stunden benötigen, um die Kanaren zu erreichen. Außerdem muss das Flugzeug an diesem Abend wieder nach Barcelona zurück. Es ist klar, dass die psychologische Verfassung der Besatzung unter diesen Umständen nicht die beste ist, um sich auf den Start konzentrieren zu können.
Sie müssen sich beeilen...
Das zweite Triebwerk ist gerade erst stabilisiert, als die Besatzung die dritte Checkliste *„After Start" (Nach Starten der Triebwerke)* in Angriff nimmt. Dabei kommt es jedoch zu einer fatalen Entscheidung. Wie zuvor geht der Kopilot alle Punkte rasend schnell durch. Als er bei der letzten Zeile ankommt, wird er plötzlich vom Kapitän unterbrochen:

14 Uhr 12 Minuten 08 (Kapitän): *Hol sofort die Rollgenehmigung ein!*

Dadurch wird Punkt Nummer 9 übersprungen. Er betrifft die Klappenstellung. Der Kopilot hätte fragen müssen:
- *Landeklappen und Slats?*

Der Flugkapitän hätte antworten müssen:
- *Selektiert und überprüft!*[23]

Da das nicht geschehen ist, sind die Landeklappen nicht eingestellt. Vielleicht denkt der Kopilot in diesem Moment, dass er mit der Checkliste weitermachen wird, so bald er den Tower kontaktiert hat. Wir werden es niemals wissen. Zunächst legt er die Listen weg, um das Mikrofon zu ergreifen:

[22] Wenn die Bremsen gelöst werden, kann die Triebwerksleistung angezeigt werden, indem die Vortriebsregler per Hand betätigt werden (manuell) oder indem der „TOGA"-Knopf gedrückt wird. In dem Fall erfolgt die Schubregelung, ohne dass die Besatzung eingreifen muss.
[23] Die Prozedur erfolgt oft auf Englisch. Der Pilot antwortet: „Set and Checked".

14 Uhr 12 Minuten 09 Sekunden (Kopilot): *Madrid, Spanair 5022, wir haben die Triebwerke gestartet und erbitten Rollanweisung...*

Der Fluglotse antwortet mit einem Satz, der Piloten immer nervt, wenn sie es eilig haben:

14 Uhr 12 Minuten 20 Sekunden (Fluglotse): *Warten Sie, ich melde mich wieder, 5022.*

Natürlich macht er das nicht... Minuten vergehen. Die Zeit wirkt wie eine Ewigkeit. Im Cockpit fällt kein Wort. Der Steward begnügt sich damit, zu beobachten, was geschieht. Denkt der Kopilot daran, mit der Checkliste weiterzumachen? Er macht es nicht... Schließlich scheint Kapitän Garcia Luna des Wartens müde zu sein. Er nimmt das Mikrofon und kontaktiert genervt den Fluglotsen:

14 Uhr 14 Minuten 23 Sekunden (Kapitän): *Barajas, können Sie uns sagen, wie lange wir noch warten müssen?*

Dieses Mal scheint seine Anfrage zu wirken, denn der Fluglotse antwortet innerhalb von zehn Sekunden:

14 Uhr 13 Minuten 33 Sekunden (Fluglotse Bodenkontrolle): *Spanair 5022, Rollen zum Rollhalteort Piste 36 links genehmigt... Melden Sie sich am Rollhalteort.*

Der Flugkapitän bestätigt, verstanden zu haben. Er löst die Parkbremse und das Flugzeug beginnt zu rollen. Alles in allem hat die „Reparatur" der Sonde 33 Minuten gedauert...
Und der letzte Punkt der Checkliste in Bezug auf die Landeklappen? Welche Checkliste? Leider ist der Kopilot bereits mit etwas anderem beschäftigt.
Sobald sich das Flugzeug in Bewegung setzt, beginnt der Kopilot mit der vierten Checkliste, der Taxi-Checklist. Wieder liest er jeden Punkt schnellstens vor, wieder antwortet der Kapitän mechanisch. Derselbe Fehler wiederholt sich. Alles geht so schnell, dass keiner der beiden Männer je das Wort „Landeklappen" ausspricht. Dabei geht es im vorletzten Punkt dieser Checkliste erneut darum, die Einstellung der Landeklappen zu überprüfen. Die Klappen sind also noch immer auf Null gestellt.
Und da bleiben sie auch.

Das Flugzeug rollt rasch über den Taxiway Mike 15, dann Mike 16... Mike 17... Es begibt sich zu Romeo 5, wo es vorher schon für den ersten Startversuch war.

Um **14 Uhr 16 Minuten 50 Sekunden** wechselt der Kopilot auf die Frequenz des Towers: 118.07 MHz.
Während das Flugzeug vorankommt, unterhält sich die Besatzung im Cockpit weiter darüber, ob die automatischen Schubregler (Auto Thrust) funktionieren werden oder nicht. Der Kapitän ist überzeugt, dass sie es tun werden; der Kopilot nicht. Er beharrt:

14 Uhr 18 Minuten 14 Sekunden (Kopilot): *Die automatischen Schubregler werden nicht funktionieren, weil wir die Außentemperatur nicht haben.*

Für einen Anfänger gar nicht so schlecht! In Wirklichkeit ist es kein großes Problem, ob die automatischen Schubregler funktionieren oder nicht. Wenn sie es nicht tun, genügt es, sie per Hand zu bedienen.

Um **14 Uhr 18 Minuten 58** erreicht die DC-9 Romeo 5 und hält an. Auf der Startbahn befindet sich bereits ein anderes Flugzeug, das auf die Starterlaubnis wartet. Wieder verstreichen Minuten. Die Cockpitbesatzung wird ungeduldig.
Endlich hebt die Maschine vor ihnen ab und der Fluglotse meldet sich.

14 Uhr 21 Minuten 05 Sekunden (Fluglotse im Tower): *Spanair 5022, rollen Sie zum Abflugpunkt Startbahn 36 links und halten Sie.*

14 Uhr 22 Minuten 06 Sekunden: Zwei „pings" erklingen im Cockpit. Das ist ein mit der Chefstewardess vereinbartes Signal, das signalisiert, dass Passagiere und Kabinenbesatzung bereit für den Start sind.

Das Flugzeug biegt nach rechts auf den Zubringer Zulu 2. Die Einfahrt zur Startbahn ist nur noch wenige Meter entfernt... Der Start steht kurz bevor. Jetzt muss die letzte, sechs Punkte umfassende Take off-Checkliste überprüft werden. An letzter Stelle steht die Überprüfung der Landeklappen.

Take off-Checkliste	
Spoiler (Bremsklappen)	Eingefahren
Startparameter V1 – VR – V2	Überprüft
Anti-Kollisionslichter	Eingeschaltet
Fluginstrumente	Überprüft
Triebwerksinstrumente	Überprüft
Landeklappen	Grad / Überprüft 11

Die letzte Checkliste der DC-9

Der Kopilot nimmt das Blatt und liest schnell vor, was er bereits gemacht hat. Da passiert etwas Unglaubliches. Als er die Checkliste beendet, sagt er:

14 Uhr 22 Minuten 15 Sekunden (Kopilot): *Und als letzten Punkt... haben wir... 8... Entschuldigung... 11... eingefahren... 11... eingefahren...*

Danach endet er mit einem Tonfall, der keinen Widerspruch duldet:

14 Uhr 22 Minuten 31 Sekunden (Kopilot): *Checkliste fertig...*

Erstaunlich! Der junge Mann spricht selbstverständlich von den Landeklappen. Zunächst scheint er zu denken, dass er sie auf 8 Grad eingestellt hat. Dann 11 Grad... Dann denkt er, dass sie eingefahren sind. Danach, dass sie auf 11 Grad gestellt sind. Dann wieder, dass sie eingefahren sind... Es ist unverständlich. Diese widersprüchlichen Aussagen zeigen, dass sich der Kopilot nicht die Zeit nimmt, in Ruhe nachzudenken. Es spricht reflexartig, ohne jedoch entsprechend zu handeln. Offensichtlich ist er mit den Gedanken woanders. Dieses technische Kauderwelsch könnte komisch sein, wenn es nicht dramatische Auswirkungen auf das Leben von 176 Personen hätte.
Für den Kopiloten scheint der letzte Punkt so vernachlässigbar zu sein, dass er sofort etwas anderes macht. Denn er fragt den Kapitän nur eine Sekunde später, ob er den Autopiloten aktivieren will, so bald sie abgehoben haben.
Der Flugkapitän antwortet nicht.

Wenige Sekunden später erteilt der Fluglotse die so sehnlich erwartete Startgenehmigung.

14 Uhr 23 Minuten 09 Sekunden (Fluglotse): *Start Piste 36 frei, 5022... Wind aus 220 mit 7 Knoten.*

Der Kopilot bestätigt den Eingang der Nachricht. Vor dem Flugzeug liegen 4.349 Meter Zement. Denn die Startbahn gehört zu den längsten in Europa – und damit zu den sichersten. Überhaupt hat der Start heute nichts Gefährliches an sich. Er setzt nur voraus, genau die Geschwindigkeit zu respektieren, die für einen Start mit Landeklappen auf 11 Grad berechnet worden ist. Die Startgeschwindigkeit wird heute recht hoch sein, da das Flugzeug fast die höchstzulässige Startmasse[24] hat, und weil es heiß ist.

Eine Sekunde später schiebt der Kapitän die beiden Schubhebel nach vorne. Die Bremsen sind gelöst. Das Flugzeug beschleunigt. Die Triebwerks-Paramater sind normal, doch die automatischen Schubregler (Auto Thrust) funktionieren nicht. Wie vom Kopiloten befürchtet. Aber das ist nicht schlimm!
Gravierender ist, dass kein Alarm ausgelöst wird, als die Schubhebel nach vorne geschoben werden.
Wie wir gesehen haben, hätte dies der Fall sein müssen, da die Landeklappen vergessen wurden. Der Startkonfigurations-Alarm hätte die Besatzung warnen müssen, dass etwas nicht stimmt. Doch es geschicht nichts. Kein Alarmton... Keine Computerstimme. Da das Relais R2-5 defekt ist, funktioniert das Warnsystem nicht mehr.

Im festen Glauben, dass alles in Ordnung ist, setzt die Besatzung den Start fort.

Das Flugzeug beschleunigt problemlos... Draussen scheint der Asphalt zu flimmern und die Temperatur weiter zu steigen. Es sind 32 Grad. Das weiß die Besatzung jedoch nicht, da ja die Temperatursonde deaktiviert wurde.
Wie es die Prozedur vorsieht, verkündet der Kopilot laut, dass das Flugzeug eine Geschwindigkeit von **60 Knoten** erreicht.
Dann verkündet er **100 Knoten.**

[24] Die höchstzulässige Startmasse der Maschine beträgt 66,6 Tonnen. Das Flugzeug wiegt heute 64,5 Tonnen.

Die Maschine beschleunigt weiter. Der Triebwerksschub ist nominal. Die EPR-Zahl[25] beträgt 1,95.
Einige Momente zuvor hat die Cockpitbesatzung ausgerechnet, dass die V1-Entscheidungsgeschwindigkeit **154 Knoten** betragen müsste.[26] Die Geschwindigkeit wurde jedoch basierend auf der Annahme ausgerechnet, dass die Landeklappen auf 11 Grad eingestellt sind. Dabei sind sie auf null!

14 Uhr 24 Minuten 05 Sekunden (Kopilot): *V1...*

Die Entscheidungsgeschwindigkeit wurde überschritten. Ab jetzt ist es nicht mehr möglich, noch zu bremsen und den Start abzubrechen. Es ist ein Punkt, ab dem es kein Zurück mehr gibt. Egal was passiert, jetzt muss die Maschine abheben.

14 Uhr 24 Minuten 09 Sekunden (Kopilot): *Ziehen.*

Auf den ersten Blick wirkt alles normal. Der Kapitän zieht kräftig am Steuerknüppel... Eine Sekunde später hebt das Bugfahrwerk ab und das elektronische System schaltet vom Modus „am Boden" auf „im Flug" um. Dann verlassen auch die Haupträder den Boden. Das Flugzeug ist in der Luft. Es ist **14 Uhr 24 Minuten und 10 Sekunden.** Die Maschine hat exakt 1.950 Meter zurückgelegt, seit die Bremsen gelöst wurden. Das entspricht noch nicht mal der Hälfte der Startbahn. Und doch ist das Schicksal der DC-9 besiegelt.
Sorglos wählt der Kapitän eine normale Längsneigung von 15,5 Grad. Ab da geht alles ganz schnell. Die Maschine befindet sich in einer Höhe von nur sieben Metern, als der Steuerknüppel zu vibrieren beginnt. Das ist ein Alarmsignal, das den Piloten warnt, dass ein Strömungsabriss droht. Diese sogenannte Überziehwarnanlage ist so konzipiert, dass die Steuerung auf unangenehme Art anfängt zu ruckeln. Das soll den Piloten davon abhalten, den Steuerknüppel zu sich zu ziehen. Denn der Anstellwinkel muss verringert werden. Aber es ist schon zu spät. Das Flugzeug kippt über den rechten Flügel ab. Zunächst neigt es sich um 4,4 Grad.
Der Kopilot schreit sofort:

---

[25] Engine Pressure Ratio. Sie steht für das Verhältnis vom Turbinenausgangsdruck zum Kompressoreingangsdruck.
[26] 60 Knoten = 111 km. 100 Knoten = 185 km. 154 Knoten für V1 = 285 km/h. Die Entscheidungsgeschwindigkeit bezeichnet die Geschwindigkeit eines startenden Flugzeugs, bis zu der ein Startabbruch erfolgen darf. Ihre internationale Abkürzung lautet V1.

14 Uhr 24 Minuten 14 Sekunden (Kopilot): *Wir haben eine Triebwerkspanne!*

Er irrt... Die beiden Triebwerke laufen vollkommen störungsfrei auf Hochtouren. Das Problem kommt daher, dass die Geschwindigkeit nicht ausreicht, um dem Flugzeug zu ermöglichen, korrekt zu fliegen. Die DC-9 befindet sich nur wenige Meter über dem Boden, doch sie ist instabil. Sie dreht nach rechts ab und vibriert stark. Dann erhöht sich die Querneigung. Sie steigt plötzlich auf 20 Grad. Um dies auszugleichen, legt der Kapitän den Steuerknüppel nach links. Doch dadurch erhöht er die Instabilität des Flugzeugs noch mehr.[27]
Das ist noch nicht das Schlimmste... Überrascht durch die plötzliche Querneigung des Flugzeugs macht der Flugkapitän eine falsche Bewegung. Er zieht die Schubhebel eine Sekunde lang nach hinten. Dadurch reduziert sich die Triebwerksleistung EPR auf 1,65. Dieses Missgeschick dauert nur eine Sekunde lang, da der Kapitän die Schubhebel sofort wieder voll nach vorne drückt... Die EPR-Zahl steigt unverzüglich auf 2,15, aber das reicht leider nicht aus. Es ist zu spät... Das Flugzeug ist nicht mehr zu kontrollieren.
Das Überziehwarnsystem lässt den Steuerknüppel vibrieren und hört nicht auf. Andere Alarmsignale ertönen. Das automatische Warnsystem schrillt, um auf den drohenden Strömungsabriss hinzuweisen:

14 Uhr 24 Minuten 15 Sekunden (Computerstimme begleitet von einer Signalhupe): *Stall... Stall... Stall...*

Die Reaktion des Kapitäns fällt erstaunlich aus, denn er wird wütend:

14 Uhr 24 Minuten 17 Sekunden (Kapitän): *Meine Güte, wie bringt man diese Stimme zum Schweigen???*

Im selben Moment ertönt das EGPWS[28]-Bodenannäherungs-Warnsystem. Es wird ausgelöst, wenn sich das Flugzeug dem Boden unkontrolliert nähert. Die Computerstimme warnt die Besatzung,

[27] Wenn die Strömung an einem Flügel abreißt und in eine Richtung dreht und danach versucht wird, dies durch das Verstellen der Querruder auszugleichen, tritt der gegenteilige Effekt ein: Der Flügel kippt noch mehr ab.
[28] Enhanced Ground Proximity Warning System.

dass die Querneigung zu stark ist.[29] Das ändert jedoch nichts mehr, die Querneigung nach rechts nimmt weiter zu. Die DC-9 befindet sich jetzt nicht mehr oberhalb der Landebahn, aber immer noch über dem Flughafengelände. Unter ihr ist nur noch Land, das von Dickicht und vertrockneten Büschen durchsetzt ist.

Um **14 Uhr 24 Minuten 19 Sekunden** reagiert der Kapitän instinktiv, aber falsch. Erschrocken über die brutale Reaktion seines Flugzeugs zieht er noch mehr am Steuerknüppel. Der Anstellwinkel beträgt 18,3 Grad... Die Nase der Maschine zeigt nach oben, aber sie steigt nicht. Obwohl ihre Geschwindigkeit 168 Knoten beträgt, beginnt sie, abzusacken. Die DC-9 hat eine Flughöhe von 13 Metern. Ihre Nase zeigt in den Himmel, aber sie sinkt.

Ligia Palomini sitzt in der Kabine vorne in der fünften Reihe. Plötzlich merkt sie, wie ihr Sitz anfängt, heftig zu wackeln. Das gesamte Flugzeug vibriert und wackelt von rechts nach links. Das Gefühl ist so furchteinflössend, dass die Passagiere zu schreien beginnen.

Die Maschine stallt, sie fliegt zu langsam und die Flügel produzieren nicht genügend Auftrieb. Die Gesetze der Aerodynamik existieren nicht mehr und die Maschine wird wieder zu einer Masse von 65 Tonnen, die von der Gravitationskraft der Erde angezogen wird.

Es ist der Strömungsabriss!

Fünf Sekunden später schlägt das Flugzeug auf dem Boden auf. Seine Geschwindigkeit beträgt dabei 283 km/h... Der rechte Flügel kommt als erstes auf. Dann prallt der Rumpf mit einem fürchterlichen Knall auf. Der Aufschlag erfolgt mit einer Vertikalbeschleunigung von 3,17 g. Die Maschine zerbricht kurz hinter dem Cockpit in zwei Teile. Die Treibstoffbehälter werden zerrissen. Ein riesiger Feuerball schießt empor. Die Flammen breiten sich bis zur Vegetation aus, die den Flughafen umgibt. Alles verwandelt sich in ein Flammenmeer.

Trotz alledem geschieht ein Wunder, wie es manchmal bei solchen Dramen der Fall ist. Kim Tate gehört zu den wenigen Passagieren, für die die Stunde noch nicht geschlagen hat. Sie hat Glück, dass sie in der sechsten Reihe sitzt. Denn genau auf Höhe dieser Sitzreihe bricht das Flugzeug entzwei. Kim wird dadurch aus dem Flugzeugrumpf geschleudert. Sie landet in einem winzigen Tümpel außerhalb der Reichweite der Flammen. Sie schlägt mit einer Geschwindigkeit von mehr als 250 km/h auf. Die Rettungskräfte werden sie bewusstlos und noch immer in ihrem Sitz angeschnallt

[29] Bank Angle: Winkel zwischen der Horizontalen und der Flugzeugquerachse.

finden. Ein Arm ist gebrochen und die Lunge wurde verletzt, aber Kim Tate ist nicht verbrannt.
Bei dem Unglück kommen 153 Menschen ums Leben, darunter 22 Kinder. Ein schwerverletzter Mann stirbt drei Tage nach dem Unfall. Einige Passagiere sind vollständig verkohlt, so dass es Wochen dauert, bis sie identifiziert werden können.
Entgegen allen Erwartungen gibt es 18 Überlebende. Die Geretteten saßen alle in der Nähe der sechsten Reihe. So überlebt Ligia Palomino, genau wie Roberto Alvarez Carretero, der Junge auf dem Fensterplatz. Seine kleine Schwester hat nicht so viel Glück... Von der Besatzung sterben bis auf Antonia Martinez Jimenez, eine der Stewardessen auf dem Zubringerflug, alle Mitglieder. Jiminez saß ebenfalls vorne in der Kabine.

Die Medien gehen zuerst von einem Triebwerksausfall aus. Mehrere Zeugen behaupten, das eine Triebwerk sei in Flammen aufgegangen. Zunächst glauben das alle... Denn das entspricht dem Szenario vor dem Start. Das Flugzeug sei wegen einer ersten Panne zur Parkposition zurückgekehrt und bei der Reparatur sei geschlampt worden, heißt es. Ein Mitarbeiter von Spanair behauptet sogar anonym, das Triebwerk habe schon seit Wochen Verschleißerscheinungen aufgewiesen.
Das Video einer Überwachungskamera ergibt jedoch schon bald, dass diese Zeugenaussagen nicht zuverlässig sind. Die Aufnahmen des Starts zeigen weder Flammen noch Rauch an den Triebwerken.[30]
Am Tag nach der Katastrophe gibt José Maria Vazquez Alvarez, der Vorsitzende der Pilotengewerkschaft von Spanair, eine Pressekonferenz. Er beteuert, dass das Flugzeug ganz normal gewartet worden sei und dass es kein technisches Problem gegeben habe. Er erklärt, *„dass es absurd ist, die finanziellen Schwierigkeiten der Fluggesellschaft für den Unfall verantwortlich zu machen"*. Das hält jedoch einige Experten nicht davon ab, das Alter der DC-9 und die Schwierigkeiten, Reparaturen durchzuführen, anzuprangern.

Angesichts dieser Anschuldigungen veröffentlicht Spanair schnell eine Mitteilung, in der die Airline versichert, vollstes Vertrauen in ihre DC-9-Flotte zu haben und diese weiterbetreiben zu wollen. *„Es handelt sich um solide und bewährte Flugzeuge."* Der Sprecher der Fluggesellschaft erklärt, dass die verunglückte Maschine

[30] Das Video ist im Internet zu sehen: http://www.youtube.com/watch?v=EA3Qs30iRmc&NR=1

wegen eines Defekts der Temperatursonde verspätet gewesen sei (was nicht stimmt, da sie ja bestens funktionierte). Das habe jedoch „absolut nichts mit der Katastrophe zu tun". Er bestätigt, dass die Besatzung das Recht gehabt habe, ohne diese Sonde zu starten. Das ist exakt.
Die Ermittler finden jedoch schon bald die wahren Ursachen des Unglücks heraus. In einem vorläufigen Untersuchungsbericht nennen sie drei:

- Die Cockpitbesatzung hatte vergessen, die Klappen auszufahren.
- Das Take-off-Warnsystem, das auf diesen Fehler hätte hinweisen sollen, funktionierte nicht.
- Die beiden Männer hatten es sehr eilig, was dazu führte, dass sie bei den Checklisten geschlampt haben. Wären diese normal abgearbeitet worden, hätte das Vergessen der Klappen korrigiert werden können.

Die Ermittler betonten wie immer, dass ein Absturz niemals durch einen einzigen Faktor verursacht wird. Ein Absturz wird durch das Zusammentreffen mehrerer Risikofaktoren ausgelöst. In Madrid hätte es genügt, eine der oben genannten Ursachen zu beseitigen, um die Katastrophe zu verhindern.

Die Fluggesellschaft beteuerte zu ihrer Verteidigung, dass ihre Wartungscomputer von einem Virus des Typs Trojaner infiziert gewesen seien. Dabei habe es sich um einen Racheakt gehandelt. Wegen dieses Hackerangriffs hätten die Computer nicht rechtzeitig den Defekt des Relais R2-5 diagnostizieren können. Die spanische Justiz beschlagnahmte anschließend die fraglichen Computer, um die Aussagen der Airline zu überprüfen. Doch sie fand nichts. Wie dem auch sei: Es kann festgehalten werden, dass die an dem Unglückstag begangenen Fehler nichts mit Computern zu tun hatten. Sie sind vor allem eine Abfolge menschlichen Versagens.
Durch den Unfall verschlimmerten sich die wirtschaftlichen Probleme von Spanair. Die Kunden wanderten zur Konkurrenz ab und die Fluggesellschaft musste von neuen Investoren komplett restrukturiert werden. Die meisten DC-9 wurden durch Airbus-Jets ersetzt.
Nachdem sich die Airline zwischenzeitlich erholte, stellte sie am 27. Januar 2012 kurzfristig den Flugbetrieb ein, nachdem Verhandlungen über einen Einstieg von Qatar Airways in ihr Kapital gescheitert waren. Drei Tage danach beantragte Spanair Insolvenz.

Das Unglaublichste ist, dass der Unfall von Madrid nicht der erste dieser Art war. Denn ein ähnlicher Absturz hatte sich bereits zuvor in Detroit in den USA ereignet. Am 16. August 1987 stürzte eine DC-9 von Northwest Airline auf die Start- und Landebahn 03 C. Die Ähnlichkeiten mit dem Unglück von Madrid sind frappierend:

- Es handelte sich um den selben Flugzeugtyp: Eine DC-9-82.
- Die Cockpitbesatzung hatte vor Stress vergessen, die Klappen auszufahren.
- Die Checklisten wurden schlampig und hastig abgearbeitet.
- Der Absturz ereignete sich im August.
- Die Temperaturen waren sehr hoch.
- Das Take-off-Warnsystem funktionierte nicht.
- Das Flugzeug hatte das gleiche Startgewicht: 65 Tonnen.
- Die Zahl der Todesopfer war exakt gleich: 154.

Nach dem Unglück von Detroit hatte der Flugzeugbauer ein Telex an alle Fluggesellschaften verschickt, die damals die DC-9 betrieben. Die Nachricht ermahnte die Airlines, dass das Abarbeiten der Ckecklisten eine für die Sicherheit lebenswichtige Prozedur sei und dass es deshalb mit äußerster Sorgfalt durchgeführt werden müsse.

Offenbar ist diese Botschaft jedoch nicht bei allen Fluggesellschaften angekommen. Es sei denn, dass sie mit der Zeit wieder in Vergessenheit geraten ist.

TUPOLEW IM FLACHTRUDELN

(räumliche Desorientierung...)

4. Juli 2001

Die Tupolew 154 M, um die es in diesem Kapitel geht, gehört der russischen Fluggesellschaft „Vladivostok Avia". Es ist ein dreistrahliges Verkehrsflugzeug alter Bauart, von dem mehr als tausend Exemplare ausgeliefert wurden und das lange Zeit als „Arbeitspferd" der russischen Luftfahrt galt. Zu Zeiten der Sowjetunion gehörte es zu den Modellen, die von Fluggesellschaften der damaligen Ostblockstaaten am meisten genutzt wurden.[1] Auch wenn sie nicht dieselbe Leistung hat, ist die Tupolew 154 eine plumpe Nachahmung der amerikanischen Boeing 727: Die gleiche vertraute Silhouette mit einem dritten, im Leitwerk integrierten Triebwerk, die gleiche Passagierkapazität und das gleiche charakteristische Leitwerk in T-Form.
Die Maschine, um die es hier geht, ist zum Zeitpunkt des Unfalls 15 Jahre alt und hat 21.000 Flugstunden absolviert. Das ist sehr wenig für ein Linienflugzeug.

Die Tupolew 154 M dieses Berichts (Kennzeichen RA-85845).

---

[1] Die Bundeswehr hat nach der Wiedervereinigung zwei Tupolew 154 aus DDR-Beständen übernommen. Sie waren bis Ende der 90er Jahre für die Flugbereitschaft im Einsatz. Nach der Kollision einer der beiden Maschinen mit einem amerikanischen Militärtransporter, bei dem am 13. September 1997 vor Namibia alle 24 Personen an Bord ums Leben kamen, wurden sie ausgemustert.

An diesem Juli-Abend bricht die Maschine zu einem Nachtflug von Jekaterinburg nach Wladiwostok auf. Es ist eine lange Reise, die vom Zentrum Russlands bis zur Küste des Japanischen Meeres führt. Dabei werden auch fast 1.500 Kilometer chinesischen Hoheitsgebiets überflogen.
Der Flug trägt die Nummer XF 352. Während des Funkkontakts mit der Flugsicherung benutzt die Besatzung die Flugnummer an diesem Abend jedoch erstaunlicherweise nie. Im Gegensatz zu dem, was normalerweise bei einem Linienflug üblich ist, gibt der Kapitän lediglich das Kennzeichen des Flugzeugs an: RA 85845. Dieses Flugfunk-Verfahren ist normalerweise kleinen Privatflugzeugen vorbehalten. Wie wir später bei der Wiedergabe der Sprechfunk-Dialoge sehen werden, gibt die Besatzung als Rufkennzeichen oft sogar nur die letzten drei Zahlen an: „845".
Die Strecke zwischen Jekaterinburg und Wladiwostok ist 5.100 Kilometer lang... Da die Reichweite der Tupolew für eine solche Entfernung nicht ausreicht, ist eine Zwischenlandung in Irkutsk in Sibirien vorgesehen... gegen 2 Uhr nachts an einem total verwaisten Flughafen. Die drei Soloview D-30KU-Triebwerke der Tupolew sind zwar leistungsstarke Mantelstromtriebwerke, aber ihre Technologie ist veraltet und sie verbrauchen viel Treibstoff. Deshalb muss in Irkutsk aufgetankt werden. Da es sich um einen technischen Zwischenstopp handelt, müssen die Passagiere an Bord bleiben und es darf niemand zusteigen.
Bedingt durch den nächtlichen Tankstopp in Irkutsk wird die Reise von Jekaterinburg nach Wladiwostok achteinhalb Stunden dauern.

Milde ausgedrückt ist die TU 154 nicht gerade das Modernste, was es in der Luftfahrt gibt. Es handelt sich zwar nicht um einen sehr alten Flugzeugtyp, da der Erstflug 1968 stattgefunden hat. Aber das Modell wurde im Laufe der Jahre nicht wirklich weiterentwickelt.[2] Es hat keine modernen Bildschirme, keine computergestützten Systeme und die Aerodynamik ist im Vergleich zum heutigen Standard „prähistorisch".[3]
Vor allem im Cockpit ist der technologische Rückstand zu spüren. Das in einem deprimierenden Grün gehaltene Instrumentenbrett besteht noch aus einer Reihe von analogen Rundinstrumenten.

---

[2] Zum Vergleich: Die Boeing 737 hat ihren Erstflug 1967 gemacht, aber die heutige 737-900 hat nichts mehr mit den ersten Flugzeugen dieses Typs gemein.

[3] Während des Kalten Krieges hat die NATO der Tupolew 154 einen erstaunlichen Decknamen gegeben: Careless (fahrlässig).

Alles ist kompliziert und schlecht angeordnet. Nichts wurde so gestaltet, dass es den Piloten die Arbeit erleichtert. Im Gegenteil! Die Maschine ist von der Handhabung her so speziell, dass eine Cockpitmannschaft mit vier Mitgliedern notwendig ist. An diesem Abend gehören dazu:

- ein Kapitän,
- ein Kopilot,
- ein Flugingenieur,
- ein Navigator.

Jeder von ihnen hat viel zu tun. Deshalb ist das technische Flugpersonal im Cockpit beim Flug XF 352 im Vergleich zu den Stewardessen in der Mehrzahl. Das ist durchaus typisch für die Tupolew 154. An diesem Abend sind nur drei Flugbegleiterinnen an Bord, die sich in der Kabine um die Passagiere kümmern.
Die Tupolew 154 gilt als eine Art unbequemer, aber äußerst robuster „fliegender Lastwagen". Denn sie kann auch auf unbefestigten Pisten landen. Selbst wenn sie wochenlang von Schnee bedeckt am Boden bleibt, benötigt sie nur ein Mindestmaß an Wartung.

Das Instrumentenbrett der Tupolew 154 mit analogen Instrumenten, offenliegenden Kabeln und einem Bordradar alter Bauart, bei dem der Pilot durch ein Okular gucken muss, um den Bildschirm sehen zu können.

So war die russische Bauweise: Rustikal, schwer und als unkaputtbar geltend. Leider entwickelte sich diese legendäre Robustheit im Laufe der Jahre zu einem wahren Handicap. Denn das Flugzeug war so solide, dass die Fluggesellschaften der Wartung nur geringe Aufmerksamkeit schenkten. Warum bestimmte Teile ersetzen, wenn die Maschine doch nie kaputt geht? Revisionen sind immerhin teuer. Zudem muss das Flugzeug dafür lange am Boden bleiben, was viel Geld kostet.

Bedauerlicherweise ist jedoch nichts unverwüstlich... Selbst die robusteste Maschine gibt eines Tages ihren Geist auf. Resultat: Die Tupolew 154 wurde irgendwann gefährlich. Mangels angemessener Wartung explodierten einige im Flug, andere verloren ihr Heck und wieder andere gingen bei der Landung in Flammen auf. Deshalb hat dieses Flugzeug letztendlich zahlreiche Opfer gefordert. Die Statistiken sind gnadenlos: Die Tupolew 154 hat bereits 2.833 Todesopfer gefordert.[4] Unter ihnen befinden sich der frühere polnische Präsident Lech Kaczynski sowie zahlreiche Mitglieder seiner Regierung.[5]

Sogar die an die Unsicherheiten des Luftverkehrs gewohnten Russen wurden irgendwann misstrauisch. Denn das Modell sorgte manchmal in den unerwartesten Momenten für böse Überraschungen. So ist eine Tu 154 der Fluggesellschaft Kogalymawia am 1. Januar 2011 in Surgut in Sibirien in Brand geraten, als die Besatzung die Triebwerke am Rande der Piste startete.[6]

Die Tupolew 154 verbraucht zudem so viel Sprit, dass die Fluggesellschaften mit allen Mitteln versuchten, beim Treibstoff zu sparen. Manchmal griffen sie dabei zu äußerst überraschenden Maßnahmen. So ließen sie das Flugzeug von einem Schlepper über die Rollbahn bis an den Rand der Start- und Landebahn ziehen, sobald die Passagiere an Bord waren. Die Besatzung startete die Triebwerke erst, wenn der Tower die Genehmigung erteilt hatte, dass sich das Flugzeug zum Start aufstellen durfte. Durch diese im Westen unübliche Methode konnten die Airlines jedes Jahr mehrere Dutzend Tonnen Treibstoff sparen.

Nach den letzten Unfällen empfahlen die russischen Luftfahrt-Behörden im März 2011, die Tupolew 154 schrittweise für den regulären Passagierverkehr stillzulegen. Sie dachten damals sogar

---

[4] Quelle: Aviation Safety Network, Stand Februar 2017.

[5] Siehe ERREURS DE PILOTAGE, tome 4 desselben Autors, erschienen bei Editions Altipresse.

[6] Bei dem Brand kamen drei der 116 Passagiere ums Leben.

über ein komplettes Flugverbot für das Modell nach. Doch leider blieb das nur ein Wunschtraum, da es für einige Fluggesellschaften lange Zeit keinen gleichwertigen Ersatz für die Tupolew 154 gab. Trotz aller Nachteile ist das Flugzeug schnell und es gibt keine andere Maschine in dieser Kategorie, die auf dem Gebrauchtmarkt billiger zu haben wäre.[7]

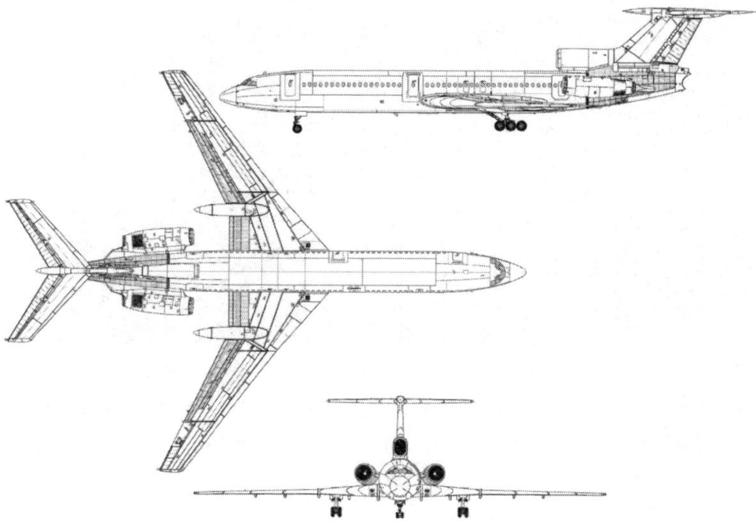

Skizze der Tupolew 154

Angesichts der Eigenschaften der Tupolew 154 ist verständlich, dass es nicht einfach ist, sie zu fliegen. Das Modell wurde zu Sowjetzeiten entworfen, einer Ära, in der der Mensch als eine zu vernachlässigende Größe angesehen wurde. Im Gegensatz zu den westlichen Flugzeugen, die quasi „um den Piloten herum" konzipiert wurden, ließen sowjetische Maschinen Menschen nur ans Steuer, weil es nicht anders ging. Auf die Bedürfnisse der Piloten wurde nicht eingegangen. Die Maschine ist deshalb kompliziert, schwer zu handhaben und sie kann nicht nur von einem Piloten geflogen werden. Zu Zeiten der UDSSR wollte man nämlich vermeiden, dass eine einzelne Person alleine die Steuerung übernehmen kann, um in den Westen zu fliehen. Bei einigen Militärversionen sind sogar fünf Besatzungsmitglieder im Cockpit nötig.

[7] Eine Tupolew 154 mit etwas Flugpotential ist für etwa 100.000 Euro zu haben.

Das Instrumentenbrett des Flugingenieurs, das sich auf der rechten Seite hinter dem Kopiloten befindet. Der Flugingenieur hat seine eigenen Schubhebel, was einzigartig für ein Linienflugzeug ist.

Die Fluggesellschaft Vladivostok Avia war damals die wichtigste private Airline im Osten Russlands. Zum Zeitpunkt des Unfalls betrieb sie 24 Passagierflugzeuge. Sie besaß außerdem Antonov-Frachtflugzeuge und 23 Hubschrauber. Ihre Hauptziele waren China, Korea und generell der Ferne Osten.
An diesem Abend befinden sich offiziell 133 Passagiere und sieben Besatzungsmitglieder an Bord des Fluges XF 352, darunter sechs Kinder und zwölf Chinesen. In Wirklichkeit sind jedoch vermutlich noch fünf weitere Personen an Bord, die aber nicht auf der Passagierliste eingetragen wurden. Es kommt häufig vor, dass Passagiere ein Flugzeug besteigen, ohne ein Ticket zu haben. Oft handelt es sich dabei um Mitarbeiter der Fluggesellschaft, die gratis reisen dürfen. Aber auch für Freunde der Besatzung werden die Augen zugedrückt.[8] Manchmal gibt es aber auch Passagiere, die in letzter Minute kommen und keine Zeit mehr haben, ein Ticket zu kaufen. Gegen ein paar tausend Rubel unter der Hand

[8] Bei den meisten Fluggesellschaften dürfen nur Personen an Bord, die ein gültiges Ticket besitzen, zur Besatzung gehören oder als Besatzungsmitglied eines anderen Fluges der Airline zu ihrem Einsatzort reisen. Die Mitarbeiter der Fluggesellschaft, die umsonst reisen, müssen ebenfalls ein auf sie ausgestelltes Ticket haben.

werden sie diskret an Bord geschleust. Diese Praxis war damals umso verbreiteter, als die Reise nach Wladiwostok 20.500 Rubel kostete.[9] Für „Durchschnitts-Russen" war das nicht gerade billig, da ihre Kaufkraft im Vergleich zu den 90er Jahren stark gesunken ist. Die Fluggesellschaft expandierte zum Zeitpunkt des Unfalls trotzdem kräftig, da die Reise auf dem Landweg sehr viel länger dauert: Die berühmte Transsibirische Eisenbahn braucht eine Woche, um von Moskau nach Wladiwostok zu gelangen.

Wie so oft befinden sich an Bord des Fluges XF 352 auch einige Soldaten. Denn Wladiwostok ist der größte russische Marinestützpunkt an der Ostküste. Ein nicht zu verachtender Teil der Kunden der Fluggesellschaft besteht deshalb aus Marinesoldaten, die Freigang haben. Eine Kundschaft, die nicht gerade dafür bekannt ist, besonders diszipliniert zu sein...

Das zeigt sich auch an den damaligen Passagier-Vorschriften der Airline. Auf ihrer Buchungsseite wurde man darüber aufgeklärt, dass neben Rauchen und dem Konsum von Alkohol an Bord verboten ist:

- *seinen Sitznachbarn zu belästigen,*
- *aggressiv mit dem Flugkapitän oder anderen Besatzungsmitgliedern zu sprechen,*
- *die Rettungsausrüstung zu benutzen, ohne dazu vom Kapitän oder einem Besatzungsmitglied aufgefordert worden zu sein.*

Noch erstaunlicher: Es war ebenfalls strengstens verboten:

- *die Rettungsausrüstung mitzunehmen, wenn man die Maschine verlässt* (an Bord von Fischereibooten wurden die Rettungswesten der Fluggesellschaft gefunden!).
- *Teile der Maschine oder das gesamte Flugzeug zu beschädigen oder zu zerstören...*

Westliche Passagiere sind sicherlich weit davon entfernt, sich stets vorbildlich zu verhalten. So kommt es immer wieder zu tätlichen Angriffen auf Stewardessen und Stewards.[10] Dennoch erscheint es schwer vorstellbar, dass eine westliche Fluggesellschaft eine solche Warnung auf ihrer Internetseite veröffentlicht.

Auf der anderen Seite war der Service an Bord von Vladivostok Avia seinerzeit aber auch nicht besonders hochklassig. Als sich der Unfall ereignete, wurde der Cateringservice gerade neu strukturiert. Viele Passagiere beschwerten sich damals, das an Bord servierte Essen sei nicht besser als das der Truppenküche

---

[9] 515 Euro zur Zeit der Niederschrift des Buches.

[10] Siehe PASSAGERS INCONTRÔLABLES von Jean-Pierre Otelli, erschienen bei Editions Altipresse.

ihrer Garnison. Obwohl der Flug nach Wladiwostok **8 Stunden 30** dauert, bekamen die Passagiere nur eine einzige, bescheidene Mahlzeit: *„Einen Snack mit Fleisch oder Fisch begleitet von Oliven und Gemüse."*
Guten Flug auch...

Um **19 Uhr 47** verlässt Flug XF 352 den Flughafen Jekaterinburg. Er startet von Bahn 08 rechts[11]. Kurz darauf überfliegt die Tupolew 154 den Marker „Kilo Uniform" und setzt ihren Steigflug normal Richtung Osten fort. Die Flugsicherung von Kolsovo erlaubt ihr, auf die Anflugfrequenz 125.90 zu wechseln.
Bevor dieser Bericht fortgesetzt wird, ist es wichtig zu erklären, welches metrische System die Russen an Bord ihrer Flugzeuge benutzen.[12] Denn sie haben niemals die angelsächsischen Einheiten übernommen. Russische Flieger sprechen deshalb noch immer in „Stundenkilometern" von der Geschwindigkeit, in „Metern" von der Höhe und in „Millimetern Quecksilbersäule" vom atmosphärischen Druck. Das mag westlichen Piloten absurd erscheinen, aber es ist so. Hinter der Entscheidung des Westens, die angelsächsischen Einheiten zu verwenden, steckt jedoch keine politische Ideologie, sondern Logik, da das metrische System für die Luftfahrt völlig ungeeignet ist. Das mussten selbst die Franzosen zugeben. Den Russen ist es jedoch nie gelungen, eine große Reform durchzuführen, die ihnen erlauben würde, dem Luftfahrtstandard der restlichen Welt zu entsprechen. Vielleicht irgendwann später?
In der folgenden Abschrift können deshalb einige Ausdrücke vorkommen, die Piloten erstaunen mögen, die niemals in Russland geflogen sind.

Die Tupolew ist derzeit auf einer *Flughöhe von 10.050 Metern stabilisiert!!* [13]

---

[11] Die Bezeichnungen „rechts" und „links" für die beiden Pisten 08/26 in Jekatarinburg sind eigentlich unangemessen. Denn auch wenn sie dieselbe QFU 08/26 (magnetische Missweisung der Piste) tragen, verlaufen sie nicht parallel und divergieren um mehr als 10 Grad. Die nördliche Start- und Landebahn ist übrigens völlig unbenutzbar. Sie wird seit langem renoviert und selbst die Rollwege, die die beiden Pisten voneinander trennen, sind unpassierbar.

[12] Siehe das Kapitel „Collision entre gros porteurs" in ERREURS DE PILOTAGE 4 desselben Autors, erschienen bei Editions Altipresse.

[13] 33.000 Fuß, was für einen westlichen Piloten Flugfläche 330 entspricht.

Es ist noch hell[14], aber das Flugzeug fliegt mit einer Geschwindigkeit von 900 km/h Richtung Osten. Für diejenigen, die sich an Bord befinden, wird es deshalb schnell dunkel werden.
Gegen **21 Uhr** ist die Mahlzeit beendet und die Stewardessen räumen die Tabletts weg. Die Passagiere schlafen schnell ein. Die ersten drei Stunden des Fluges verlaufen friedlich.

Um **1 Uhr 35** morgens ist die Tupolew 350 Kilometer von Irkutsk entfernt. Die Flugsicherung erteilt ihr die Genehmigung, den Sinkflug einzuleiten und auf 5.700 Meter Höhe herunterzugehen. Der Navigator kündigt per Funk an, dass sie schätzen, in rund einer halben Stunde landen zu werden.

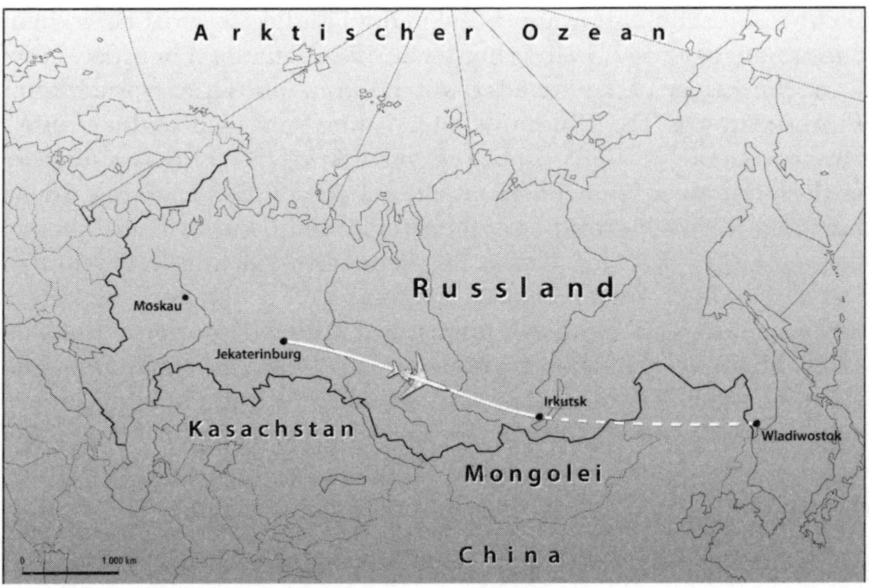

Die Flugstrecke von Jekaterinburg nach Wladiwostok. Das Flugzeug überfliegt zunächst Russland bis Irkutsk. Während der zweiten Hälfte des Fluges legt es fast 1.500 Kilometer über chinesischem Gebiet zurück, bevor es kurz vor der Ankunft in Wladiwostok wieder ein paar Kilometer über russisches Gebiet fliegt.
Entfernung Jekaterinburg - Irkutsk: 2.800 Kilometer.
Entfernung Irkutsk - Wladiwostok: 2.300 Kilometer.

[14] Am 4. Juli geht die Sonne in Jekaterinburg um 22 Uhr 52 Ortszeit unter.

Der Flughafen von Irkutsk hat nichts von einem internationalen Drehkreuz. Er liegt im Südosten der Stadt direkt neben dem Stausee am Angara. Die Flughafenanlagen stammen aus der Sowjetära. Wie so oft in Russland ist die Start- und Landebahn relativ kurz. Sie hat die Landebahnkennung 12/30. Am Boden gibt es keine Markierungen: Keine Mittellinie, keine zebrastreifenförmigen Abstandsmarkierungen und schon gar keine Zahlen auf der Schwelle, die anzeigen, dass sich die Maschine auf der richtigen Piste zum Start aufstellt. Es ist einfach ein Streifen Zement, auf dem Piloten zurechtkommen müssen.
Es gibt relativ wenig Flugverkehr in Irkutsk. Die einzigen ausländischen Airlines, die den Flughafen anfliegen, kommen aus China und Korea. Die Infrastruktur für den Anflug bei schlechter Sicht ist auf ein Minimum beschränkt. Es gibt kein ILS-System, das einen präzisen Instrumenten-Anflug erlauben würde.[15] Der Landeanflug erfolgt entweder mit Hilfe des alten, ungerichteten Funkfeuers (NDB) „India Romeo“ oder mit Hilfe des UKW-Drehfunkfeuers (VOR) *„India Romeo Kilo“*.[16] Wenn das Wetter schlecht ist, sind jedoch beide nicht wirklich funktionsfähig. Diese mangelnde Ausrüstung ist erstaunlich, da Irkutsk nicht gerade der sonnigste Ort auf Erden ist. Wir befinden uns immerhin in Ostsibirien! Die Wetterbedingungen sind oft sogar ausgesprochen schlecht, da den Stausee am Angara ein besonders feuchtes Mikroklima auszeichnet. Außerdem liegt der riesige Baikal-See nur etwa hundert Kilometer östlich. Diese größte Süßwasserreserve der Welt ist mehr als 600 Kilometer lang. Je nachdem, woher der Wind weht, kommt es zu einer hohen Luftfeuchtigkeit und der Flughafen von Irkutsk wird daher oft von Nebel eingehüllt.
Wenn dies der Fall ist, bleibt den Flugzeugen eigentlich nur übrig, auf den Flugplatz von Bratsk 500 Kilometer weiter nördlich auszuweichen. Das Wetterphänomen ist um so erstaunlicher, als der Nebel örtlich sehr beschränkt ist. Wenn die Sicht in Irkutsk gerade einmal 100 Meter beträgt, herrscht 30 Kilometer weiter westlich oft sehr schönes Wetter.[17]

---

[15] Einige nicht offizielle Dokumente lassen vermuten, dass es ein ILS-System in Irkutsk gibt, das aber seit langem defekt ist.

[16] Frequenz des NDB (Non Directional Beacon) „India Romeo“: 514 Khz. Frequenz des Drehfunkfeuers (VOR) „India Romeo Kilo“: 112.3 Mhz.

[17] Im Nord-Westen von Irkutsk gibt es eine weitere Piste, die aber nicht für Landungen bei geringer Sichtweite ausgerüstet ist. Sie ist den Werken der Flugzeugbauer Sukhoi und Beriew vorbehalten. Sukhoi baut dort Kampfjets und Beriew Wasserflugzeuge zur Bekämpfung von Waldbränden.

Glücklicherweise ist das Wetter in dieser Nacht sehr gut. Über dem See gibt es zwar hier und da ein paar Wolken, aber insgesamt ist die Sicht recht gut. Von Nebel keine Spur.
Um **1 Uhr 40** holt der Navigator die letzte Wettervorhersage für Irkutsk ein. Die ATIS meldet ihm „X-Ray“[18]: *Der QFE [19] beträgt 710 mm Quecksilber, Wind aus 290 Grad mit 5 Knoten. Es gibt keine signifikativen Wolken über dem Gelände.*
Die Piste 30 ist in Betrieb. Das ist normal: Bei schwachem Wind bevorzugen die Fluglotsen diese Start- und Landebahn, da die Flugzeuge dann nicht in niedriger Höhe über die Stadt fliegen müssen. Immerhin ist es 2 Uhr morgens und die Tupolew ist nicht gerade leise. Im Gegenteil, denn sie ist selbst im Sinkflug mit reduzierter Triebwerksleistung extrem laut.

Die Cockpitbesatzung wird also einen Anflug machen, der mit Hilfe des Radiokompass (NDB) beginnt und als Sichtanflug endet. Aber es wird kein klassischer Anflug in Form einer Pferderennbahn sein. Da die Sicht exzellent ist, wird sie in den linken Gegenanflug für die Landebahn 30 gehen. Sie wird über den Stausee an der Angara fliegen und dann zwei aufeinander folgende Linkskurven machen, die sie in den Endanflug bringen.
An diesem Abend wird das nicht sehr schwierig sein, da die Lichter der Stadt schon von Weitem zu sehen sind. Das Radar von Irkutsk wird der Tupolew während des gesamten Anfluges folgen. Es ist zwar nicht das neueste, aber zu dieser späten Stunde befindet sich nur ein einziges Flugzeug in dem Sektor und der Fluglotse ist nicht gerade überarbeitet.

Es ist **1 Uhr 50** morgens. Hier das Transkript der Aufnahmen des Cockpit Voice Recorders.[20] Die Tupolew 154 überfliegt das Flußgebiet des Jenisej. Sie ist gerade südlich querab von Tscheremschanka vorbeigekommen. Der Kopilot sitzt am Steuer, aber das Flugzeug befindet sich im Autopilot-Modus. Hinter ihm

[18] Automatic Terminal Information Service (ATIS). Um zu vermeiden, dass Fluglotsen ständig die aktive Start- und Landbahn, Wetterverhältnisse und Anflugparameter wiederholen müssen, verfügt jeder Flughafen über eine Frequenz für diese automatische Informationsdurchsage. Die Meldung wird in der Regel stündlich erneuert (in Deutschland alle 30 Minuten um jeweils 20 und 50 Minuten nach jeder vollen Stunde) und mit einem Buchstaben als Versionskennung versehen. In diesem Fall handelt es sich um den Buchstaben X (= X-Ray im internationalen Funkalphabet).
[19] QFE: Luftdruck in Platzhöhe (der Höhenmesser zeigt 0 beim Aufsetzen auf die Landebahn an).
[20] Übersetzung aus dem Russischen durch Ariel Beresniak und Anna Larovaia.

sitzt der Navigator. Er steht auf der Frequenz 131.70 Mhz im Funkkontakt mit dem Anflug von Irkutsk.
Der Flugkapitän beobachtet.
Der Fluglotse hat gerade die Genehmigung erteilt, den Sinkflug einzuleiten. Da die Maschine jedoch etwas hoch ist, macht der Kopilot das mit einem gewissen Schwung. Absichtlich oder aus Versehen gerät die Nase des Flugzeuges dadurch relativ stark nach unten. Das führt dazu, dass die Maschine mit voller Geschwindigkeit Richtung Irkutsk rast.
Um **1 Uhr 57** passiert die Tupolew mit einer noch immer recht hohen Geschwindigkeit die Höhe 6.500 Meter. Sie überfliegt den Wegepunkt *„RAZDOLYE“* mit 570 km/h... Selbst nachts ist er leicht zu erkennen, da er querab von der kleinen Ortschaft Ussolje-Sibirskoje liegt. Ein bißchen weiter links befindet sich die Stadt Angarsk am Ufer des Flusses Angara.

Eine Minute später kontaktiert der Navigator die Radarkontrolle von Irkutsk:

1 Uhr 58 Minuten 07 Sekunden (Navigator): *845, wir erreichen Flughöhe 5700 Meter.*

Es ist spät und die Stimme des Fluglotsen klingt müde:

1 Uhr 58 Minuten 10 Sekunden (Radarkontrolle von Irkutsk): *Verstanden 845, ich habe Radarkontakt. Sie haben gerade RAZDOLYE in 5.700 Metern passiert. Rufen Sie den Anflug auf 125.20.*

1 Uhr 58 Minuten 21 Sekunden (Navigator): *125.20... Guten Abend.*

Der Flugkapitän sitzt auf dem linken Platz und beobachtet noch immer. Er spricht nicht über Funk. Im Gegensatz zu einer aus zwei Piloten bestehenden „westlichen“ Cockpitbesatzung begnügt er sich damit, Anweisungen zu geben oder etwas zu billigen, ohne jedoch einzugreifen. Momentan ist der Kopilot am Steuer und der Kapitän lässt ihn gewähren.

1 Uhr 58 Minuten 21 Sekunden (Kapitän): *Okay!*

Die Frequenz ist bereits auf dem Funkgerät eingestellt. Der Navigator muss nur den Switch-Schalter umlegen, um Kontakt mit dem Anflug von Irkutsk aufzunehmen.

1 Uhr 58 Minuten 22 Sekunden (Navigator): *Anflug Irkutsk, hier ist 85845, n'Abend. Wir passieren RAZDOLYE in 5.700 Metern und wir haben die Information X-Ray erhalten.*

1 Uhr 58 Minuten 32 Sekunden (Anflug von Irkutsk): *85 845, Anflug Irkutsk, n'Abend... Sie sind auf Radial 282 Grad, Distanz 80 Kilometer. Sinken Sie auf 2.700 Meter und halten Sie Richtung Gegenanflug... Es wird eine linke Platzrunde sein.*

Die Anweisungen des Fluglotsen sind üblich für ein Flugzeug, das aus dem Westen in Irkutsk ankommt. Außerdem sind sie sehr logisch, da sie durch das Vermeiden einer langen und mühsamen Radiokompass-Prozedur Zeit sparen. Die Tupolew wird den Anflug wie einen Anflug tagsüber bei schönem Wetter von Süden her machen. Die Cockpitbesatzung muss nur aufpassen, dabei nicht über den Staudamm zu fliegen. Er gilt als strategisch wichtige Zone und der Überflug ist auch für Linienflugzeuge verboten. Das Flugzeug wird deshalb weit im Süden des Stausees vorbeifliegen und in den Gegenanflug für Piste 30 gehen. Wenn es dann querab von dem Marker India Romeo[21] ankommen wird, wird es zweimal nach links drehen als handele es sich um eine Platzrunde im Sichtflug. Von diesem Moment an wird es sich im Endanflug für Landebahn 30 befinden. Der Kopilot muss lediglich auf einen angemessenen Gleitweg hinuntergehen, um die Landebahn von Irkutsk direkt vor seiner Windschutzscheibe zu sehen. Das ist nicht besonders schwierig, vor allem, da sich zwei Kilometer vor der Landebahn ein zweiter Marker findet, der ihm bestätigt, dass er sich wirklich auf der richtigen Achse befindet.
Diese Art von Radiokompass-Anflug wird heute an großen Flughäfen nicht mehr durchgeführt, doch die Besatzung der Tupolew ist daran gewöhnt. Zwar gibt es heute im Süd-Osten ein paar Wolken. Aber das ist kein Problem, da ihre Untergrenze bei rund 1.000 Metern liegt.
An diesem Abend ist alles Routine!
Der Navigator bestätigt also mit ruhiger Stimme, dass er die Anweisungen des Fluglotsen verstanden hat:

[21] Die Morsekennung des Markers ist „IR“ und seine Frequenz ist 514.

1 Uhr 58 Minuten 43 Sekunden (Navigator): *Verstanden 845... in den Gegenanflug und wir sinken auf 2.700 Meter.*

Die Sekunden vergehen. Die Stimmung im Cockpit bleibt friedlich. Von Stress keine Spur. Diese Harmonie wird nur dadurch gestört, dass der Kopilot noch immer mit voller Geschwindigkeit auf die ihm angewiesene Position zurast. Der Fahrtmesser ist am Rande des roten Bogens. Doch niemand beschwert sich. Schließlich ist die Nacht ruhig, das Flugzeug robust und es gibt nicht eine einzige Turbulenz. Alle haben es eilig, anzukommen. Das Betanken in Irkutsk wird mindestens 40 Minuten dauern. Je schneller sie am Boden ankommen werden, desto schneller werden sie wieder losfliegen können. Sie sind ja noch immer auf der ersten Hälfte der Strecke und die Nacht wird noch lang. Deshalb wird sich niemand beklagen, dass es der Kopilot ein wenig zu eilig hat.
Kurze Zeit später wirft der Kapitän einen Blick aus der Windschutzscheibe, um die Wetterbedingungen bis zum Ziel einschätzen zu können. Was er sieht, gefällt ihm:

1 Uhr 59 Minuten 25 Sekunden (Kapitän): *Das scheint sehr gut zu sein!*

Geradeaus auf „elf Uhr" sieht man deutlich die Lichter der Stadt. Es bestätigt sich, dass an diesem Abend kein Nebel in Irkutsk herrscht. Sie müssen also nicht wie so oft nötig auf Bratsk ausweichen. Alles läuft glatt.

Irkutsk nachts: Der große Platz am Rande der Angara ist gut zu erkennen.

1 Uhr 59 Minuten 35 Sekunden (Kapitän): *Ab dem Gegenanflug werden wir 550 Meter brauchen…*

Später wird sich zeigen, dass der Kapitän in diesem Moment einen merkwürdigen Vergleich zu dem Anflug zieht, den er normalerweise in Wladiwostok macht. Es nicht sehr klar, aber laut seinen Berechnungen scheint er zu denken, dass die Sinkrate des Kopiloten zu hoch ist…
Er hat jedoch keine Zeit, seine Überlegung weiter auszuführen. Als sich das Flugzeug dem Gegenanflug nähert, taucht vor ihm eine dicke Wolkenschicht auf. Das ist normal, da sich die Maschine auf den Stausee zubewegt. Dennoch ist es besser, Vorsichtsmaßnahmen zu ergreifen. Der Flugkapitän zeigt auf den Schalter des Anti-Eis-Systems der Triebwerke:

2 Uhr 01 Minuten 04 Sekunden (Kapitän): *Scheint, als müssten wir sie einschalten…*

Die Tupolew durchfliegt mit voller Geschwindigkeit eine Abfolge von Wolken. Auch wenn ihre Landescheinwerfer noch nicht eingeschaltet sind, ist das Gefühl berauschend. Der Kapitän spricht erneut den Navigator an. Wie es oft an Bord von russischen Flugzeugen üblich ist, redet er ihn mit seinem Vornamen an:

2 Uhr 01 Minuten 42 Sekunden (Kapitän): *Yura, du schaltest die Pitot-Rohr-Heizung an.*

2 Uhr 01 Minuten 43 Sekunden (Navigator): *OK, angeschaltet!*

Einige Sekunden später meldet sich der Fluglotse von Irkutsk zurück:

2 Uhr 01 Minuten 55 Sekunden (Radarlotse von Irkutsk): *845, Sie sind 40 Kilometer entfernt. Sinken Sie auf 2.100 Meter und halten Sie.*

2 Uhr 01 Minuten 58 Sekunden (Kopilot): *OK… 2.100 Meter.*

Instinktiv bestätigt der Kopilot die Höhe, die ihnen genehmigt wurde. Dabei war es gar nicht an ihm, zu antworten. Jeder hat seine Aufgabe… Der Navigator greift deshalb sofort zum Mikrofon.

2 Uhr 01 Minuten 59 Sekunden (Navigator): *Verstanden... 845, wir sinken auf 2. 100.*

Plötzlich kommt der Kapitän wieder auf den Vergleich zurück, den er etwas früher gezogen hat.

2 Uhr 02 Minuten 59 Sekunden (Kapitän): *Wenn man bei uns einen Direktanflug macht, passiert man den Wegpunkt DAGES in dieser Höhe... Hier muss man mehr als 550 Meter verlieren...*[22]

Der Wegpunkt DAGES befindet sich „bei ihnen" in der Achse der Piste 07/25 von Wladiwostok.[23] Das *heißt mehr als 3.000 Kilometern von Irkutsk entfernt.* Dennoch findet der Flugkapitän die Situation vergleichbar, weil er diesen Wegepunkt immer passiert, wenn er nach dem Gegenanflug 550 Meter verloren hat. Seine Argumentation wirkt merkwürdig. Es wäre professioneller, eine Anflugkarte von Irkutsk zu benutzen!
Die Bemerkungen des Kapitäns ändern jedoch nichts am Verhalten des Kopiloten, der seinen Sinkflug fortsetzt, ohne zu verlangsamen. Der Fahrtmesser zeigt noch immer 570 km/h an.
Zwei Minuten später ruft der Fluglotse zurück, um sicherzustellen, dass die Besatzung die notwendigen Informationen für die Landung hat. Wie wir zuvor gesehen haben, werden sie von einer stündlich aktualisierten Aufnahme geliefert. Es ist 2 Uhr morgens und die Meldung ist gerade modifiziert worden. Die Information „X-Ray" wurde in „Yankee" umgewandelt und der Fluglotse will nun wissen, ob die Besatzung auf dem Laufenden ist.

2 Uhr 04 Minuten 09 Sekunden (Radarlotse von Irkutsk): *845... die letzte Wetterinformation ist jetzt „Yankee".... Bestätigen Sie mir, dass Sie Yankee empfangen haben?*

2 Uhr 04 Minuten 13 Sekunden (Navigator): *Roger, ich bin gerade dabei, sie zu hören.*

Um zu zeigen, dass er die neuen Informationen hat, stellt der Navigator die Lautstärke des ATIS höher... So kann jeder im Cockpit die Meldung hören.

---

[22] Der Flugkapitän benutzt das russische Wort für Höhe über dem Meeresspiegel, was ein Fehler ist. Er müsste das Wort benutzen, dass die Höhe im Vergleich zum Boden des Flugplatzes bezeichnet. Dies tun Tupolew-Piloten normalerweise, da sie im QFE arbeiten.

[23] Der Sitz der Fluggesellschaft befand sich damals in Wladiwostok.

2 Uhr 04 Minuten 21 Sekunden (aufgenommene ATIS-Ansage): *„710 Millimeter... QFE 947, keine signifikativen Veränderungen... Bestätigen Sie, dass Sie die Information Yankee beim ersten Kontakt erhalten haben."*

Das Problem ist, dass das Funkgerät jetzt so laut eingestellt ist, dass es stört und keiner mehr per Funk antworten kann. Der Kapitän reagiert:

2 Uhr 04 Minuten 43 Sekunden (Kapitän): *Kolya, du hörst ATIS und ich spreche mit der Flugsicherung. OK?*

2 Uhr 04 Minuten 45 Sekunden (Navigator Kolya): *Einverstanden, ich höre zu.*

2 Uhr 04 Minuten 49 Sekunden (Kapitän am Funkgerät): *845, wir kommen auf 2.100 Metern an.*

2 Uhr 04 Minuten 52 Sekunden (Fluglotse Anflug): *Verstanden 845, welche Art von Anflug wollen Sie machen?*

2 Uhr 04 Minuten 55 Sekunden (Kapitän): *Wir werden einen NDB-Anflug machen...*[24] *Wir haben die Information Yankee und... äh... den Höhenmesser auf 710 Millimetern.*[25]

2 Uhr 05 Minuten 02 Sekunden (Radarkontrolle): *OK 845, NDM-Anflug genehmigt. Sinken Sie auf 900 Meter für den Queranflug... Höhenmesser-Einstellung 710...*

2 Uhr 05 Minuten 08 Sekunden (Flugkapitän): *845 Roger, wir sinken auf 900 Meter für einen Queranflug von links... Höhenmesser 710.*

Ab jetzt wird der Anflug zu einer Art großer Platzrunde werden, an deren Ende die Tupolew den Marker in der Achse des Endanflugs

---

[24] NDB = Non-Directional Beacon. Die Tupolew wird für den NDB-Anflug das zuvor genannte ungerichtete Funkfeuer „India Romeo" nutzen.

[25] Spezialisten werden bemerken, dass die russischen Piloten für ihren Anflug den QFE (atmosphärischer Druck am Boden des Flughafens) benutzt, während die restliche Welt dafür den QNH (atmosphärischer Druck auf Höhe des Meeresspiegels) nimmt. Übrigens wird der Druck in Millimeter Quecksilber angegeben (710 in diesem Fall), während sonst überall Hektopascal verwendet wird. Man kann sich vorstellen, wie die westlichen Piloten umrechnen müssen, die in Russland landen müssen.

überfliegen wird. Ein sehr klassisches Verfahren in Irkutsk. Da das Wetter gut ist, ist es umso einfacher. Der Fluglotse verfolgt die Flugbahn der Tupolew auf seinem Radar.

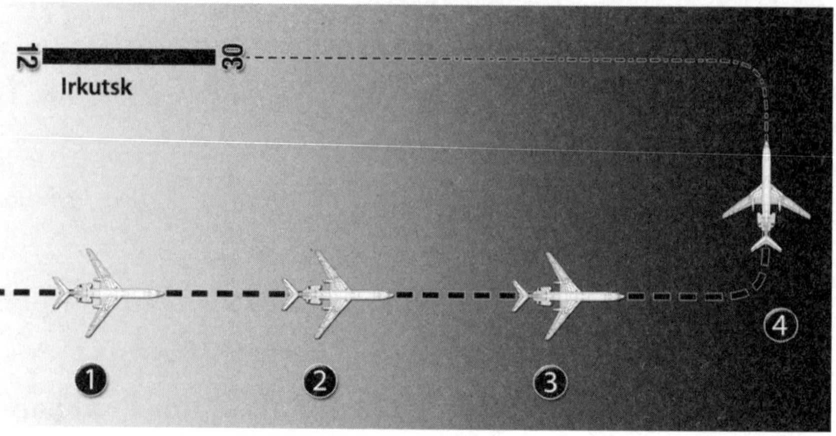

Der Flugweg der Tupolew

2 Uhr 05 Minuten 14 Sekunden (Radarlotse): *Sie sind jetzt im Gegenanflug. Im Abstand von 11 Kilometern.*

2 Uhr 05 Minuten 18 Sekunden (Kapitän): *Ja, ist notiert… Wir können das Gelände sehen.*

Die Tupolew kommt aus der Wolkenschicht… Links sieht man erneut die Lichter der Stadt (Position 1). Dagegen ist im Süden alles dunkel. Da über der Angara noch immer Wolken sind, ist dort kein einziges Licht zu erkennen.
Egal… Direkt am Ufer des Flusses schimmert ein Lichterband schwach in der Nacht. Das ist die Landebahn von Irkutsk. Ihre Markierungen haben nichts von denen eines großen Flughafens. Die Befeuerung besteht nur aus recht schwachen Lampen. Einige sind sogar durchgebrannt. Dennoch besteht kein Zweifel: Es ist die 12/30, die bereits im Norden zu sehen ist. In ungefähr acht Minuten werden sie gelandet sein. Sie liegen im Zeitplan.
Einziges Problem: Der Kopilot verlangsamt noch immer nicht. Um **2 Uhr 05 Minuten und 22 Sekunden** zeigt der Fahrtmesser immer noch 540 km/h an.[26] Und das bereitet langsam Schwierigkeiten. Die Maschine ist viel zu schnell, um das Fahrwerk ausfahren zu können. Die Tupolew ist zwar robust, doch es gibt strukturelle

[26] 292 Knoten.

Belastungsgrenzen. Wenn die Räder bei dieser Geschwindigkeit ausgefahren werden, würde der relative Wind schwere Schäden an den Fahrwerksklappen verursachen. Sie könnten sogar herausgerissen werden.
Die Prozedur schreibt vor, dass die Geschwindigkeit weniger als 400 km/h betragen muss, um den Fahrwerkshebel senken zu können. Es ist also absolut notwendig, jetzt zu verlangsamen.
Die einzige Sorge des Kopiloten scheint jedoch zu sein, das Anti-Eis-System abzuschalten. Denn die Tupolew fliegt jetzt durch einen klaren Himmel, so dass es überflüssig geworden ist.

2 Uhr 05 Minuten 28 Sekunden (Kopilot zum Flugingenieur): *Yura, es ist Wolkenfrei… Wir können es jetzt abschalten. Dann sehen wir weiter.*

Der Kapitän gibt sofort seine Einwilligung.

2 Uhr 05 Minuten 29 Sekunden (Kapitän): *Ja, einverstanden, ist in Ordnung.*

Wir befinden uns an Bord eines russischen Flugzeugs, wo die Aufgaben zwischen den verschiedenen Besatzungsmitgliedern aufgeteilt sind. So ist es nicht der Flugkapitän, der die Route einzeichnet und auch nicht der Kopilot, sondern der Navigator. Der Kopilot muss also die Anweisungen befolgen, die ihm der Navigator gibt.

2 Uhr 05 Minuten 32 Sekunden (Navigator): *Ich warte, bis wir 20 Kilometer weg sind…*

2 Uhr 05 Minuten 35 Sekunden (Kapitän): *Okay.*

Der Navigator wird das Flugzeug logischerweise auf dem Gegenanflug wegfliegen lassen (Position 2). Danach wird er es nach links drehen lassen, was ihm ermöglichen wird, den Marker zu erreichen.
Bisher war die Flugbahn korrekt. Alles läuft gut, außer dass das Flugzeug noch immer mit 540 km/h fliegt. Das ist viel zu schnell für eine Platzrunde. Doch die Besatzung sagt sich, dass es 2 Uhr morgens ist… Sie sind alleine in dem Sektor und riskieren deshalb nicht, auf andere Flugzeuge zu treffen. Es wäre natürlich etwas anderes, wenn sie in einer Zone mit viel Verkehr wären. Der

Fluglotse würde ihnen dann eine Geschwindigkeitsbeschränkung auferlegen.[27]

2 Uhr 05 Minuten 36 Sekunden (Navigator): *Wir stellen die Höhenmesser jetzt ein… 710 Millimeter auf meinem.*

2 Uhr 05 Minuten 43 Sekunden (Kapitän): *Die Störklappen sind gesetzt … Wir müssen verlangsamen… Senk die Geschwindigkeit.*

2 Uhr 05 Minuten 44 Sekunden (nicht identifizierbare Stimme): *Verlangsame… verlangsame.*

Aber der Kopilot reagiert nicht… Das Flugzeug rast noch immer durch die Nacht. Das ist so auffällig, dass sich im Cockpit nach und nach eine gewisse Verärgerung breit macht. Die Geschwindigkeit muss verringert werden, weil jetzt das Fahrwerk ausgefahren werden muss. Das ist unter diesen Bedingungen jedoch nicht möglich.

2 Uhr 05 Minuten 47 Sekunden (Kapitän): *Wir stellen die Höhenmesser auf 710 Millimeter ein.*

2 Uhr 05 Minuten 48 Sekunden (Kopilot): *OK… 710.*

2 Uhr 05 Minuten 49 Sekunden (nicht identifizierbare Stimme): *710…*

Nachdem er alle Höhenmesser auf den Druck hat einstellen lassen, ruft der Kapitän den Fluglotsen, um ihm die Höhe durchzugeben.

2 Uhr 05 Minuten 55 Sekunden (Kapitän, der die Flugsicherung anruft): *845, wir passieren 1.800 Meter im Sinkflug, Höhenmesser 710. Wir melden Ihnen, wenn wir 1.250 Meter erreichen und auf 900 Meter sinken.*

Man kann nicht umhin zu bemerken, dass diese Nachricht absolut überflüssig ist, da dem Flugzeug bereits die Genehmigung erteilt wurde, auf 900 Meter zu sinken. Warum Zeit damit verlieren,

[27] In den Nahbereichen von Flughäfen beträgt die zulässige Höchstgeschwindigkeit normalerweise 250 Knoten (450 km/h), aber wenn der Flugverkehr zunimmt, können die Fluglotsen die Piloten anweisen, die Geschwindigkeit noch stärker zu verringern. Je nach Flugzeugmodell kann die Anfluggeschwindigkeit auf 180 Knoten (330 km/h) beschränkt werden.

Details durchzugeben, die der Fluglotse auf seinem Radar sehen kann? Dieser kann nur zustimmen:

2 Uhr 06 Minuten 01 Sekunden (Fluglotse): *Roger.*

Das Flugzeug wird nicht langsamer... Der Kopilot fliegt so schnell, dass die verlangte Höhe innerhalb von wenigen Sekunden erreicht ist. Der Navigator sagt sofort dem Kopiloten Bescheid:

2 Uhr 06 Minuten 03 Sekunden (Navigator): *Es sind nur noch 150 Meter bis zur gewünschten Höhe...*

2 Uhr 06 Minuten 04 Sekunden (Kopilot): *Ja...*

Der Kopilot pflichtet bei. Er macht jedoch nichts. Er lässt das Flugzeug noch immer wie eine Rakete durch die Platzrunde rasen. Dieses Mal zeigt der Kapitän eine gewisse Verärgerung. Sein Ton wird schroffer.

2 Uhr 06 Minuten 05 Sekunden (Kapitän): *Werd langsamer... Verringer deine Geschwindigkeit!*

2 Uhr 06 Minuten 05 Sekunden (Kopilot): *Ich bin dabei, sie zu verringern... Ich bin dabei, zu verringern...*

Die Stimme des Kopiloten ist etwas angespannt. Offensichtlich ist der junge Mann in einer „Phasenverzögerung". Er antizipiert nicht, was passieren wird. Das Flugzeug entscheidet an seiner Stelle. Das ist ein klassischer Fehler, den alle Ausbilder bei ihren Schülern sehen. Sie korrigieren den Fehler erst, wenn er bereits geschehen ist. Dann ist es jedoch zu spät.
Dem Navigator ist auch aufgefallen, dass sich der Kopilot passiv verhält. Deshalb warnt er ihn ebenfalls:

2 Uhr 06 Minuten 06 Sekunden (Navigator): *Achtung beim Ausfahren der Teile!!*

Er spricht vom Ausfahren der Landeklappen. Genau wie das Fahrwerk können sie nicht bei hoher Geschwindigkeit ausgefahren werden, weil sonst die Gefahr von strukturellen Schäden besteht. Die Tupolew ist jedoch noch immer zu schnell. Der Grund für diese Geschwindigkeitsüberschreitung ist leicht zu verstehen:

Der Kopilot hat den Schub deutlich verringert, aber er bleibt im stark ausgeprägten Sinkflug. Deshalb wird das Flugzeug nicht langsamer.

2 Uhr 06 Minuten 08 Sekunden (Kapitän): *Wir kommen 100 Meter von der gewünschten Höhe an...*

2 Uhr 06 Minuten 09 Sekunden (Kopilot): *Verstanden... Wir sind in 100 Metern.*

Die Stimme des Kopiloten klingt immer angespannter. Es ist offensichtlich, dass er sich verkrampft. Er würde die Maschine gerne unter Kontrolle haben, doch es gelingt ihm nicht. Denn ein Flugzeug verlangsamt nicht wie ein Auto. Es bewegt sich in einem Element – der Luft - in dem nicht unter allen Umständen gebremst werden kann. Vor allem nicht im Sinkflug!

2 Uhr 06 Minuten 10 Sekunden (Navigator): *...Kilometer...*

Vermutlich kündigt der Navigator an, dass das Flugzeug jetzt 20 Kilometer von der Landebahn entfernt ist. Es muss jetzt bald nach links drehen (Position 3). Was den Kopiloten angeht, wird es nicht besser. Trotz seiner Bemühungen beträgt die Geschwindigkeit noch immer 500 km/h.
Der Kapitän fängt an, sich ernsthaft aufzuregen.

2 Uhr 06 Minuten 13 Sekunden (Kapitän): *Du hast eine Sinkrate von 8 Metern pro Sekunde...*[28] *Deshalb bist du so schnell!!*

Im selben Moment taucht das Flugzeug erneut in die Wolken ein. Es hat sich dem Baikal-See genähert. Die Feuchtigkeit ist sehr viel höher und die Temperatur frischer. Am Boden sind keine Lichter mehr zu sehen. Es ist wieder total dunkel.

2 Uhr 06 Minuten 17 Sekunden (Kapitän): *Auf gehts, Yura... Jetzt sind wir in den Wolken.*

Der Flugkapitän lässt vorsichtshalber noch einmal den Wetterbericht für den Flughafen von Irkutsk prüfen. Man kann nie vorsichtig genug sein... Auch wenn Juli ist, können die Temperaturen am Boden in Sibirien nachts schnell sinken. Wenn

[28] Ungefähr 1.600 Fuß pro Minute für einen westlichen Piloten.

sie sich dem Taupunkt nähern, besteht die Gefahr, dass sich Nebel bildet.

2 Uhr 06 Minuten 20 Sekunden (Kapitän): *Schau... welche Temperatur sie da unten haben...*

2 Uhr 06 Minuten 21 Sekunden (Navigator, der laut die Informationen vorliest, die er von der ATIS-Ansage bekommen hat): *Also... sie haben uns einen Wind aus 290 Grad mit 5 Knoten angegeben... Temperatur 14 Grad... 710 Millimeter... und Cavok.*[29]

Warum sich Sorgen machen? Es besteht kein Zweifel, dass die Wetterbedingungen in Irkutsk exzellent sind. Wenn die Tupolew diese kleine Wolkenschicht durchquert haben wird, wird die Landebahn wieder zu sehen sein. Sie werden ohne Probleme landen können. Es ist ein ganz gewöhnlicher Anflug! Zumal der Kopilot endlich seinen Fehler ausgelotet hat. Er hat tatsächlich beschlossen, zu verlangsamen. Dafür hat er seine Sinkrate verringert und den Schub aller drei Triebwerke *komplett* reduziert.
Während die Maschine durch die Wolken fliegt, hat die Cockpitbesatzung keine äußeren optisch sichtbaren Anhaltspunkte. Sie muss deshalb das Verhalten des Flugzeugs mit Hilfe der Instrumente überwachen. Das ist die Grundlage des Instrumentenflugs. Das ist nicht wirklich kompliziert... Ein normal ausgebildeter Pilot kann sein Flugzeug mit Hilfe des künstlichen Horizonts fliegen.

2 Uhr 06 Minuten 25 Sekunden (Kapitän): *In Ordnung.*

Die Sekunden vergehen. Die Triebwerke laufen nun verlangsamt und die Geschwindigkeit nimmt gemächlich ab.
Sie beträgt jetzt 470 km/h...
Das ist noch immer zu viel, um das Fahrwerk auszufahren. Doch die richtige Geschwindigkeit dafür rückt näher. Der Flugingenieur nimmt einige Anpassungen vor. Da sich das Flugzeug noch immer in der Wolkenschicht befindet, prüft er vor allem, ob der Autopilot noch immer eingeschaltet ist. Bisher hat die Besatzung keine Checkliste abgearbeitet, da dies nicht die für diesen Flugzeugtyp empfohlene Arbeitsweise ist. Tatsächlich überwacht hier jeder die Arbeit des anderen und prüft, ob nichts vergessen wurde.

[29] Ceiling And Visibility OK: Wolken und Sicht in Ordnung.

2 Uhr 06 Minuten 32 Sekunden (Kapitän): *Wieviel Kilometer verbleiben vor der Wende?*

2 Uhr 06 Minuten 34 Sekunden (Navigator): *Noch 8 Kilometer.*

2 Uhr 06 Minuten 34 Sekunden (Kopilot): *In Ordnung. 8 Kilometer...*

2 Uhr 06 Minuten 35 Sekunden (Kapitän): *Verstanden.*

21 Sekunden später erreicht die Tupolew die Höhe von 900 Metern. Leider beträgt die Geschwindigkeit noch immer 440 km/h. Das ist noch immer zu viel für das Fahrwerk.

2 Uhr 06 Minuten 56 Sekunden (Kapitän): *OK, halte sie so. Ich habe die Höhenhaltung eingeschaltet.*

Von diesem Moment an ist der Autopilot so eingestellt, dass das Flugzeug stabilisiert wird. Das System wird versuchen, 900 Meter zu halten, egal wie die Triebwerksgeschwindigkeit ist.

2 Uhr 06 Minuten 58 Sekunden (Kopilot): *Okay.*

2 Uhr 07 Minuten 02 Sekunden (Kopilot): *400 Stundenkilometer!*

Der Kopilot schummelt jedoch bei den Zahlen. Das Flugzeug ist nämlich in Wirklichkeit noch immer 420 km/h schnell. Aber die Zeit drängt... Natürlich ist der Unterschied nicht riesig. Es ist unwahrscheinlich, dass die zusätzlichen 20 km/h nicht zu reparierende Schäden an der Flugzeugzelle verursachen werden... Aber die Luftfahrt ist ein Universum, in dem Genauigkeit gefragt ist. Halbheiten haben dort keinen Platz. Trotzdem scheint der Flugkapitän nicht schockiert zu sein:

2 Uhr 07 Minuten 03 Sekunden (Kapitän): *Seitenruder ist gut... Du fährst das Fahrwerk aus.*

2 Uhr 07 Minuten 06 Sekunden (Kopilot): *Ich fahre es aus...*

Der Kopilot legt seine Hand auf den Hebel und senkt ihn. Im Gegensatz zu den meisten anderen Flugzeugen befindet sich das vordere Fahrwerk der Tupolew nicht unter der Pilotenkanzel (siehe

Foto). Man kann also im Cockpit nichts von dem Mechanismus hören, der weit hinten unter dem Rumpf arbeitet. Lediglich die Indikatoren auf dem Instrumentenbrett zeigen an, dass dies gerade geschieht.
Der Flugingenieur bestätigt sofort:

2 Uhr 07 Minuten 08 Sekunden (Flugingenieur): *Fahrwerk wird ausgefahren.*

In diesem Moment sind die Triebwerke noch immer im Leerlauf. Nichts deutet auf einen Schub hin. Die Maschine ist nur noch ein großes Segelflugzeug mit fast 100 Tonnen. Der durch das Ausfahren des Fahrwerks verursachte Luftwiderstand wirkt jedoch wie eine riesige Bremsklappe. Die Geschwindigkeit sackt plötzlich auf 390 km/h ab. Es ist eine merkwürdige Situation, denn nur 20 Sekunden vorher war die Tupolew viel zu schnell und jetzt ist sie plötzlich etwas zu langsam. Es ist noch immer das Problem der Phasenverzögerung, das heißt, der Pilot hinkt dem Flugzeug hinterher: Ein großer Fehler führt zu einer riesigen Korrekturmaßnahme, die ihrerseits einen neuen, gegenteiligen Fehler auslöst...
Der Kopilot will ankündigen, dass das Fahrwerk ausgefahren ist:

2 Uhr 07 Minuten 10 Sekunden (Kopilot): *Das Fahrwerk ist...*

Aber er hat keine Zeit, den Satz zu beenden, weil die Stimme des Radar-Lotsen in den Lautsprechern ertönt.

2 Uhr 07 Minuten 12 Sekunden (Radar-Lotse): *845, drehen Sie in den Queranflug... Sinken Sie auf 850 Meter für den Endanflug.*

2 Uhr 07 Minuten 17 Sekunden (Kapitän, der ins Funkgerät spricht): *Verstanden, 845... Wir sinken auf 850 Meter für den Endanflug.*

2 Uhr 07 Minuten 21 Sekunden (Flugingenieur): *Fahrwerk ausgefahren und verriegelt!*

Dann wird die Situation plötzlich riskant, da die Geschwindigkeit gefährlich sinkt.
Dieses heftige Abbremsen hat drei Gründe:

- Die Triebwerke befinden sich noch immer im Leerlauf und

der Kopilot hat die Leistung nicht angepasst. Er hat keinen Schub mehr.
- Das Flugzeug sinkt nicht mehr. Es wurde auf 900 Metern stabilisiert und diese Phase trägt zum Bremsen bei.
- Das Fahrwerk ist zur Zeit ausgefahren. Es stellt einen erheblichen Luftwiderstand dar, da es riesig ist. Die Ingenieure haben es für Landungen auf unbefestigten Plätzen konzipiert. Um sich die Größe des Fahrwerks vor Augen zu führen, muss man es nur mit dem Hauptfahrwerk eines Airbus A321 vergleichen. Dieses hat nur vier Räder, während das der Tupolew… zwölf hat. Es sind dicke Niederdruck-Reifen.[30]

Ein Flugzeug benötigt jedoch Geschwindigkeit, um zu fliegen. Denn die Geschwindigkeit sorgt für den Auftrieb. Ohne Geschwindigkeit kommt es zum Strömungsabriss. Daher warnt der Kapitän sofort…

2 Uhr 07 Minuten 23 Sekunden (Kapitän): *OK… Aber die Geschwindigkeit sinkt zu stark…*

Da das Flugzeug in 900 Metern Höhe ist und gebeten wurde, auf 850 Meter zu sinken, fährt der Flugkapitän mit einer etwas autoritären Stimme fort:

2 Uhr 07 Minuten 25 Sekunden (Kapitän): *Sinken!*

Der Kopilot begnügt sich damit, den Regler des Autopiloten zu drehen, aber er passt die Leistung nicht an. Die Geschwindigkeit geht deshalb noch weiter herunter, auf 380 km/h. Dadurch verringert sich der Auftrieb. Die Folgen sind sofort zu spüren: Das Flugzeug sinkt von allein ab…
Der Kapitän versteht natürlich, dass zusätzliche Leistung notwendig ist. Seine Reaktion fällt dennoch lasch aus.

2 Uhr 07 Minuten 27 Sekunden (Kapitän): *Halte 850 Meter und beim Schub setzt du 70% von N1.*

Der Flugingenieur schiebt die Gashebel vor seinem Steuerpult sanft nach vorne. Er bestätigt die Anordnung des Flugkapitäns.

---

[30] Ein Airbus A321 und eine Tupolew können ungefähr dieselbe Anzahl an Passagieren transportieren.

2 Uhr 07 Minuten 29 Sekunden (Flugingenieur): *In Ordnung... 70...*

Leider reicht das nicht... Die Geschwindigkeit fällt weiter... Sie beträgt jetzt nur noch 360 km/h. In dieser Konfiguration beträgt die vom Flugzeugbauer empfohlene Mindestgeschwindigkeit jedoch 370 km/h. Deshalb wird das Flugzeug jetzt leicht instabil. Es ist fast nicht zu merken. Aber es fehlen gut zehn Stundenkilometer, um den Flug sicher zu machen. Das ist um so wichtiger, da der Kopilot - wie vom Fluglotsen angeordnet - mit der Linkskurve begonnen hat. Die Querneigung erreicht 23 Grad (Position 4).
Der Kapitän macht sich Sorgen... Die Maschine wird etwas instabiler. Es ist nicht schlimm, nur ein kleines Zittern, das auch als leichte Turbulenz durchgehen könnte. Aber es zeigt, dass die Bestie aufwachen könnte, die in dem Flugzeug schlummert.
Der Flugkapitän ordnet an, die Leistung noch etwas mehr zu erhöhen.

2 Uhr 07 Minuten 30 Sekunden (Kapitän): *350 km/h... die Geschwindigkeit... Stell 75% ein.*

2 Uhr 07 Minuten 33 Sekunden (Flugingenieur): *In Ordnung, 7 – 5.*

2 Uhr 07 Minuten 37 Sekunden (Navigator): *Wir nähern uns 850 Metern.*

Die Lage verschlechtert sich drastisch. Trotzdem ist die Situation in diesem Moment noch nicht dramatisch. Es würde genügen, die Gashebel einige Sekunden lang ganz nach vorne zu schieben und vor allem *nicht am Steuerknüppel zu ziehen.*
Der Kapitän greift erneut ein:

2 Uhr 07 Minuten 39 Sekunden (Kapitän): *Leistung auf 80...*

2 Uhr 07 Minuten 40 Sekunden (Flugingenieur): *80.*

Das reicht immer noch nicht aus... Tatsächlich ist der Ablauf recht klassisch. Nach und nach richtet sich die Nase des Flugzeugs wieder auf. Der Luftwiderstand erhöht sich, aber die Geschwindigkeit steigt nicht wieder an. Der Anstellwinkel erhöht sich ebenfalls. Alles läuft so ab, als wolle die Besatzung einen Strömungsabriss

herbeiführen. Die Geschwindigkeit verringert sich unmerklich auf 347 km/h und steigt dann wieder leicht auf 350 km/h.
Der Kapitän schreitet erneut ein, aber seine Reaktion fällt wieder recht lasch aus:

2 Uhr 07 Minuten 42 Sekunden (Kapitän): *82 %...*

2 Uhr 07 Minuten 43 Sekunden (Flugingenieur): *OK, 82.*

2 Uhr 07 Minuten 44 Sekunden (Navigator): *Wir sind auf 850 Metern.*

2 Uhr 07 Minuten 45 Sekunden (Kapitän): *In Ordnung, 850 Meter...*

Die Geschwindigkeit wird mühsam bei 350 km/h gehalten. Das Flugzeug befindet sich immer noch in der Kurve. Der Anstellwinkel bleibt hoch... Die Besatzung ergreift jedoch keine Maßnahme, die wirklich wirkungsvoll wäre. Sie müsste ohne zu zögern Vollgas geben. Stattdessen reagiert der Flugkapitän mit kleinen Eingriffen. Das reicht jedoch nicht aus, da der Autopilot ebenfalls nicht mag, was da gerade vor sich geht. Er agiert, um die Höhe von 850 Metern zu halten. Er richtet das Flugzeug ebenfalls auf. Es ist eine Art Teufelskreis... Je mehr sich die Tupolew verlangsamt, desto höher steigt ihre Nase vor dem Horizont. Der Anstellwinkel beträgt 16,5 Grad...
Der Kopilot merkt nichts.

Um 2 Uhr 07 Minuten und 47 Sekunden beginnt das Drama.

Die Erhöhung des Anstellwinkels löst ein kräftiges Alarmsignal aus. In diesem Moment bleibt nur eins zu tun: Den Steuerknüppel sanft drücken und Vollgas geben.
Doch der Kopilot reagiert sehr schlecht. Überrascht von dem plötzlichen Alarm drückt er den Steuerknüppel heftig nach vorne. Die Bewegung ist so abrupt, dass der Autopilot deaktiviert wird. Ein zweites Alarmsignal warnt, dass das System ausgeschaltet ist und dass das Flugzeug jetzt von Hand geflogen werden muss.
Der Kapitän realisiert selbstverständlich, dass die Dinge dabei sind, aus dem Ruder zu laufen.

Er wird wütend:

2 Uhr 07 Minuten 49 Sekunden (Kapitän): *Scheiße, was machst du?*

2 Uhr 07 Minuten 51 Sekunden (Kapitän): *Die Geschwindigkeit!!*

Leider übernimmt er nicht die Steuerung...
Durch die unerwartete Schelte in Panik geraten, drückt der Kopilot erneut den Steuerknüppel. Das ist jedoch noch ungeschickter. Durch sein Drücken neigt sich das Flugzeug noch mehr nach links. Erst um 30 Grad, dann 44 Grad, schließlich 48 Grad...
Die Geschwindigkeit erhöht sich wieder auf 400 km/h, aber da sich das Flugzeug noch immer in der Wolkenschicht befindet, bemerkt der Kopilot nichts und behält die starke Querneigung bei.
Der Kapitän explodiert vor Wut:

2 Uhr 07 Minuten 53 Sekunden (Kapitän): *Verdammte Scheiße, gib Gas!!!*

Die Frage ist, warum sich der Flugkapitän in diesem Moment damit begnügt, Anweisungen zu geben. Es wäre sehr viel einfacher, wenn er selbst die Steuerung übernehmen würde. Ist der Stress Schuld daran, dass er nicht reagiert? Geht alles zu schnell? Das weiß niemand... Außer, dass seine Reaktionsfähigkeit sehr niedrig zu sein scheint. Zusätzlich dazu führt die „russische Methode“ mit vielen Crewmitgliedern im Cockpit in diesem Fall zu einem großen Problem. Denn dadurch wird das Verantwortungsbewusstsein der Anwesenden verringert. Jeder hat mehr oder weniger Zugang zu den Steuerinstrumenten. Das führt jedoch dazu, dass sich in Notfallsituationen jeder darauf verlässt, dass der andere schon das Richtige machen wird. Die Fertigkeiten des „Crew Ressource Management“, die weltweit überall gelehrt werden, scheinen bei Vladivostok Avia nicht bekannt gewesen zu sein.[31]
Unter diesen Umständen geschieht natürlich nichts. Auf der Aufnahme sind nur unverständliche Anweisungen zu hören, die kreuz und quer durchs Cockpit schallen. Von den vier anwesenden

[31] Das Crew Resource Management Training (CRM) soll die nicht-technischen Fähigkeiten (Kooperation, situative Aufmerksamkeit, Führungsverhalten und Entscheidungsfindung und Kommunikation) der Cockpit-Besatzungen verbessern, um Unfälle aufgrund menschlichen Versagens zu verhindern. Ein wichtiger Aspekt dabei ist die Aufteilung von Aufgaben und die Absprache darüber, wer welche Aufgaben übernimmt.

Mitgliedern der Besatzung ist der Kopilot derjenige, der die geringste Berufserfahrung hat... Er weiß jedoch nicht mehr, wo ihm der Kopf steht. Dabei ist es ausgerechnet er, der am Steuer ist!

2 Uhr 07 Minuten 53 Sekunden (Kopilot): *Halt... Stopp... Wo? Wo?*

Diese unzusammenhängenden Bemerkungen zeigen, wie überfordert der Kopilot ist. Um ihn herum überstürzen sich die Ereignisse. Dadurch verwirrt, verliert er die räumliche Orientierung.[32] Denn das Flugzeug befindet sich noch immer in der Wolkenschicht. Es ist kein externer Bezugspunkt zu sehen, kein Horizont am nächtlichen Himmel, nicht das geringste Licht, das helfen würde, die Position des Flugzeugs zu bestimmen. Nur der künstliche Horizont des Instrumtenbretts zeigt, dass die Tupolew stark geneigt ist. Aber der Kopilot schaut nicht auf den künstlichen Horizont. Das menschliche Gehirn ist jedoch nicht für den Blindflug geschaffen. Ein Pilot kann noch so gut sein: Ohne die Hilfe von Instrumenten könnte auch er die Tragflächen im Blindflug nicht horizontal halten. Er benötigt dafür das Instrumentenbrett. Das alleine reicht jedoch nicht. Denn der Pilot muss auch wissen, wie man das Instrumentenbrett nutzt. Eine amerikanische Studie hat gezeigt, dass Anfänger ein Flugzeug unter Instrumentenflug-Bedingungen im Schnitt gerade einmal... 178 Sekunden steuern können. Das sind etwas weniger als drei Minuten. Nach dieser Zeitspanne verliert ein Anfänger jegliche räumliche Orientierung. Ihm wird schwindlig und er weiß nicht mehr, wo oben und unten ist. In diesem Zustand könnte er das Flugzeug kopfüber auf dem Rücken fliegen und trotzdem das Gefühl haben, völlig normal zu fliegen.

Im Fall der Tupolew verliert die gesamte Cockpitbesatzung sehr viel schneller die räumliche Orientierung. Der Kopilot weiß bereits nach gut zehn Sekunden nicht mehr, wie er fliegt. Er reagiert tragischerweise klassisch. Er drückt den Steuerknüppel nach rechts und links.

Im Cockpit bricht Panik aus.

2 Uhr 07 Minuten 55 Sekunden (Kapitän): *Aufhören... Stopp... Aufhören...*

[32] Bei ihm tritt das Phänomen der „räumlichen Desorientierung“ auf: Die Unfähigkeit, Flugzeuglage, Höhe und/ oder Fluggeschwindigkeit in Bezug auf die Erde oder einen anderen Bezugspunkt richtig zu interpretieren.

2 Uhr 07 Minuten 55 Sekunden (Navigator): *Hierher... hierher... hierher...*

In diesem Durcheinander entschließt sich der Kapitän endlich, wieder das Kommando zu übernehmen...
Leider agiert er nicht sehr viel besser als sein Kopilot, eher sogar schlechter... Zunächst korrigiert er nach links. Das bedeutet, dass er genau das Gegenteil von dem macht, was zu tun wäre. Dann korrigiert er nach rechts. Danach wieder nach links, aber sehr viel stärker. Seine Bewegungen sind abrupt. Tatsächlich zaudert er so wie ein Auszubildender, der gerade zum ersten Mal in einem Flugsimulator sitzt. Er bewegt den Steuerknüppel ohne jede Logik nach rechts und links, oft sogar in die entgegengesetzte Richtung dessen, was ihm der künstliche Horizont anzeigt.
Die Querneigung nach links schwankt zwischen 30 und 45 Grad. Es herrscht totale Panik!

2 Uhr 07 Minuten 57 Sekunden (Kapitän): *Wir kommen wieder in den normalen Flugzustand!*

Leider ist Autosuggestion nicht die beste Technik, um ein Flugzeug zu steuern. Um die Situation in den Griff zu bekommen, reicht es nicht, sich zu sagen, dass man gerettet ist, weil sich die Situation stabilisiert. Tatsächlich rollt das Flugzeug in leicht gedrückter Fluglage weiter zwei Sekunden lang von rechts nach links. Aber es gelangt nicht wieder in den Horizontalflug zurück.
Durch das Rütteln wachen die Passagiere in der Kabine auf. Dort sind erste Schreie zu hören.
Dennoch ist die Situation noch nicht vollkommen auswegslos... Ein gut geschulter Pilot könnte die Maschine mühelos wieder in den Griff bekommen. Dafür müsste er sich auf die Instrumente konzentrieren, ruhige und präzise Bewegungen ausführen, ohne dabei den künstlichen Horizont aus dem Blick zu lassen. Als Erstes müsste er die Tragflächen wieder in die Waagerechte bringen und dann die Maschine im Horizontalflug stabilisieren. Das Problem ist nur, dass die beiden Piloten an Bord der Tupolew vor allem daran gewöhnt sind, den Autopiloten zu benutzen. Sie sind es nicht mehr wirklich gewohnt, ein Flugzeug manuell zu steuern. Sie sind deshalb mit der Situation total überfordert...
Der Navigator scheint als Einziger zu verstehen, dass abrupte Steuerausschläge vermieden werden müssen.

2 Uhr 07 Minuten 58 Sekunden (Navigator): *Nur keine Hektik... Immer mit der Ruhe.*

2 Uhr 07 Minuten 59 Sekunden (Kopilot): *Wir müssen es nach rechts bringen...*

Der Kopilot hat Recht! Das Flugzeug neigt sich noch immer mit mehr als 45 Grad nach links. Um die Tragflächen wieder in die Waagerechte zu bringen, müsste der Steuerknüppel nach rechts gedrückt werden. Er darf vor allem nicht beharrlich in die falsche Richtung gedrückt werden, so wie es der Kapitän mehrere Sekunden lang getan hat.
In diesem Moment geht der Alarm des Funkhöhenmessers los. Er erklingt vier Sekunden lang, um die Besatzung zu warnen, dass das Flugzeug dem Boden gefährlich nahekommt. Er wird von der AOA-Überziehwarnung begleitet, da der Anstellwinkel zu hoch ist! [33]

2 Uhr 08 Minuten 02 Sekunden (gestresst klingende, nicht identifizierbare Stimme): *Schub! Schub erhöhen!*

Jetzt herrscht wirklich Panik... Denn jeder im Cockpit realisiert, dass sich die Situation verschlimmert. Die Sinkrate des Flugzeugs hat sich erhöht. Sie beträgt jetzt 20 Meter pro Sekunde.[34] Doch ausgerechnet jetzt begeht jemand einen schrecklichen Fehler. Die Flugdatenschreiber der Tupolew sind nicht hoch entwickelt genug, um sagen zu können, ob es der Kapitän oder der Kopilot war. Fest steht lediglich, dass dieser Fehler nicht wieder gut zu machen ist. Einer der beiden Piloten hat abrupt am Steuerknüppel gezogen, als er gesehen hat, dass die Sinkrate steigt. Das war eine sehr schlechte Reaktion... Da sich das Flugzeug gerade in einer Steilkurve befindet, steigt der Anstellwinkel stark an. Die Folge davon ist unmittelbar: Es kommt zum Strömungsabriss.

2 Uhr 08 Minuten 05 Sekunden (vor Stress schrille Stimme, die nicht identifizierbar ist): *Schub!*

2 Uhr 08 Minuten 06 Sekunden (Flugingenieur): *Verstanden!!!*

Der Flugingenieur schiebt die Schubhebel ganz nach vorne. Die

[33] Angle Of Attack: Anstellwinkel. Wenn er über dem kritischen Wert liegt, kommt es zum Strömungsabriss, egal wie hoch die Geschwindigkeit ist.
[34] Rund 4.000 Fuß pro Minute.

N1-Drehzahl beginnt langsam wieder anzuspringen… Aber ein Strahltriebwerk ist kein Kolbenmotor. Man muss mehrere lange Sekunden warten, bevor der Schub verfügbar ist. Er kommt jedoch zu spät und die Strömung löst sich vollkommen ab. Schlimmer noch: Die Tupolew kippt über den linken Flügel ab und gerät ins Trudeln. Nicht in ein normales Trudeln, sondern ins *Flachtrudeln.* Es ist die schlimmste Situation, die für ein Verkehrsflugzeug denkbar ist. Denn es handelt sich um eine Kunstflug-Figur, die nur von einigen sehr erfahrenen Piloten geflogen werden kann. Es gibt nur wenige, die sie perfekt beherrschen. Dafür verwenden sie jedoch niemals Transportflugzeuge, sondern spezielle einsitzige, für Wettbewerbe geeignete Flugzeuge. Selbst mit für den Kunstflug entworfenen Maschinen ist das Flachtrudeln eine schwierige Figur. Es ist schwierig, sie wieder auszuleiten, da sie die Tendenz hat, sich zu verselbstständigen. Beim Flachtrudeln dreht sich das Flugzeug wie ein totes Blatt um sich selbst. Meist erfolgt diese Drehung so, dass die Nase fast auf Höhe des Horizonts ist. Es ist eine erschreckende Figur, da sich das Flugzeug flach in Richtung Boden bewegt und der Pilot nur wenige Möglichkeiten hat, dies zu beenden…[35]

Das vielleicht Erstaunlichste an diesem Fall ist die Tatsache, dass die Tupolew 154 ein aerodynamisches Profil hat, das die Stabilisierung des Flachtrudelns begünstigt. Denn das T-förmige Leitwerk (siehe Foto) führt dazu, dass sich die Turbulenzen des Hauptflügels störend auf den Luftstrom am Höhenruder auswirken. Dadurch wird die Steuerung wirkungslos und die Autorotation kann nicht gestoppt werden.

Es ist ein schrecklicher Sturz.

Als die Tupolew ins Trudeln gerät, befindet sie sich in einer Höhe von 600 Metern. Selbst ein Kunstflieger hätte in dieser Höhe Mühe, seine Maschine wieder zurück in eine normale Fluglage zu bringen. Wie hätte dies also einem 100 Tonnen-Flugzeug gelingen sollen?

Die Cockpitbesatzung sieht, wie der künstliche Horizont wie verrückt hin- und herschwankt.

Jemand schreit:

2 Uhr 08 Minuten 08 Sekunden (nicht identifizierbare Stimme): *Schub erhöhen!*

---

[35] Das für professionelle Kunstflieger im Verlag Editions Altipresse veröffentlichte Buch **TECHNIQUE DU VOL ACROBATIQUE** desselben Autors gibt einen vertieften Einblick dazu.

2 Uhr 08 Minuten 09 Sekunden (Kopilot): *Startleistung! Oh mein Gott.*

Mitten in diesem Durcheinander ist es jetzt der Kopilot, der Anweisungen gibt. Der Kapitän sagt nichts mehr. Er scheint verstanden zu haben, dass es keine Hoffnung mehr gibt.
Die Antwort des Flugingenieurs ist erschreckend.

2 Uhr 08 Minuten 10 Sekunden (Flugingenieur): *Es ist vorbei, Jungs! Scheiße!!*

Es sind noch einige Schreie zu hören. Dann herrscht Stille. Nach der Panik macht sich Resignation breit. Leider dauert die Qual lange. Denn eine der Charakteristiken des Flachtrudelns ist, dass die Drehungen dabei mit einer sehr geringen Sinkrate erfolgen. Das Flugzeug befindet sich in einer so schnellen „flachen" Drehung, dass die Flügel wie die Rotorblätter eines Hubschraubers wirken und für Auftrieb sorgen. Das verlangsamt den Sturz zum Boden. Die Tupolew dreht sich deshalb 21 Sekunden lang um sich selber. Wenn man weiß, dass man dem Tode geweiht ist, erscheint dieser Moment wie eine Ewigkeit.
Die Cockpitbesatzung sieht zunächst nicht, was draußen passiert. Sie sieht nur den verrückt schwankenden künstlichen Horizont, der ihr anzeigt, dass das Ende unausweichlich ist.
Dann kommt die Maschine aus der Wolkenschicht heraus.
Die Lichter am Boden ziehen wie Blitze vor der Windschutzscheibe vorbei. Sie verschwinden und sind dann in regelmäßigen Intervallen wieder zu sehen. Niemand spricht. Alle halten sich verkrampft an den Sitzen fest. Jedem ist bewusst, was passiert. Man hört nur noch die Alarmsignale des Funkhöhenmesser und des Überziehwarnsystems, die unablässig schrillen.

In der Kabine schreien die Passagiere vor Entsetzen.

Um 2 Uhr 08 Minuten und 32 Sekunden hören die Aufzeichnungen der Blackboxen auf. Die Tupolew ist in der Nähe des im Queranflug 35 Kilometer von Irkutsk entfernten Dorfes Burdadowka auf den Boden geprallt. Wie häufig bei durch Flachtrudeln ausgelösten Abstürzen ist sie mit einer vollkommen vertikalen Flugbahn mit der Unterseite aufgeschlagen.
Der Feuerball der dadurch ausgelösten Explosion zerreißt die Dunkelheit. Niemand an Bord überlebt. Es ist die 55. Tupolew 154, die ihre Passagiere nicht sicher an ihr Ziel bringt.

Die endgültige Zahl der Todesopfer wird mit 145 angegeben. Da am Boden niemand als vermisst gemeldet wurde, bestätigt sich dadurch die Anwesenheit von fünf nicht in der Passagierliste genannten Personen an Bord.

Die beiden Blackboxen werden schnell gefunden. Doch zunächst geistern unglaublich fantasievolle Mutmaßungen umher, wie es so oft bei Flugkatastrophen der Fall ist. So erklärt Sergej Schoigu, damals Katastrophenschutzminister, wenige Stunden nach dem Unfall gegenüber der Presse: *„Alle drei Triebwerke sind gleichzeitig ausgefallen. Es könnte sich also um ein Problem des Kraftstoffkreislaufs handeln.“*
Wladimir Razbezhkin, einer der Manager der Fluggesellschaft, spricht am Tag nach dem Absturz von einer Deflagration. Diese könnte durch ausgetretenes Kerosin, aber auch durch ein Attentat ausgelöst worden sein, sagt er Journalisten. Da niemand gerne von Terrorismus spricht, taucht daraufhin die Hypothese auf, schlechtes Wetter in Irkutsk sei für den Absturz verantwortlich. Das Flugzeug habe zweimal vergeblich versucht zu landen und sei dann beim dritten Versuch verunglückt, heißt es.
Welche Informationen der Blackboxen diese Spezialisten dazu veranlasste, solche Mutmaßungen von sich zu geben, bleibt ein Rätsel. Vor allem, da die russischen Behörden kein Interesse daran haben, dass solche Gerüchte die Runde machen. Präsident Wladimir Putin beauftragt deshalb seinen damaligen Premierminister Michail Kassjanow, eine Sonderkommission einzusetzen, die so schnell wie möglich einen Untersuchungsbericht veröffentlichen soll. Die Kommission wird von dem damaligen Vize-Regierungschef Ilja Klebanow geleitet. Die ersten Bestandteile des auf russisch veröffentlichten Berichts haben als Basis für diesen Text gedient.

Heute stellen sich viele die Frage, ob ein solches Drama auch mit einem westlichen Flugzeugtyp hätte passieren können. Es sind zwar niemals entsprechende Versuche unter realen Bedingungen in der Luft durchgeführt worden, doch Tests im Windkanal haben ergeben, dass die meisten Linienflugzeuge nicht ins Flachtrudeln geraten können. Modelle mit elektrischer Flugsteuerung wie die von Airbus oder die Boeing 777 könnten niemals in eine solche Situation geraten, weil die Bordcomputer alles überwachen, was an Bord geschieht. Sie greifen in den meisten Fällen ein, um menschliches Versagen zu korrigieren. Außerdem sind in Bezug auf die aerodynamischen Eigenschaften der Flugzeuge enorme

Fortschritte erzielt worden. Wenn es zum Strömungsabriss kommt, sinkt das Flugzeug flach, ohne über einen Flügel zu kippen. Es genügt, den Steuerknüppel nach
vorne zu schieben, um wieder Auftrieb zu bekommen.
Nichtsdestotrotz sind Menschen fehlbar. Sie können Fehler machen, die selbst der beste Computer der Welt nicht immer korrigieren kann… Ein Beispiel dafür werden wir später in diesem Buch sehen.
Die Fluggesellschaft Vladivostok Avia beschloss nach dem Unfall, ihre alten Tupolews 154 nicht mehr zu nutzen. Sie behielt zunächst noch drei Modelle, um sie im Bedarfsfall einsetzen zu können.
Später nutzte sie das wesentlich unproblematischere zweistrahlige Mittelstreckenflugzeug Tupolew 204, das über eine wesentlich größere Reichweite als die Tupolew 154 verfügt. Es musste deshalb auf dem Weg von Jekaterinburg nach Wladiwostok nicht in Irkutsk zwischenlanden, um aufzutanken. Die Reisezeit für die Strecke verkürzte sich dadurch auf 7 Stunden und 20 Minuten.
Nach dem Unglück hat sich der Ruf der Fluggesellschaft sehr gewandelt. 2004 wurde sie Mitglied der IATA und musste deshalb höhere Sicherheitsstandards anwenden. Ende 2011 erwarb Aeroflot die Mehrheit an Vladivostok Avia. Zwei Jahre danach verschmolz Aeroflot die Fluggesellschaft mit SAT Airlines, einer anderen Tochter. Die aus dem Zusammenschluss entstandene Aurora Airlines betreibt heute eine Flotte von 23 Flugzeugen: 10 A319-100, 3 DHC-6-400, 3 Dash-8 Q-100, 1 Dash-8 Q-200, 4 Dash-8 Q-300 und 5 Dash-8 Q400.[36]

[36] Stand Juni 2016.

AUSGEZEICHNET, ABER SEHR MÜDE

6. August 1997
Guam

Die rund 2060 Kilometer östlich von den Philippinen im Pazifischen Ozean gelegene Insel Guam hat einen besonderen Status. Sie gehört zu den Außengebieten der Vereinigten Staaten, ohne jedoch amerikanisches Territorium zu sein.[1] Obwohl die Insel sehr klein ist (45 Kilometer lang und zehn Kilometer breit), ist sie für Washington strategisch relevant. Sie dient den USA als wichtiger Militärstützpunkt innerhalb der Inselgruppe der Marianen.[2] Guam ist für das Pentagon sogar so bedeutend, dass die amerikanischen Streitkräfte im Laufe der Jahre ein Drittel der Insel erworben haben. Dort befinden sich Stützpunkte der Luftwaffe, der Marine und der Küstenwache sowie Radaranlagen, unzählige Lagerhallen und andere militärische Gebäude.

Die Präsenz der Streitkräfte hat jedoch die touristische Anziehungskraft der Insel nicht geschmälert. Immerhin befindet sie sich im Südpazifik: Das Klima ist tropisch, das Wasser türkisblau und die Strände sind paradiesisch. Zusammen mit einer erstklassigen Hotel-Infrastruktur macht all dies Guam zu einem bei japanischen und koreanischen Touristen sehr beliebten Ziel. Vor allem frisch verheiratete Paare kommen für ihre Flitterwochen hierher. Bei wohlhabenden asiatischen Liebespaaren ist die Insel sehr angesagt. Die Reiseveranstalter

---

[1] Guam ist kein Bundesstaat der USA. Die offizielle Bezeichnung der Insel lautet „nichtinkorporiertes Territorium der Vereinigten Staaten" („unincorporated territory"). Die Bewohner von Guam haben einen sehr speziellen Status, da sie amerikanische Bürger sind, jedoch nicht das Wahlrecht besitzen.

[2] Das Pentagon will den Stützpunkt auf Guam weiter ausbauen. Zwar wurden Pläne für den Bau einer Anlagestelle für Flugzeugträger fallengelassen, aber die Militärbasen auf der Insel sollen ausgebaut und ein Teil der in Okinawa stationierten Marinesoldaten nach Guam verlegt werden. Dadurch werden die militärischen Einrichtungen in Zukunft 40 Prozent der Fläche der Insel einnehmen.

haben verstanden, wie interessant dieses Venedig des Pazifiks für diese Zielgruppe ist. Sie bieten es als „All inclusive"-Paket zu sehr konkurrenzfähigen Preisen an. Deshalb kommen am Won Guam International Airport jeden Tag ganze Chartermaschinen voller frisch verheirateter Paare an. Der Ansturm ist so groß, dass an einigen Freitagabenden mehr als hundert Großraumflugzeuge landen, um Touristen auszuladen.

Das Flugzeug aus diesem Bericht (Kennzeichen HL 7468). Die Ermittler haben den Preis dieses Jumbo-Jets auf 42 Millionen Euro geschätzt.

Vor diesem Hintergrund fliegt eine Boeing 747-300 von Korean Air im Sommer 1997 die Strecke von Seoul nach Guam. Es handelt sich um einen Linienflug, dessen Landung für 1 Uhr 40 nachts vorgesehen ist. Normalerweise wird dieser Nachtflug von einem Airbus A300 durchgeführt, doch die Maschine wurde im letzten Moment durch den Jumbo-Jet ersetzt, da der A300 nicht genügend Platzkapazität für den Rückflug nach Seoul gehabt hätte.[3] Das kommt auch daher, dass die koreanische Fluggesellschaft die Leichtathletik-Mannschaft Guams sponsort. Die Sportler und ihre Begleiter sollen auf dem Rückflug mitfliegen, da sie an den Südpazifik-Spielen auf den Samoa-Inseln teilnehmen werden.

Der Hinflug trägt die Flugnummer „KE 801". Dieser Flug ist für das Flugzeug eher gemächlich, da zwischen Seoul und Guam nur 3.200 Kilometer liegen. Die Maschine ist nicht voll. Für den Langstreckenjet ist die Strecke wie ein Katzensprung, für den er nur vier Stunden und zehn Minuten brauchen wird.

---

[3] Die 747 hat Platz für 385 Passagiere, der A300 dagegen nur für 250.

Bei der Boeing 747 handelt es sich um ein Modell aus der Serie „300“, die beim Start 250 Tonnen wiegt. Zum Zeitpunkt des Unfalls war es nicht gerade das modernste Flugzeug, das es auf dem Markt gab. Denn die Maschine war mit analogen Instrumenten ausgestattet, so dass die Cockpitbesatzung viel arbeiten und berechnen musste. Im Gegensatz zu den letzten Modellen der Serie „400“, die von nur zwei Piloten geflogen werden können, sind bei der 747-300 drei Personen im Cockpit notwendig:

- Ein Flugkapitän,
- ein Kopilot,
- ein Flugingenieur.

DER KAPITÄN

Er heißt Park Yong-Chul und ist 42 Jahre alt. Er ist ein ehemaliger Militärpilot, der 8.900 Flugstunden absolviert hat. Seine Personalakte ist ausgezeichnet. Er gilt sogar als der beste Pilot der Fluggesellschaft... So hat Park zwei Monate zuvor die höchste Auszeichnung von Korean Air erhalten, den *„Flight Safety Award“*. Er wurde dafür ausgezeichnet, dass er auf eine Panne des Triebwerks seiner 747 vorbildlich reagierte. Sie war in niedriger Höhe aufgetreten und Park war es gelungen, die Maschine trotzdem unter Berücksichtigung aller Prozeduren sicher zu landen. Die Auszeichnung dafür wurde ihm vom Generaldirektor der Fluggesellschaft persönlich während einer extra dafür organisierten Zeremonie überreicht.
Auch der Rest der Personalakte von Park Yong-Chul ist entsprechend gut:

- Im Juni 1997 – also zwei Monate vor diesen Ereignissen – hat er einen *„proficiency check“* im Simulator gemacht: Die Ausbilder haben ihm dafür die Note „exzellent“ gegeben.
- Einen Monat vorher hat er einen Überprüfungsflug gemacht, für den er die Beurteilung *„sehr über dem Standardniveau“* erhielt.
- Die Prüfer der Fluggesellschaften bescheinigten ihm ebenfalls *„absolut ausgezeichnete“* Englischkenntnisse.

An diesem Abend saß also ein außergewöhnlich guter Pilot am Steuer des Fluges 801. Davon abgesehen kannte Park die Insel Guam sehr gut, da er dort oft sowohl tagsüber als auch nachts gelandet war. Er ist als junger Pilot mit einer Boeing 727 dorthin

geflogen und später mehrmals am Steuer eines Jumbo-Jets nach Guam zurückgekehrt.
Vor dem Start hat ihm ein Ausbilder an diesem Abend noch einmal ein Video über die Besonderheiten der Landungen auf der Insel gezeigt. Das ist bei der Fluggesellschaft üblich, wenn ein Flughafen angeflogen wird, der einige Eigenarten hat. Der Anflug auf Guam ist speziell, da die Insel bergig ist und sich das VOR[4] in der Verlängerung der Mittellinie der Landebahn auf einer Anhöhe befindet, dem Nimitz Hill. Der Landeanflug muss deshalb besonders sorgfältig überwacht werden, um die auf den Luftfahrtkarten angegebenen Höhen einhalten zu können. Wegen der schwierigen Landungen haben einige Piloten Guam den Spitznamen „das schwarze Loch" gegeben.
Flugkapitän Park Yong-Chul ist sich der Probleme des Anflugs nur zu gut bewusst. Seine Frau erklärt den Ermittlern nach dem Unfall, dass er am Tag des Fluges schnell zum Flughafen gefahren ist, nachdem er zwischen 11 Uhr und 13 Uhr 40 geschlafen hat, *"um den Flug nach Guam mit größter Sorgfalt vorzubereiten"*.
Sie berichtet auch, dass Park Yong-Chul nicht besonders in Form gewesen sei, da die Tage davor sehr anstrengend für ihn waren. So war er drei Tage zuvor nach Hong Kong geflogen. Eigentlich hätte er am 3. August nach Seoul zurückkehren sollen, doch ein Zyklon verzögerte den Rückflug. Park musste deshalb lange am Flughafen warten, was stressig und erschöpfend für ihn war. Schließlich konnte er den Rückflug mit 24 Stunden Verspätung antreten. Als er in Seoul landete, wurden sich die für die Dienstpläne zuständigen Manager der Fluggesellschaft bewusst, dass es ein Problem mit den Regeln geben würde. Normalerweise nämlich hätte Park nach Dubai fliegen sollen, doch dafür war die gesetzlich vorgeschriebene Ruhepause wegen des verzögerten Rückfluges nicht lang genug. Deshalb wurde Park von der Fluggesellschaft stattdessen für einen Hin- und Rückflug nach Guam in der Nacht eingeteilt. Dieser Flug war kürzer. Ein Abschnitt dauert nur vier Stunden, während der Flug nach Dubai neun Stunden gedauert hätte. Vor allem ging der Flug nach Guam später los, so dass dadurch die internationalen Regeln für die vorgeschriebene Ruhepause der Piloten eingehalten werden konnten.
Park Yong-Chul fuhr also nach seiner Rückkehr aus Hong Kong nach Hause, um ein paar Stunden zu schlafen. Danach fuhr er wieder zum Flughafen zurück. Aber die Ruhepause war nicht lang genug für ihn. Der Flugkapitän war sehr müde. Er hat

[4] Ukw-Drehfunkfeuer

mehrere Nächte im Cockpit seiner Maschine verbracht und dabei Zeitumstellungen mitgemacht, die seinen Schlafrhythmus stark durcheinandergebracht haben. Wir werden später sehen, dass Park während des Fluges nach Guam mehrmals davon spricht, überarbeitet zu sein.

Als sei das nicht schon genug, leidet Park Yong-Chul seit einigen Tagen auch noch unter einer starken Bronchitis. Der Arzt hat ihm Antibiotika, Entzündungshemmer und Schmerzmittel verschrieben, doch er hat die Medikamente nicht genommen. Denn er weiß, dass sie ihn schläfrig machen können und dass deshalb Autofahrern und Piloten davon abgeraten wird, sie zu nehmen. Ohne die Medikamente wird seine Bronchitis jedoch nicht besser. Park Yong-Chul hustet während des gesamten Fluges.

Er ist ein ausgezeichneter Pilot, doch an diesem Abend ist er nicht im Besitz all seiner Kräfte.

DER KOPILOT

Er heißt Song Kyung-Ho und ist ebenfalls ehemaliger Militärpilot. Er ist 42 Jahre alt, hat 4.000 Flugstunden absolviert und ist gerade aus dem Urlaub in den USA zurückgekehrt. Es ist sein erster Flug nach seinen Ferien.

Song Kyung-Ho hat ebenfalls das Video über die Besonderheiten des Landeanflugs für Guam gesehen, doch im Gegensatz zu dem Kapitän ist er während seiner beruflichen Laufbahn als Pilot nur ein einziges Mal auf die Insel geflogen. Das ist schon mehrere Jahre her.

Die Personalakte von Song Kyung-Ho ist gut, aber weit davon entfernt, so ausgezeichnet zu sein wie die von Park Yong-Chul. Der Kopilot hat einige Schwächen, was die Ausführung von „Nicht-Präzisions"-Anflügen wie dem von Guam angeht. Nach einer Überprüfung hat ein Ausbilder folgenden Kommentar gemacht: „Ein bißchen langsam beim Ausführen der Anweisungen und Prozeduren." Ein anderer Prüfer fügte hinzu, dass die Ausführung dieser Art von Anflug durch den Kopiloten *„etwas unter dem Niveau ist, was man erwarten könnte"*.

Dennoch wurde Song Kyung-Ho bescheinigt, ein *„Standard Niveau"* zu besitzen.

Da Park Yong-Chul bei Korean Air berühmt ist, hat der Kopilot schon von ihm gehört. Wie viele andere Piloten der Airline bewundert er ihn für sein Können. Es ist jedoch das erste Mal, dass er an diesem Abend zusammen mit ihm im Cockpit fliegt.

DER FLUGINGENIEUR

Er heißt Nam Suk-Hoon und ist der älteste der drei Männer im Cockpit, da er bereits 57 Jahre alt ist. Er verfügt auch über die größte Erfahrung, da er schon mehr als 13.000 Flugstunden absolviert hat.
Nam Suk-Hoon ist beruflich ebenfalls überdurchschnittlich gut. Seine Personalakte weist ihn sogar als einen der besten Flugingenieure von Korean Air aus. Die Prüfer finden für ihn stets lobende Worte: *„Ausgezeichnet"*, *„sehr über dem Standardniveau"*, *„keinerlei Kritik"* oder „brillant", heißt es in ihren Beurteilungen. Nam Suk-Hoon kommt gerade von einem Einsatz in den USA zurück. Er ist nach Anchorage und San Franzisko und wieder zurück geflogen. Danach hat er in Seoul anderthalb Tage Ruhepause gehabt.
An diesem Abend fliegt Nam Suk-Hoon zum ersten Mal während seiner beruflichen Karriere nach Guam.

DAS KABINENPERSONAL

Die Mannschaft besteht aus 14 Stewards und Stewardessen. Bis auf den 37 Jahre alten leitenden Flugbegleiter und eine 42-jährige Stewardess ist das Kabinenpersonal sehr jung. Im Schnitt ist es 20 bis 24 Jahre alt.

DIE PASSAGIERE

An Bord befinden sich 237 Passagiere, vor allem Koreaner.[5] Es gibt sechs kleine Kinder, aber bei den meisten Fluggästen handelt es sich um frisch getraute Paare, die in die Flitterwochen fliegen. An Bord befindet sich auch ein bekannter koreanischer Politiker: Shin Ki-Ha. Er ist der Vorsitzende der Partei *„National Congress for New Politics"*. Er reist zusammen mit seiner Frau und in Begleitung von rund 20 anderen hochrangigen Parteimitgliedern.

[5] Unter den Passagieren befinden sich auch 13 Amerikaner und ein Neuseeländer.

Gemeinsam mit ihnen will er an diesem langen Wochenende die Strategie der Partei für die nächsten Wahlen ausarbeiten.

Bevor dieser Bericht fortgesetzt wird, ist es wichtig, ein paar Erklärungen zu der Disziplin an Bord der Flugzeuge von Korean Air abzugeben. Jede Fluggesellschaft hat ihre eigenen Managementmethoden. Einige haben recht lockere Umgangsformen. Meist handelt es sich dabei um relativ kleine Airlines mit nur wenigen Piloten. Die Stimmung ist entspannt und die Prozeduren werden gutgelaunt durchgeführt. Jeder kennt sich. Die Besatzungsmitglieder fliegen immer zusammen, freunden sich an und sehen sich manchmal auch privat. Es gibt aber auch einige große Fluggesellschaften, wo das Hauptziel nicht unbedingt ist, dass sich das Flugpersonal gut versteht. Diese Airlines sind fast militärisch organisiert. Die Disziplin ist sehr streng und die Hierarchien müssen respektiert werden, so dass keinerlei Späße möglich sind. Die Verantwortlichen dulden keine Freiheiten und jeder, der sich auch nur ein bißchen gehen lässt, wird sofort bestraft. Dieses starre Verhalten ist häufig bei asiatischen Fluggesellschaften anzutreffen. So auch bei Korean Air.
Ein Flugkapitän ist dort so mächtig, dass er die Karriere eines Untergebenen mit einer einzigen Bemerkung zerstören kann. Ein von ihm unterschriebener Bericht reicht aus, damit jemand, der einen Fehler gemacht hat, zurückgestuft, versetzt oder sogar sofort entlassen wird. Selbst ein Kopilot kann dazu verdammt werden, am Boden zu bleiben, wenn es sein Flugkapitän so will.
Wir werden später sehen, dass Untergebene sich wegen dieser Hierarchie-Hörigkeit nicht trauen, ihren Chef auf einen Fehler aufmerksam zu machen.

Flug 801 ist um **21 Uhr 53** vom Flughafen Seoul-Gimpo gestartet.[6]
Das Flugzeug ist bis auf seine Reiseflughöhe von 41.000 Fuß gestiegen. Es hat die Erlaubnis erhalten, direkt nach Guam zu fliegen. Park Yong-Chul hat entschieden, dass er das Flugzeug steuern wird und dass sich der Kopilot um den Funkkontakt mit der Flugsicherung kümmern soll.
Der Flug von Seoul war zunächst nicht sehr angenehm. Zu dieser Jahreszeit ist das Wetter im Südpazifik unbeständig. Es kann zu ausgeprägten Tiefdruckgebieten kommen, die heftige Turbulenzen verursachen. Entsprechend ist die Boeing an diesem Abend fast zwei Stunden lang heftig durchgeschüttelt worden. Das war zwar für

[6] Zum besseren Verständnis erfolgen alle Zeitangaben in der Ortszeit von Guam.

das Flugzeug nicht gefährlich, aber der Flugkapitän hat trotzdem die ganze Zeit über die „Anschnall"-Zeichen angelassen. 50 Minuten vor der geplanten Ankunft haben die Turbulenzen dann aufgehört. Das Wetter ist nicht die Ursache des Unglücks, das sich ereignen wird. Doch es ist ein Faktor, der erschwerend hinzukommt. In der Gegend von Guam ist das Klima fast das ganze Jahr über ziemlich konstant. In der Regel ist es morgens schön. Im Laufe des Nachmittags zieht sich dann der Himmel zu und es regnet oft bis tief in die Nacht hinein. Statistisch gesehen gibt es pro Monat zwar nur 24 Regentage, doch der Regen ist zwischen Juli und November stärker ausgeprägt. Obwohl die Temperaturen um die 27 Grad betragen, sind die Schauer dann vor allem nachts heftiger. Manchmal verwandeln sie sich sogar in heftige tropische Regengüsse.
Das ist genau das Wetter, das an diesem Augustabend in der Region vorherrscht.

Es ist jetzt **1 Uhr morgens**. Auf den Marianen-Inseln regnet es überall. Der letzte Wetterbericht vom Flughafen Agana sagt eine Sicht von neun Kilometern vorher. Der Wind ist ziemlich schwach. Die Wolkenuntergrenze liegt zwischen 1.500 und 4.000 Fuß, aber örtlich gibt es Gewitterzellen, die für heftige Regengüsse sorgen. Das ist aber nicht wirklich ein Problem für die Besatzung... Die Boeing 747 ist mit einem sehr leistungsfähigen Wetterradar ausgestattet, das ihr ermöglicht, heftige Regenschauer zu umfliegen. Die Fluglotsen am Boden verfügen zudem über ein FPS-93-Radar, das mit einem ASR[7]-8 mit „langer Reichweite" verbunden ist. Diese beiden Systeme können ebenfalls Wetterphänomene erkennen, die für Flugzeuge gefährlich sind.

An diesem Abend ist die Landebahn 06 links in Guam in Betrieb, doch es gibt Probleme mit den technischen Einrichtungen des Flughafens: Der Gleitwegsender des Instrumentenlandesystems ist abgeschaltet.[8] Grund dafür ist jedoch keine Panne, sondern es

---

[7] ASR = Airport Surveillance Radar

[8] Das Instrumentenlandesystem (Instrument Landing System (ILS)) ist eine Präzisionsanflughilfe, die Piloten ermöglicht, das Flugzeug auf den idealen Flugweg für die Landebahn zu bringen. Es stellt dafür zwei Arten von Informationen zur Verfügung:

- Die Anfluggrundlinie dank des „Landekurssenders" (localizer).
- Den Sinkflugpfad/ die vertikale Abweichung vom idealen Gleitweg dank des "Gleitwegsenders". Dieses System funktioniert jedoch an diesem Abend nicht. Deshalb kann die Boeing zwar auf die Anfluggrundlinie einschwenken, also die gedachte Verlängerung der Mittellinie der Landebahn. Aber sie wird während des Sinkflugs nicht vertikal gelenkt. Der Pilot muss deshalb für den Endanflug die Distanz bis zur Landebahn berechnen. Für einen qualifizierten Piloten ist das Routine.

werden Wartungsarbeiten durchgeführt. Techniker arbeiten an dem System, das bei Tagesanbruch wieder funktionieren soll. Flugkapitän Park Yong-Chul ist über das Problem informiert, da ein sogenanntes „Notam" veröffentlicht wurde[9] und die Information in jedem Flughafen verfügbar ist. Außerdem hat der Fluglotse die Cockpitbesatzung der Boeing beim ersten Funkkontakt darauf hingewiesen, dass der Gleitwegsender nicht zur Verfügung steht. Die Landung in Guam wird dadurch jedoch nicht in Frage gestellt. Es gibt andere Anflugverfahren, die eine sichere Landung ermöglichen. So landet eine andere 747 genau in dem Moment auf der Landebahn 06 links, als die Boeing ihren Sinkflug beginnt. Es handelt sich um den Flug 760 von Continental Airlines. Der Pilot dieses Fluges wendet das VOR/DME-Verfahren an, dass ihm erlaubt, ohne Gleitwegsender zu landen. Obwohl es in der Nähe des Flughafens stark regnet, verläuft die Landung der Continental Airlines-Maschine normal. Als das Flugzeug am Boden ist, fragt der Fluglotse den Piloten, wie die Wetterbedingungen während der Landung gewesen seien. Der Pilot antwortet, dass es keinerlei Probleme gegeben habe: *„Die Sicht war ausgezeichnet."*

Um **1 Uhr 10 Minuten morgens** befindet sich die Boeing von Korean Air 450 Kilometer von ihrem Ziel entfernt. Für die Besatzung ist es jetzt an der Zeit, mit dem Sinkflug zu beginnen. Der Fluglotse des CERAP[10] erteilt ihr die Erlaubnis, Flugfläche 410 zu verlassen, um nach „eigenem Ermessen" bis auf eine Höhe von 2.600 Fuß zu sinken.[11] Da sich das Flugzeug über dem Meer befindet, gibt es kein Relief, das es behindern könnte. In der Flugzone von Guam befinden sich zu diesem Zeitpunkt übrigens nur rund zehn Flugzeuge. Keines davon kreuzt die Route der 747. Deshalb schreibt der Fluglotse ihr auch keine Höhenbeschränkung vor. Die Boeing kann nach eigenem Ermessen heruntergehen.

---

[9] Notam = Notice to Airmen. Dringliche Informationen über Flughäfen, Flugzonen, Arbeiten, Überflugsverbote etc, die allen Piloten zur Verfügung stehen. Die Regeln schreiben vor, dass Piloten vor jedem Abflug die Notams konsultieren müssen, die ihren Flug und ihr Ziel betreffen.

[10] CERAP = Combined Center Radar Approach Control.

[11] Ungefähr 800 Meter. Im Gegensatz zum vorigen Kapitel (Tupolew im Flachtrudeln) befindet sich die Boeing in einem Luftraum, für die eine amerikanische Flugsicherung verantwortlich ist. Die Höhenangaben beziehen sich nicht auf den Boden des Flugplatzes (QFE), sondern auf den Meeresspiegel (QNH). Die hier erwähnten 800 Meter sind deshalb keine „height", sondern „altitude". Generell wird mit dem QNH geflogen, da alle Hindernisse auf den Anflug und Navigationskarten sich auf den Meeresspiegel beziehen (Ausnahme: Kunstflug und ehemaliger Ostblock).

Kapitän Park Yong-Chul beschließt jedoch zunächst, auf einer Höhe von 41.000 Fuß zu bleiben. Er beginnt lieber erst einmal mit einem vorbereitenden Briefing für seine Untergebenen, so wie es vorgeschrieben ist. Diese Prozedur zielt darauf ab, alle Schlüsselpunkte, die für den Anflug und die Landung notwendig sind, mit der Cockpitbesatzung zu besprechen.
Hier die Niederschrift des Briefings von Park Yong-Chul, das auf den ersten Blick den Regeln entsprechend durchgeführt zu sein scheint:

1 Uhr 11 Minuten 51 Sekunden (Flugkapitän): *OK, ich werde jetzt ein kurzes Briefing machen… Die ILS-Frequenz ist 110.30. Die Frequenz des Drehfunkfeuers „NIMITZ" ist 115.30. Der Kurs ist 063. Da die Sicht 6 Kilometer beträgt, machen wir einen Sichtanflug. Wie ich schon vorher gesagt habe: Wir stellen das VOR auf die zweite Anzeige und wir halten das Radial für den Beginn des Sinkfluges… Ich werde drei Meilen für den Sinkflug dazu addieren und den Sinkflug 155 Meilen nach NIMITZ beginnen. Ich werde zur Anfluggeschwindigkeit ein paar Knoten hinzufügen. Alles andere ist Standard. Da wir einen Sichtanflug machen, werden wir, wenn wir durchstarten sollten, weiter im Sichtflug bleiben, nach rechts drehen und nach einem Radar-Vektor fragen. Wenn das nicht möglich ist, fliegen wir bis FLAKE…*[12] *Da der Gleitwegsender nicht funktioniert, ist die Entscheidungshöhe (MINIMUM) 560 Fuß und die Höhe über der Landebahn 300 Fuß.*

Die Erklärungen des Kapitäns werden immer wieder von Hustenanfällen unterbrochen, die zeigen, dass sich sein Gesundheitszustand nicht gebessert hat. Dennoch macht er kein kurzes Briefing, wie er es angekündigt hat. Er macht es aber etwas *schlampig*. Die Ermittler erklären später, dass seine Ausführungen Fehler enthalten, ungereimt und unvollständig sind. Denn der Kapitän gibt keine Informationen zu einigen Faktoren, die für die Sicherheit wichtig sind. Die Ermittler erinnern daran, dass ein Nichtpräzisionsanflug eine sehr viel präzisere Vorbereitung als jede andere Anflugsart verlangt. So ruft der Flugkapitän zwar kurz in Erinnerung, dass der Gleitwegsender nicht funktioniert, aber er erklärt nicht, wie der Anflug ausgeführt werden soll. Er gibt keine Sicherheitshöhen[13] dafür an. Die einzige Höhe, die

[12] „Flake" ist ein Schnittpunkt, der sich sieben nautische Meilen auf dem Radial 242 des Drehfunkfeuers Nimitz befindet.
[13] Mindesthöhe über Hindernissen.

er anspricht, ist nicht am richtigen Platz. Er spricht auch nicht von den Distanzen, die eingehalten werden müssen, bevor der „stufenweise“ Sinkflug in der Verlängerung der Mittellinie der Landebahn beginnt.[14] Er macht keine Angaben zum Wetter. Zudem hätte der Kapitän prüfen müssen, ob die Anflugkarten noch gültig sind, die er benutzt. Wenn er das gemacht hätte, wäre ihm aufgefallen, dass sie vor mehr als zwei Monaten abgelaufen waren.[15] Obwohl Park Yong-Chul häufig in Ich-Form spricht, um daran zu erinnern, dass er der Chef ist, hat er während des Briefings absolut nichts entschieden. Anstatt sich selber und seine Kollegen auf einen schwierigen Anflug vorzubereiten, weiß nach dem Briefing niemand wirklich, wie alles ablaufen soll. Selbst der Kapitän nicht! Das ist problematisch, wenn man am Steuer eines Jumbo-Jets sitzt, der hunderte von Passagieren transportiert.

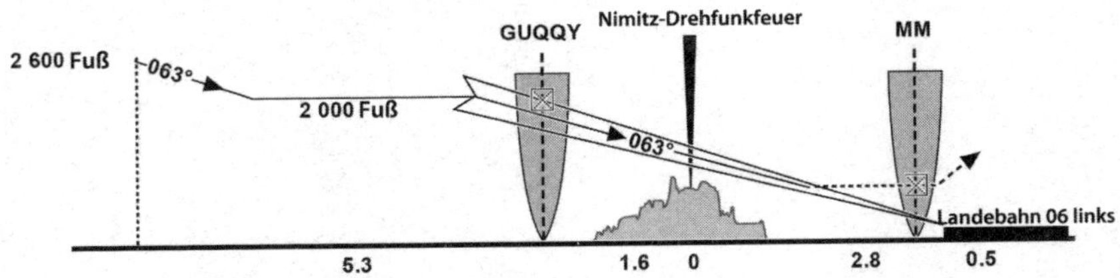

Schematischer Vertikalschnitt des ILS-Anfluges.

Flugkapitän Park hat eigentlich erklärt, dass er mit dem Sinkflug beginnen wird, wenn die Maschine 155 Meilen von ihrem Ziel entfernt ist.[16] Einige Sekunden später scheint er jedoch seine Meinung zu ändern:

1 Uhr 13 Minuten 33 Sekunden (Kapitän): *Wir sollten besser mit dem Sinkflug beginnen.*

Der Kopilot verkneift sich jede Bemerkung zu dieser Meinungsänderung. Er murmelt lediglich höflich:

[14] Checkhöhen = Distanz/ Höhe zur Landebahn

[15] Bei vielen Fluggesellschaften ist die Überprüfung der Gültigkeit der Anflugkarten als Bestandteil des Briefings vorgeschrieben.

[16] Während seines Briefings hat er von 155 Meilen „outbound“ gesprochen. Das war natürlich ein Fehler, denn er hätte „inbound“ sagen müssen.

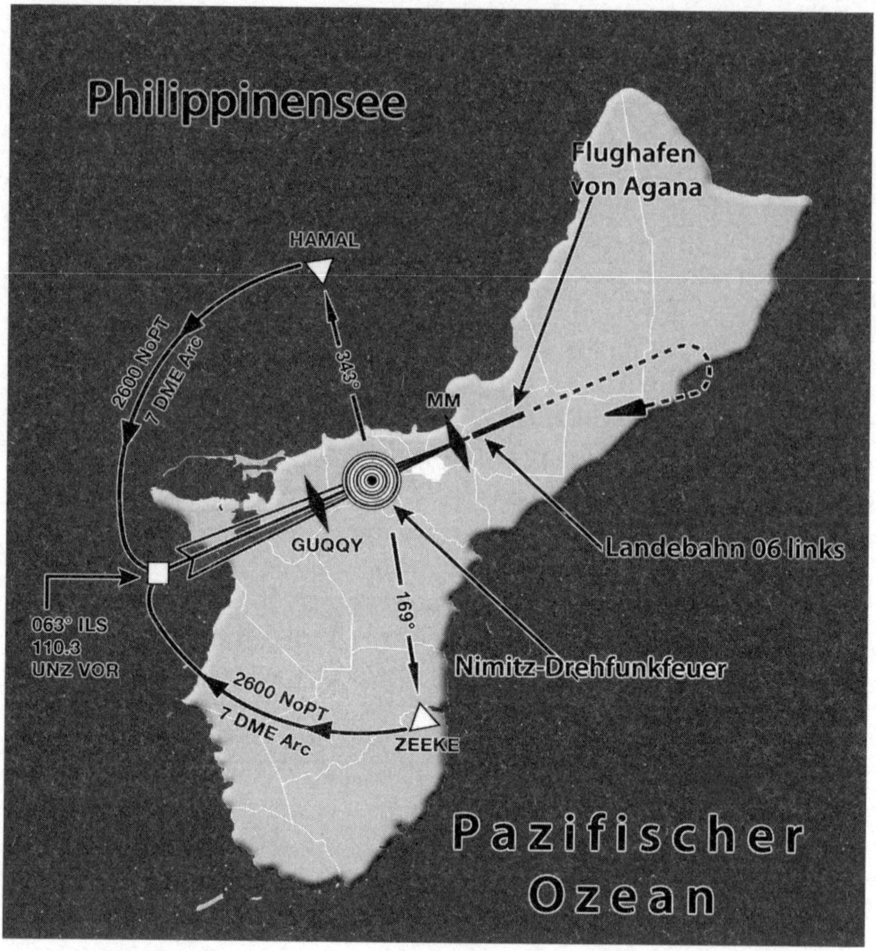

Schematischer Anflug des Instrumentenlandesystems der Landebahn 06 links.

1 Uhr 13 Minuten 35 Sekunden (Kopilot): *Yes, Sir.*

Anschließend kontaktiert er das Radar von Guam, um anzukündigen, dass sie mit dem Sinkflug beginnen. Er teilt diese Information mit, bittet jedoch nicht um die Genehmigung, da der Fluglotse ja vorher gesagt hatte, dass sie nach eigenem Ermessen handeln könnten:

1 Uhr 13 Minuten 40 Sekunden (Kopilot): *Radar Guam, Korean 801, wir verlassen Flight Level 410 für 2.600 Fuß.*

1 Uhr 13 Minuten 44 Sekunden (Fluglotse CERAP): *Korean 801, Roger.*

Die Höhe von 2.600 Fuß ist nicht zufällig gewählt. Es handelt sich um eine Sicherheitsgrenze. Wenn das Flugzeug ständig darüber bleibt, wird es sicher sein, niemals gegen die Hügel von Guam zu fliegen. Denn die Insel ist teilweise ziemlich bergig. Es gibt mehrere Bergspitzen, die mehr als 1.000 Fuß hoch sind. Im Süden der Verlängerung der Landebahn gibt es sogar einen Gipfel, der 1.442 Fuß aufragt.

Die problematischste Erhebung ist der Nimitz Hill. Er ist zwar nur 643 Fuß hoch, aber *er befindet sich genau in der gedachten Verlängerung der Mittellinie der Landebahn 06* auf der die 747 landen will.

Während das Flugzeug in den Sinkflug geht, beginnt die Cockpit-Besatzung mit den Vorbereitungen. Auf den Aufnahmen des Stimmenrekorders ist zu hören, wie Sitze näher an das Instrumentenbrett herangeschoben werden. In dem Moment macht der Kapitän eine Bemerkung, die zeigt, wie müde er ist.

1 Uhr 20 Minuten 01 Sekunden (Kapitän): *Wenn dieser Hin- und Rückflug länger als neun Stunden dauert, könnten sie uns eigentlich eine Kleinigkeit dafür geben. Aber wenn er nur acht Stunden dauert, werden wir nichts bekommen... Acht Stunden, das bringt nichts.*

Mit „sie" meint er die für die Einteilung der Dienstpläne zuständigen Mitarbeiter der Fluggesellschaft. Die Flugzeiten der Besatzungen sind nämlich strengstens geregelt. Jede Überschreitung der autorisierten Flugzeit muss anschließend wieder ausgeglichen werden. Bei der *"Kleinigkeit"*, auf das der Flugkapitän hofft, handelt es sich also nicht um einen finanziellen Ausgleich. Er möchte einfach nur eine längere Ruhepause haben, wenn er nach Seoul zurückkehrt.

Das Problem ist jedoch, dass zusätzliche Ruhezeiten nicht einfach so genehmigt werden. Dafür muss der Hin- und Rückflug nach Guam schon mehr als acht Stunden dauern. Ist dies nicht der Fall, wird die autorisierte Flugzeit nicht überschritten und es gibt keine zusätzliche Zeit zum Erholen. Flugkapitän Park Yong-Chul hat deshalb nur einen Wunsch: Dass der Hin- und Rückflug so lange wie möglich dauert. Neun Stunden wären für ihn perfekt.

Als ob er sich nicht klar genug ausgedrückt hätte, fügt er mit müder Stimme hinzu:

1 Uhr 20 Minuten 20 Sekunden (Kapitän): *Sie lassen uns wirklich so lange wie möglich arbeiten... Wirklich so lange wie möglich...*

Seine Untergebenen antworten darauf nicht. Es herrscht absolute Stille. Denn der Kopilot und der Flugingenieur wissen, dass das Gespräch vom Cockpit Voice Recorder aufgezeichnet wird. Die Fluggesellschaft offen zu kritisieren, kann sich nicht jeder erlauben. Ein Flugkapitän wie Park Yong-Chul ist bei Korean Air unantastbar, aber für einen Kopiloten und einen Flugingenieur sieht das schon anders aus. Sie könnten entlassen werden, ohne dass ihnen dafür der geringste Grund genannt werden muss.
Der Kapitän spricht also alleine weiter:

1 Uhr 20 Minuten 28 Sekunden (Kapitän): *Das ist wahrscheinlich so... (unverständlich)... dass sie sparen. Sie sparen bei den Ausgaben für die Hotels der Kabinenbesatzung. Und sie maximieren die Flugstunden. Vor allem für „klassische" 747-Kerle wie uns.*[17]

Dieses Mal fällt Parks Kritik ziemlich scharf aus. Er erklärt ohne Umschweife, dass die Fluggesellschaft sie ausbeutet. Seiner Meinung nach wäre es vernünftiger, die Besatzung in Guam übernachten zu lassen, anstatt sie mitten in der Nacht wieder nach Seoul zurückfliegen zu lassen.
Da seine beiden Kollegen nichts verstanden haben, gähnt er demonstrativ:

1 Uhr 20 Minuten 35 Sekunden (Kapitän): *Oh... wirklich... habe Lust, zu schlafen...*

Es ist mitten in der Nacht. Für Park Yong-Chul ist dies wegen der Zeitverschiebungen, die er während der vorangegangenen Flüge mitgemacht hat, der schwierigste Moment. Er wird ausgerechnet genau zu dem Zeitpunkt schläfrig, als das Flugzeug mit der schwierigsten Phase des Anflugs beginnt. Seine Konzentration ist unter diesen Bedingungen stark beeinträchtigt. Genau in diesem Moment macht der Kopilot eine Zusammenfassung des letzten Wetterberichts, den er aus Guam bekommen hat.

[17] Die Fluggesellschaften besitzt zwei Sparten für ihre Boeing 747:
- Die älteren Modelle der 200er- und 300er Serie. Das sind die „klassischen".
- Die neueren Modelle der 400er-Serie, die zu einer gesonderten, privilegierteren Sparte gehören.

1 Uhr 21 Minuten 59 Sekunden (Kopilot): *Kapitän, die Bedingungen auf Guam sind nicht gut.*

Trotz des noch immer respektvollen Tonfalls des Kopiloten[18] erkundigt sich Park Yong-Chul nicht nach den Bedingungen auf Guam. Er begnügt sich damit, das Wetterradar zu beobachten, das die Regenfälle auf der Strecke anzeigt. In diesem Moment erscheinen auf dem Bildschirm mehrere rote Zonen. Dabei handelt es sich um Gewitterzellen, in die sich selbst eine Boeing 747 nicht wagen kann. Denn es kann dort Hagel, heftige Turbulenzen sowie Auf- und Abwinde geben, die jedes Flugzeug zerbrechen können. Deshalb muss man zu den Zonen fliegen, die auf dem Radarbildschirm grün dargestellt sind.
Nach langem Überlegen sagt Park Yong-Chul mit schwer verständlicher Stimme:

1 Uhr 22 Minuten 26 Sekunden (Kapitän): *Es regnet... viel.*

Es herrscht erneut Stille, Zögern. Da die von den Regengüssen betroffenen Zonen sehr groß sind, entscheidet Park Yong-Chul, abzudrehen, um die Gewitter zu umfliegen.
Er beauftragt den Kopiloten, den CERAP-Fluglotsen zu kontaktieren:

1 Uhr 23 Minuten 45 Sekunden (Kapitän): *Bitte ihn später um eine Abweichung von 20 Meilen...*[19] *Nach links während wir sinken...*

Zunächst antwortet der Kopilot knapp und unterwürfig wie üblich.

1 Uhr 23 Minuten 47 Sekunden (Kopilot): *Ja.*

Doch nachdem er das Radar gemustert hat, kann er nicht umhin, zu bemerken, dass die Anweisungen seines Kapitäns nicht sehr sinnvoll sind:

[18] Bei den meisten Fluggesellschaften würde ein Kopilot seinen Vorgesetzten im Cockpit nicht mit „Kapitän", sondern mit seinem Vornamen ansprechen (selbst wenn er zum ersten Mal mit ihm zusammenfliegt). In französischsprachigen Ländern duzt sich die Cockpitbesatzung zudem systematisch.

[19] 37 Kilometer.

1 Uhr 24 Minuten 02 Sekunden (Kopilot): *Glauben Sie nicht, dass es in dieser Zone zu stark regnet?*

Der Tonfall ist zwar immer noch sehr respektvoll, doch die Bemerkung des Kopiloten stellt die Autorität in gewisser Weise infrage. Park Yong-Chuls Antwort fällt trotz seiner Müdigkeit heftig aus.

1 Uhr 24 Minuten 07 Sekunden (Kapitän): *Nach links! Du erbittest eine Kursabweichung.*

Da Park intelligent ist, sagt er sich, dass sein Kopilot vielleicht nicht Unrecht hat. Deshalb korrigiert er sich geschickt:

1 Uhr 24 Minuten 09 Sekunden (Kapitän): *Abweichung um zehn Meilen.*

1 Uhr 24 Minuten 10 Sekunden (Kopilot): *Yes, Sir.*

Der Kopilot führt die neue Anweisung sofort aus.

1 Uhr 24 Minuten 30 Sekunden (Kopilot, der die Flugsicherung kontaktiert): *Guam Radar... Korean 801, erbitten Abweichung von zehn Meilen nach links.*

1 Uhr 24 Minuten 35 Sekunden (Fluglotse): *0 - 1, genehmigt.*

1 Uhr 24 Minuten 36 Sekunden (Kopilot): *Danke.*

Der Fluglotse hat die Zahlen der Distanz etwas durcheinandergebracht. Um zehn Meilen zu bestätigen, hätte er 1-0 sagen müssen. Das ist jedoch nicht schlimm, da die Cockpitbesatzung verstanden hat, dass ihr eine Abweichung von 18 Kilometern zu ihrer Flugstrecke genehmigt wurde.

In den folgenden zehn Minuten sprechen die drei Männer im Cockpit der Boeing über die Wetterbedingungen auf Guam. Sie sind sehr uneinheitlich. Einige Sektoren sind voll mit riesigen Gewitterzellen, andere dagegen vollkommen frei. Alles hängt davon ab, wie sich die Situation entwickeln wird. Die Unwetter bilden sich vollkommen willkürlich und niemand kann vorhersagen, wo sie sein werden, wenn das Flugzeug landet.

Kurz darauf beginnt die Besatzung, die Checkliste „Anflug“ abzuarbeiten, doch der Kopilot muss sofort unterbrechen. Die Boeing 747 fliegt zwischen zwei Cumulonimbus-Wolken durch, die Turbulenzen verursachen. Glücklicherweise befindet sich die Boeing direkt in der Mitte eines freien Korridors. Die Abweichung von zehn Meilen war angemessen. Der Kopilot hatte also Recht, als er nicht zu stark von der Flugstrecke abweichen wollte.
Der Flugkapitän lobt ihn dennoch nicht dafür.
Eine Minute später kommt die Boeing aus der Gewitterzone. Die Turbulenzen hören auf. Vor der Maschine scheint alles frei zu sein. Der Flugingenieur kann nicht umhin, seiner Zufriedenheit Ausdruck zu verleihen. Denn in der Ferne kann man bereits Lichter schimmern sehen.

1 Uhr 27 Minuten 58 Sekunden (Flugingenieur): *Das ist Guam... Guam! Heute hat uns das Wetterradar gut geholfen!*

1 Uhr 27 Minuten 59 Sekunden (Kapitän): *Ja, es ist sehr nützlich.*

Der Fluglotse gibt der Boeing einen Kurs nach rechts, damit sie wieder auf ihre Strecke zurückkommt. Einen Moment später kontaktiert ihn der Kopilot, um ihn zu informieren, dass sie aus der gefährlichen Zone herausgekommen sind.

1 Uhr 31 Minuten 17 Sekunden (Kopilot): *Guam Radar, 801... Wir haben die „Charlie Bravo“ passiert.*[20] *Erbitten Radar-Vektor für Piste 06 links.*

1 Uhr 31 Minuten 31 Sekunden (Fluglotse): *Roger, Korean 801. Fliegen Sie Kurs 120.*

1 Uhr 31 Minuten 34 Sekunden (Kopilot): *Wir fliegen Kurs 120... Korean 801.*

Die Besatzung macht mit der Anflug-Checkliste weiter. Die Anti-Kollisionslichter sind eingeschaltet und die Navigations-Instrumente überprüft. Die Radarhöhenmesser sind eingeschaltet, die Schultergurte angelegt und festgezogen.

[20] Charlie Bravo = CB = Cumulonimbus (Gewitterwolken).

Dann prüft der Flugkapitän erneut das Wetterradar und entdeckt einen neuen roten Flecken auf dem Bildschirm: Eine andere bedrohlich wirkende Gewitterwolke.

1 Uhr 34 Minuten 05 Sekunden (Flugkapitän): *Ja... links unten ist eine andere große CB.*

Der Flugingenieur macht sich sofort Sorgen. Das Flugzeug ist nur noch 30 Kilometer von Guam entfernt, doch die Gewitterwolke zieht in Richtung Flughafen. Das könnte für Probleme sorgen.

1 Uhr 34 Minuten 23 Sekunden (Flugingenieur): *Wird die CB heftig sein?*

1 Uhr 34 Minuten 24 Sekunden (Kapitän): *In niedrigerer Höhe ist es vielleicht besser.*

Während das Flugzeug weiterfliegt realisiert die Besatzung, dass das Gewitter kein Problem darstellen wird. Sie beginnt deshalb, die Landung vorzubereiten.

1 Uhr 38 Minuten 37 Sekunden (Kapitän): *Landeklappen 10...*

1 Uhr 38 Minuten 37 Sekunden (Kopilot): *Yes Sir, Landeklappen 10 Grad.*

Die Boeing 747 wird auf einer Höhe von 2.800 Fuß stabilisiert. Sie setzt ihren Anflug geführt vom Radar fort. Der Fluglotse gibt den Kurs vor und die Besatzung führt seine Anweisungen aus. Das Kontrollzentrum von Guam lässt das Flugzeug zunächst erneut nach links wenden, um einen Kurs von 090 Grad zu fliegen (siehe Zeichnung). Ziel dieses Manövers ist, die Maschine sukzessive auf den Landekurssender des Instrumentenlandesystems der Landebahn 06 links zu bringen. An diesem Abend funktioniert dieses System jedoch nur zur Hälfte. Deshalb kann die Besatzung die Boeing zwar in der Verlängerung der Mittellinie der Landebahn positionieren, aber sie hat keinerlei Informationen über ihren Gleitweg.
Die Besatzung muss die Distanz im Verhältnis zur Landebahn mit Hilfe der Informationen des DME überwachen, um unter diesen

Umständen sicher nach unten gelangen zu können.[21] Erst wenn die in der Verlängerung der Landebahn gelegenen Hügel überflogen sind, kann die Maschine ohne Risiko mit dem Sinkflug fortfahren. Das Problem ist, dass diese Prozedur während des Briefings des Flugkapitäns überhaupt nicht angesprochen wurde. Bei welcher Entfernung von NIMITZ kann die Besatzung sicher heruntergehen? Bis auf welche Höhe? In welchen Schritten?
Niemand weiß es!
Dabei weiß jeder im Cockpit nur zu gut, dass der Gleitwegsender nicht funktioniert. Der Fluglotse erinnert die Besatzung noch einmal daran.

1 Uhr 39 Minuten 44 Sekunden (Fluglotse Guam): *Korean 801, Anflug ILS Piste 06 links genehmigt. Der Gleitwegsender kann nicht benutzt werden…*

1 Uhr 39 Minuten 48 Sekunden (Kopilot): *Korean 801, Roger. ILS Piste 06 links genehmigt.*

Erstaunlicherweise wiederholt der Kopilot nicht die Tatsache, dass der Gleitwegsender nicht zur Verfügung steht. Aus Nachlässigkeit? War der Empfang schlecht oder hat er es vergessen? Wir wissen nicht, ob der Besatzung der Ausfall des Gleitwegsenders zu diesem Zeitpunkt noch immer bewusst ist. Die folgende Unterhaltung lässt Zweifel daran zu.
Der Flugingenieur scheint der Einzige zu sein, der sich erinnert, dass der Gleitwegsender nicht funktioniert. Er meldet sich zu Wort, um sich die Information bestätigen zu lassen:

1 Uhr 39 Minuten 55 Sekunden (Flugingenieur): *Funktioniert der Gleitwegsender? Der Gleitwegsender?*

1 Uhr 39 Minuten 59 Sekunden (Kapitän): *Ja, er funktioniert!*

Diese absurde Antwort lässt sich nur durch die große Erschöpfung des Flugkapitäns erklären. Obwohl der Fluglotse vor nicht mal zehn Sekunden daran erinnert hat, dass das System nicht funktioniert, behauptet der Kapitän jetzt das Gegenteil. Angesichts

[21] DME = Distance Measuring Equipment. Entfernungsmessverfahren in der Funknavigation, das den Abstand des Flugzeugs gegenüber einer Bodenstation bestimmt. DME-Systeme werden oft in Verbindung mit einem Drehfunkfeuer verwendet.

der Ernsthaftigkeit des Themas erlauben sich der Kopilot und der Flugingenieur, höflich einzugreifen.

1 Uhr 39 Minuten 59 Sekunden (Flugingenieur): *Ah, also, der…*

1 Uhr 39 Minuten 59 Sekunden (nicht identifizierte Simme): *Wir müssten überprüfen, ob der Gleitwegsender funktioniert?*

1 Uhr 39 Minuten 59 Sekunden (vermutlich der Kapitän): *Warum? Funktioniert er?*

1 Uhr 40 Minuten 00 Sekunden (Kopilot): *…funktioniert nicht…*

Die Worte des Kopiloten gehen in der allgemeinen Unterhaltung unter. Denn alle reden gleichzeitig.
Das Flugzeug befindet sich jetzt auf der Verlängerung der Mittellinie der Landebahn, doch wir wissen noch immer nicht, ob dem Kapitän bewusst ist, dass der Gleitwegsender nicht funktioniert. Der Boden kommt immer näher. Sechs Sekunden später erreicht die 747 eine Höhe von 2.600 Fuß, die von dem Anflug-Fluglotsen vorgegebene Mindesthöhe. Jetzt muss die Distanz im Verhältnis zur Landebahn überwacht werden, an die sich das Flugzeug stufenweise annähert.
Doch wie kann diese Prozedur ausgeführt werden, von der im Briefing keine Rede war?
Als sich das Flugzeug bereits im Endanflug befindet, spricht jemand erneut über den Gleitwegsender.

1 Uhr 40 Minuten 22 Sekunden (nicht identifizierte Stimme): *Die Angaben des Gleitwegsenders sind falsch…*

Es ist entweder der Kopilot oder der Flugingenieur, der das gesagt hat. Es kann sich nicht um den Kapitän handeln, da dieser sonst sofort Anweisungen gegeben hätte, die Anflugprozedur zu ändern. Einer seiner beiden Untergebenen hat vermutlich versucht, ihm diskret zu verstehen zu geben, dass er einen schweren Fehler begangen hat. Man macht einen Anflug nicht auf diese Art, wenn der Gleitwegsender nicht funktioniert. Der Fluglotse hat auf diese Tatsache aufmerksam gemacht. Der Kopilot hat es wiederholt und ein Mitglied der Cockpitbesatzung hat es mehrmals gesagt.
Park Yong-Chul scheint zu zögern:

1 Uhr 40 Minuten 33 Sekunden (Kapitän): *Da der Zustand des Gleitwegsenders heute nicht gut ist, müssen wir 1.400 Fuß halten. Stell das bitte ein!*

Der Flugkapitän drückt sich merkwürdig aus! Wenn man ihn hört, könnte man meinen, dass der Gleitwegsender nicht ordentlich oder mit Unterbrechungen funktioniert, dass er aber dennoch benutzt werden kann. Was jedoch nicht der Fall ist. Unter diesen Voraussetzungen scheint die Katastrophe unausweichlich zu sein. Das Flugzeug befindet sich jetzt auf der Verlängerung der Mittellinie der Landebahn. Es ist auf dem Landekurssender und hat eine Höhe von 2.200 Fuß (siehe Zeichnung). Direkt vor ihm liegt der 643 Fuß hohe Nimitz Hill. Damit alles glatt läuft, müsste die Besatzung nur einfach die Prozedur ohne Gleitwegsender durchführen. Sie müsste auf die nächste Stufe nach unten gehen, dann den Berg überfliegen, anschließend einen kontrollierten Sinkflug machen und dabei die Höhe in Abhängigkeit von der noch zurückzulegenden Distanz einhalten. Das ist nicht besonders schwierig, auch wenn dabei vorsichtiger als bei einem klassischen ILS-Anflug vorgegangen werden muss.
Die Besatzung ist sich noch immer nicht im Klaren. Der Fluglotse beobachtet den Anflug auf seinem Radarbildschirm. Seine Arbeit wird dann beendet sein, wenn das Flugzeug 15 Kilometer von der Landebahn entfernt ist. Dann muss die Cockpitbesatzung die Funkfrequenz wechseln, um mit dem Tower Kontakt aufzunehmen.

1 Uhr 40 Minuten 42 Sekunden (Fluglotse): *Korean Air 801, kontaktieren Sie den Tower von Agana auf 118.10... Ahn nyung hce ga sae yo („Auf Wiedersehen“ auf Koreanisch).*

Der Kopilot freut sich, dass ein amerikanischer Fluglotse koreanisch spricht. Deshalb antwortet er ihm in seiner Muttersprache.

1 Uhr 40 Minuten 47 Sekunden (Kopilot): *Soo go ha sip si yo („Passen Sie auf sich auf“). Wir wechseln auf 118.10.*

1 Uhr 40 Minuten 50 Sekunden (amüsiert klingender Flugingenieur): *Der muss als GI in Korea gewesen sein, bevor er hierher gekommen ist.*

1 Uhr 40 Minuten 52 Sekunden (Kapitän mit düsterer Stimme): *Ja...*

Der Kopilot hat die Frequenz auf dem zweiten Funkgerät bereits vorbereitet und kontaktiert deshalb sofort wie gebeten den Tower:

1 Uhr 40 Minuten 55 Sekunden (Kopilot): *Tower Agana, Korean 801, wir empfangen den Landekurssender der Piste 06 links.*

1 Uhr 41 Minuten 01 Sekunden (Tower Agana): *Korean 801 „heavy"... Tower Agana... Piste 06 links... Wind aus 090 mit 7 Knoten... Landung genehmigt. Das ist schon eine Boeing 747 heute Abend?*

Der Fluglotse will überprüfen, dass es nicht der sonst eingesetzte A300 ist, der im Anflug ist. Aber der Kopilot scheint die Frage nicht zu verstehen. Er geht nicht auf sie ein.

1 Uhr 41 Minuten 14 Sekunden (Kopilot): *Korean 801, Roger... Landung Piste 06 links genehmigt.*

Ab jetzt läuft der Countdown. Das Flugzeug ist nur noch 13 Kilometer von der Landebahn entfernt. Die Landeklappen sind auf 30 Grad gesetzt. Nun muss die Checkliste für die Landung abgearbeitet werden. Die Sicht ist in diesem Moment sehr wechselhaft. Manchmal kommt die 747 aus den Wolken heraus und die Besatzung kann die Lichter der Stadt in der Ferne sehen. Dann fliegt sie erneut durch eine Regenzone, so dass draußen nichts mehr zu erkennen ist.

1 Uhr 41 Minuten 18 Sekunden (Kapitän): *Sucht aufmerksam...*

Der Kapitän bittet seine Untergebenen, nach der Befeuerung der Landebahn Ausschau zu halten. Es nützt jedoch nichts, da es draußen total dunkel ist.
Das Flugzeug geht auf 1.500 Fuß herunter und sinkt quasi im Blindflug weiter. Der Flugkapitän scheint vergessen zu haben, dass sie auf keinen Fall niedriger als 1.440 Fuß gehen dürfen.
Er gibt einen schrecklichen Befehl:

1 Uhr 41 Minuten 33 Sekunden (Kapitän): *Stell 560 Fuß ein...*

Die Situation nimmt plötzlich einen ungewöhnlichen Verlauf. Die Boeing befindet sich über einem sehr hügeligen Gebiet und der Flugkapitän hat entschieden, mitten zwischen diesen Anhöhen

herunterzugehen, ohne die elementarsten Vorsichtsmaßnahmen zu treffen. Schlimmer noch: Das Flugzeug fliegt geradewegs auf das Drehfunkfeuer zu, das sich auf dem *Gipfel des Nimitz Hill* befindet. Es handelt sich um den höchsten Punkt auf der Route der 747. Der Berg ist 643 Fuß hoch, doch der Kapitän hat gerade 560 Fuß als Höhenlimit einstellen lassen. Das kann nur böse enden.
Der Flugkapitän fragt mit müder Stimme:

1 Uhr 41 Minuten 46 Sekunden (Kapitän): *Funktioniert der Gleitwegsender nicht?*

Niemand antwortet ihm. Es ist unverständlich, was passiert. Denn Park stellt erneut eine absurde Frage. Die einzige Erklärung, die es dafür gibt, ist vermutlich, dass er nicht nur körperlich müde ist. Seine intellektuellen Fähigkeiten sind ebenfalls von der Müdigkeit beeinträchtig. Wie sonst lässt sich erklären, dass Park erneut fragt, ob der Gleitwegsender nicht funktioniert, obwohl das Thema mehrmals angesprochen wurde? Wenn es nicht um das Leben von 254 Menschen gehen würde, könnte man darüber vielleicht lächeln.
Ebenso erstaunlich ist, dass während dieser Phase des Anflugs weder der Kopilot noch der Flugingenieur reagieren. Sie haben gehört, was der Kapitän gesagt hat und sie wissen, dass ein Risiko besteht. Hindert sie ihre grenzenlose Hochachtung vor dem Kapitän daran, ihn darauf aufmerksam zu machen, dass sie sich in Todesgefahr befinden?
Tatsächlich scheint die Besatzung in diesem Moment einem sehr viel weniger schwerwiegenden Umstand ihre Aufmerksamkeit zu schenken. Das Flugzeug durchfliegt erneut eine Regenzone und die Tropfen prasseln auf die Frontscheibe.
Der Kapitän ordnet sofort an:

1 Uhr 41 Minuten 48 Sekunden (Kapitän): *Schalte die Scheibenwischer ein!*

1 Uhr 41 Minuten 49 Sekunden (Kopilot): *Yes, Sir, ich schalte die Scheibenwischer ein.*

Man hört die Scheibenwischer schnell über die Frontscheibe kratzen. Dann fragt der Kopilot mit einer etwas unwohl klingenden Stimme:

1 Uhr 41 Minuten 59 Sekunden (Kopilot): *Nichts in Sicht?*

Niemand antwortet, da die Lichter der Landebahn noch immer nicht zu sehen sind. Das Flugzeug befindet sich auf einer Höhe von 1.100 Fuß. Es ist niedriger als die Mindest-Sicherheitsflughöhe und ist deshalb nicht mehr vor den Bergen geschützt.
In dem Moment wird der GPWS-Alarm[22] ausgelöst:

1 Uhr 42 Minuten 00 Sekunden (Computerstimme des GPWS): *500 (Fuß)!*

Der Flugingenieur schreit überrascht auf. Er reagiert am schnellsten. Er scheint besorgt zu sein:

1 Uhr 42 Minuten 02 Sekunden (Flugingenieur): *Was?*

Es ist klar, dass etwas nicht stimmt. Die Abweichung der Informationen des Höhenmessers von denen des GPWS-Alarms ist augenfällig. Als erstes müsste jetzt das Flugzeug wieder nach oben gezogen werden, um dann von neuem mit dem Anflug zu beginnen, ohne sich dabei großartig Fragen zu stellen. Da der Kapitän nicht reagiert, gibt ein anderes Besatzungsmitglied eine Warnung ab. Wir wissen nicht, ob es sich um den Kopiloten oder den Flugingenieur handelt:

1 Uhr 43 Minuten 03 Sekunden (nicht identifizierte Stimme): *Stabilisieren... Stabilisieren.*

1 Uhr 43 Minuten 04 Sekunden (Kapitän): *Oh ja...*

Dabei bleibt es, denn es wird nichts unternommen, um die Maschine zu stabilisieren und sie auf die Mindest-Sicherheitshöhe zurückzubringen. Der Sinkflug geht weiter und das Flugzeug nähert sich den Bergen.
Gleichzeitig arbeitet die Cockpit-Crew in aller Seelenruhe weiter die Checkliste für die Landung ab, als ob nichts passiert wäre:

- Die automatische Bremse ist auf die niedrigste Stufe eingestellt,
- die drei grünen Lichter des Fahrgestells sind überprüft,
- die Bremsklappen sind gesetzt,

[22] GPWS = Ground Proximity Warning System: Bodenabstands-Warnsystem, das bei der Annäherung an den Erdboden mit einem akustischen Signal warnt.

- das „Rauchverbot“-Signal ist eingeschaltet...

Während die Checkliste weiter abgearbeitet wird, erklingt ein neues Alarmsignal. Die Warnung kommt wieder vom GPWS und ist noch beunruhigender als die vorige:

1 Uhr 42 Minuten 14 Sekunden (Computerstimme des GPWS): *Minimums... Minimums...*

Obwohl das bedeutet, dass die Boeing dabei ist, die Mindest-Anflughöhe zu unterschreiten, reagiert niemand. Der Funkhöhenmesser interpretiert den Höhenverlust als Endanflug für die Landebahn und der Flugkapitän kommt sicherlich zur gleichen Schlußfolgerung. Das Problem ist nur, dass die Landebahn noch immer sechs Kilometer entfernt ist und das Flugzeug eine Höhe von 840 Fuß im Vergleich zum Meeresspiegel hat. Die Maschine streift die Gipfel der Hügel. Würde dies tagsüber geschehen, so dass draußen alles zu sehen wäre, würde die Cockpitbesatzung sofort die Schubhebel bedienen.

Der Fluglotse im Tower reagiert ebenfalls nicht, weil ihm sein Radar nichts anzeigt, da das "MSAW"-System in Guam nicht in Betrieb ist.[23] Dieses System löst ein Alarmsignal aus, wenn ein Flugzeug Gefahr läuft, den Boden zu berühren. Die amerikanische Verwaltung hat jedoch aus einem unverständlichen Grund die Software verändert, so dass das Alarmsystem nicht mehr funktioniert.

Die 747 setzt deshalb ihren Sinkflug weiter über den Bergen fort und die Besatzung macht mit der Checkliste weiter, als ob alles vollkommen normal sei:

- Hydraulik ist überprüft...
- die Leuchtfeuer sind an...

Die Sinkrate der 747 beträgt 1.400 Fuß pro Minute. Das GPWS findet, dass das zu viel ist, da die Berge zu nah sind. Es warnt erneut:

1 Uhr 42 Minute 19 Sekunden (Computerstimme des GPWS): *Sinkrate! Sinkrate!*

Diesmal bekommt die Besatzung Angst. Der Flugingenieur reagiert am schnellsten und schlägt als erster Alarm.

---

[23] MSAW = Minimum Safe Altitude Warning. Sicherheitshöhen-Warnsystem, das Fluglotsen mit akustischen und/ oder optischen Signalen warnt, wenn ein Flugzeug zu niedrig über Hindernisse fliegt.

1 Uhr 42 Minuten 19 Sekunden (Flugingenieur): *200 Fuß!*

Seine Stimme klingt angespannt. Das ist normal, denn die Landebahn ist noch weit entfernt, doch das Flugzeug befindet sich nur noch 60 Meter über dem Boden. Die Informationen sind konfus. Entgegen allen Erwartungen reagiert der Kopilot auf die logischste Weise. Trotz der Ehrfurcht, die er vor dem Kapitän hat, macht er ihm einen Vorschlag.
Seine Stimme klingt sehr besorgt:

1 Uhr 42 Uhr 19 Sekunden (Kopilot): *Lassen Sie uns durchstarten!*

Das wäre sehr vernünftig. Denn die Boeing ist nur noch 30 Meter vom Boden, aber 3,5 Meilen von der Landebahn entfernt. Zudem herrscht draußen vollkommene Dunkelheit. Es ist keine Befeuerung zu sehen. Da Park Yong-Chul nicht reagiert, lässt der Flugingenieur nicht locker.

1 Uhr 42 Minuten 20 Sekunden (Flugingenieur): *Nichts in Sicht!*

Vom linken Platz des Kapitäns kommt noch immer keine Reaktion. Die 747 sinkt weiter. Sie befindet sich jetzt in einer Höhe von 680 Fuß im Vergleich zum Meeresspiegel, aber ihr Rumpf ist kurz davor, die Felsen der Berge zu streifen.
Der Kopilot merkt deshalb eindringlich an:

1 Uhr 42 Minuten 21 Sekunden (Kopilot): *Nichts in Sicht! Durchstarten!*

Der Kapitän reagiert noch immer nicht. Der Flugingenieur drängt ihn erneut.

1 Uhr 42 Minuten 22 Sekunden (Flugingenieur): *Durchstarten!*

Der Kopilot beschließt, die Dinge in die Hand zu nehmen. Er nimmt den Steuerknüppel und zieht ihn sachte nach hinten. Der Kapitän scheint sich erst in diesem Moment dazu durchzuringen, um anzukündigen:

1 Uhr 42 Minuten 23 Sekunden (Kapitän): *Durchstarten.*

Doch es ist zu spät. Die 747 wiegt mehr als 200 Tonnen. Da reicht es nicht aus, die Fluglage zu erhöhen, damit der Flugweg sofort folgt.[24] Das Flugzeug richtet sich auf, so dass die Nase über den Horizont zieht. Dennoch sinkt die 747 weiter nach unten.
Das GPWS beginnt mit dem schicksalshaften Countdown:

1 Uhr 42 Minuten 25 Sekunden (Computerstimme des GPWS): *100 Fuß... 50... 40... 30... 20...*

Danach zeichnet der Cockpit Voice Recorder eine Folge heftiger Schläge auf. Gleichzeitig sind auch Wimmern und Schreie zu hören.

Um **1 Uhr 42 Minuten 32 Sekunden** bricht die Aufnahme ab. Das Flugzeug prallt mit 300 km/h gegen den Nimitz Hill. Durch den heftigen Aufprall bricht es auseinander und geht in Flammen auf.

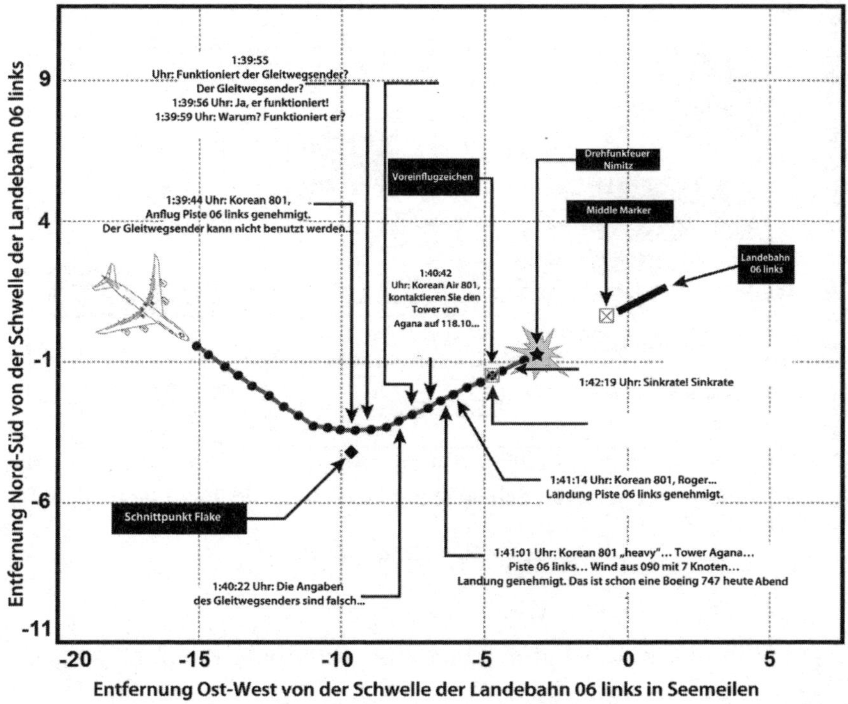

Horizontalschnitt des Anflugs

[24] Der Steuerknüppel wird mit einer Rate von 1 Grad/ Sekunde gezogen.

Nur gut 100 Meter von dem Absturzort entfernt ist ein Mann auf nächtlicher Jagd. Die 747 ist vor ihrem Aufprall in einer Höhe von zehn Metern über ihn hinweggeflogen und dann direkt in einen Felsvorspung gerast. Der Jäger erklärt später, dass es nur kurz zuvor stark geregnet habe. Als der Jumbo-Jet abstürzte, habe der Regen jedoch aufgehört. Die Sterne seien in dem Moment gut zu erkennen gewesen.
Von seinem Standpunkt in den Bergen aus konnte der Jäger die Befeuerung der Landebahn nicht sehen. Er konnte jedoch die Lichter der Stadt links klar erkennen.
2,5 Minuten nach dem Unfall kontaktiert der Fluglotse die 747.

01 Uhr 45 Minuten (Tower von Guam): *Tower Agana, Korean 801 heavy, empfangen Sie mich?*

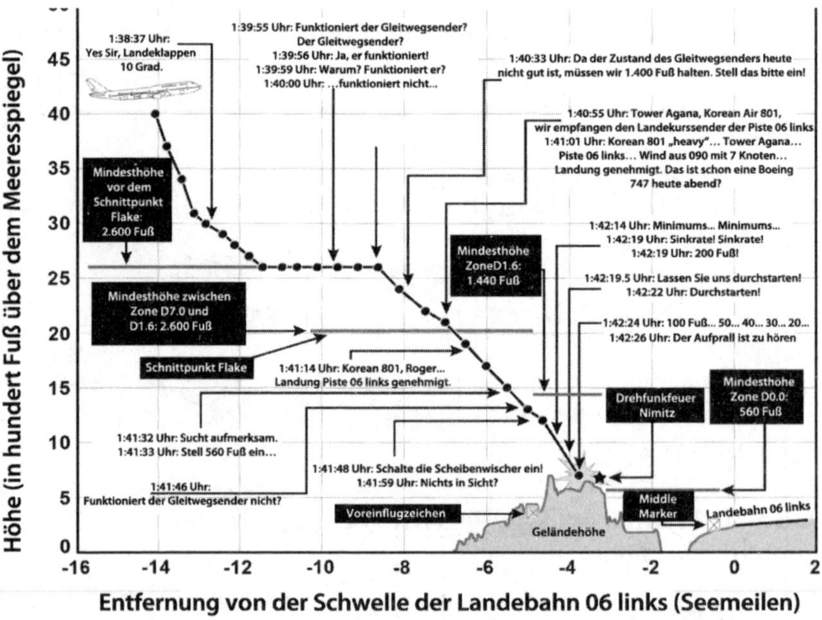

Horizontalschnitt des Anflugs.

Als niemand an Bord der Maschine antwortet, macht sich der Fluglotse zunächst keine Sorgen. Da die Regenschauer im Westen stärker werden, ist es nicht ungewöhnlich, dass er die Lichter der 747 nicht sehen kann. Der Fluglotse glaubt, dass die Besatzung sich auf ihre Landung konzentriert.

Nach vier Minuten ruft er jedoch ein „Follow me"-Auto der Landebahn, das der 747 den Weg bis zum Flugsteig weisen soll. Hier die Niederschrift der Aufnahme von dem Gespräch, das der Tower mit dem Fahrer des Wagens führt.[25]

01 Uhr 49 Minuten (Tower von Agana): *Ist Korean Air bei Dir?*

01 Uhr 49 Minuten (Fahrer des „Follow me"-Autos): *Hm, nein!*

Der Fluglotse versucht daraufhin erneut, den Jumbo-Jet per Funk zu erreichen.

01 Uhr 49 Minuten (Tower von Agana): *Korean 801, Tower, wie empfangen Sie mich?*

Da er keine Antwort bekommt, glaubt der Fluglotse, dass die 747 auf der Landebahn ist, er sie aber aufgrund des Regens nicht sehen kann.

01 Uhr 50 Minuten (Fluglotse, der das „Follow me"-Auto kontaktiert): *Sind sie jetzt bei dir?*

01 Uhr 50 Minuten (Fahrer des „Follow me"-Autos): *Nein, noch immer nicht...*

Der Fluglotse versucht ein weiteres Mal vergeblich, den Jumbo-Jet zu kontaktieren.

01 Uhr 50 Minuten (Tower von Agana): *Korean 801, Tower, wie empfangen Sie mich?*

Der Fluglotse ruft daraufhin erneut das „Follow me"-Auto an und spricht noch einmal mit dem Fahrer:

- *Ich verstehe das nicht... Sie war bei mir. Ich habe ihr die Landung genehmigt... Ich weiß nicht, wo sie jetzt ist... Ich habe sie noch nicht einmal gesehen.*
- *Du hast sie nie gesehen?*
- *Nein!*
- *Aber sie ist gelandet?*

---

[25] Die Gespräche eines Towers werden systematisch aufgezeichnet, egal ob sie per Funk oder Telefon geführt werden.

- *Nein!*
- *Oh mein Gott...*

Der Fluglotse beginnt, sich ernsthaft Sorgen zu machen. Er ruft das Radar-Kontrollzentrum des Luftwaffenstützpunkts Andersen an und fragt, ob die 747 dort gelandet ist. Die Landebahnen verlaufen parallel zueinander, so dass sich die Besatzung im Flughafen geirrt haben könnte. Solche Fehler kommen häufiger vor.[26]

Da die Antwort des Radar-Kontrollzentrums negativ ausfällt, kontaktiert der Fluglotse noch einmal das „Follow me“-Auto.

- *Ich finde sie nirgends. Der Pilot hat mich kontaktiert; ich habe ihm genehmigt zu landen... Jetzt habe ich ihn verloren.*

Da er das Schlimmste befürchtet, kontaktiert der Fluglotse den Flug Ryan International 789. Die Boeing 727-Frachtmaschine befindet sich im Anflug. Die Antwort des Flugkapitäns erschrecken den Fluglotsen:

- *Ja also, vor ungefähr 15 Minuten haben wir in den Wolken ein helles, rotes Leuchten gesehen. Das war etwas merkwürdig. Wir dachten, dass das ein optischer Effekt gewesen sei.*

Da die 727-Frachtmaschine in diesem Moment den Endanflug in der Verlängerung der Mittellinie der Landebahn beginnt, fügt der Pilot hinzu:

- *Äh, zur Info: Am Hang eines Bergs ist ein großes Feuer.*

Der verstörte Fluglotse kontaktiert erneut das „Follow me“-Auto:

- *Der Ryan-Flug hat mir gerade gesagt, dass auf der anderen Seite des Nimitz Hill ein Feuer ist.*
- *Ein Feuer auf der anderen Seite des Nimitz Hills??*
- *Bestätigt. Es ist möglich, dass es sich um einen Absturz handelt...*

Der Flug Ryan International kreist eine Weile weiter in dem Sektor, um Informationen zu den geographischen Koordinaten des Ortes geben zu können. Es regnet nicht mehr und die Flammen des Feuers sind schon von Weitem zu sehen.

Die Frachtmaschine landet schließlich um 2 Uhr 03. Danach wird der Flughafen von Agana für den Flugverkehr gesperrt.

[26] Siehe ERREURS DE PILOTAGE 2 desselben Autors, erschienen bei Editions Altipresse

Ein erstaunliches Foto der Absturzstelle.
Das Drehfunkfeuer Nimitz ist deutlich zu sehen (in der Mitte der runden Zement-Plattform). In nur acht Kilometern Entfernung ist die Landebahn 06 links von Guam ebenfalls gut zu erkennen.

Blick auf das Drehfunkfeuer und das Wrack, das acht Stunden nach dem Absturz noch immer qualmt.

Nach dem Absturz der 747 kommt es wie manchmal bei dramatischen Ereignissen zu Szenen, die fast komisch wirken. So ist das Flugzeug auf einem Gelände verunglückt, das der US Navy gehört. Die Militärbehörden erlauben jedoch nicht, dass eine Zivilverwaltung auf einem militärischen Gelände Einsätze leitet. Niemand weiß deshalb, wer den Rettungseinsatz dirigieren soll: Der Gouverneur der Insel, die Navy, die Air Force, die Küstenwache oder die Flughafenbehörde? Es dauert, bis Anweisungen gegeben werden, wer den Einsatz leiten soll. Jetzt müssen die Rettungskräfte nur noch zur Absturzstelle gelangen. Doch die Probleme sind noch lange nicht gelöst, da es nur eine schmale, kurvige Straße gibt, die auf den Nimitz Hill führt. Bei ihrem Absturz hat die 747 jedoch eine Pipeline zerfetzt, die neben der Straße entlang verläuft. Die Trümmer behindern die Rettungsarbeiten. Die Feuerwehrwagen versuchen neben der Straße an ihnen vorbeizufahren, doch die Erde ist durch den Regen stark aufgeweicht. Ein Wagen nach dem anderen bleibt stecken. Die Feuerwehrleute müssen zu Fuß weitergehen. Es dauert mehr als zwei Stunden, bis die Wagen wieder frei kommen und zum Unglücksort fahren können.
Das Ergebnis ist dramatisch: *Acht Stunden nach dem Absturz* ist das Feuer des Flugzeugwracks noch immer nicht unter Kontrolle. Die amerikanische Armee entsendet mehrere Stunden später hunderte Soldaten, die in den Trümmern suchen sollen. Als sie auf dem Nimitz Hill ankommen, gehen sie nicht davon aus, dass sie Überlebende finden werden.
Doch entgegen allen Erwartungen gibt es welche…
Bei dem Absturz sind 227 Menschen getötet worden, doch 27 haben überlebt. Einige der Überlebenden irren im Regen umher. Die meisten erklären, dass ihr erster Eindruck des Aufpralls der Anblick der Gepäckfächer war, die sich über ihren Köpfen öffneten. Dutzende Taschen fielen auf den Boden, der jede Sekunde zu verschwinden schien. Dann *“brach überall Feuer aus und breitete sich mit rasender Geschwindigkeit in der Kabine aus“*.

Eine Frau, die in Reihe 34 saß, erzählt später, sie habe ihren Mann inmitten der Flammen gesehen. *„Danach ist er innerhalb des Bruchteils einer Sekunde verschwunden.“*

Hyun Seong Hong saß auf Platz 3B in der Ersten Klasse. Er ist 36 Jahre alt. Er berichtet, dass *“alles ganz schnell gegangen ist“*. Er saß ruhig da, als plötzlich ein fürchterlicher Lärm entstand. Die Passagiere hätten noch nicht einmal Zeit gehabt zu schreien.

„Es war wie in einem Katastrophenfilm mit Spezialeffekten: Das Flugzeug ist plötzlich aus der Kulisse um sie herum verschwunden.“ Als Hyun Seong Hong ein paar Minuten später aufwachte, lag er im nassen Gras. *„Man konnte wie bei Tageslicht sehen, weil überall Flammen waren.“*

Eine Stewardess saß in der Kabine vorne auf dem Jump-Seat “R1“. Sie erzählt, dass sie ein schreckliches Geräusch gehört habe, das sie später als *„großen Knall“* bezeichnet. Da das Flugzeug um sie herum aufgerissen wurde, hatte sie keine Zeit, Angst zu haben. Sie wurde innerhalb von Sekunden aus der Kabine geschleudert. Sie landete - noch immer auf ihrem Klappsitz angeschnallt - draußen im Regen. Ohne wirklich zu verstehen, was passiert war, öffnete sie den Gurt und rannte zehn Meter an einer qualmenden Abtrennung vorbei. Dann sah sie eine schreiende Passagierin, der sie zu Hilfe eilte.

Barry Small ist Hubschrauberpilot aus Neuseeland. Er glaubte zunächst, dass den Piloten der 747 die Landung missglückt sei. Doch dann sei ein Feuerball durch die Kabine geschossen, berichtet er. Die Passagiere hätten zu schreien begonnen und seien dann in den Flammen verschwunden. Barry Small entkam durch einen Riss im Flugzeugrumpf und lief davon. Er sagte den Ermittlern später, dass sich das Feuer *seiner Meinung nach* so schnell ausbreiten konnte, weil einige Flaschen mit Alkohol in den Bordküchen schlecht gesichert gewesen seien. Small gründete deshalb einen Verein, mit dem er erreichen will, dass die internationalen Regeln zur Lagerung von Alkohol an Bord von Flugzeugen geändert werden. Sein Argument stößt jedoch auf Skepsis. [27]

Zu den Überlebenden des Fluges Korean Air 801 gehört auch die kleine Südkoreanerin Rika Matsuda. Sie ist elf Jahre alt und wohnt in Tokio.[28] Sie saß zusammen mit ihrem Vater Tatsuo und ihrer Mutter Sung Yeo Cho hinten im Flugzeug. Nach dem Absturz war ihre Familie unter Trümmerteilen und Gepäckstücken begraben.

[27] Man kann sich in Bezug auf die Begründung dieses Ansinnens Fragen stellen. An Bord einer 747 sind in der Regel gerade einmal rund 30 Liter starken Alkohols (vor allem in Form von kleinen Fläschchen in der Ersten Klasse). Diese Menge ist im Vergleich zu den Tonnen an Kerosin, die in den Tragflächen gelagert werden, unbedeutend.

[28] Das Mädchen wurde lange Zeit als Japanerin bezeichnet, da sie in Tokio wohnte.

Da das Mädchen klein war, gelang es ihm, aus seinem Gurt hinauszuschlüpfen. Es versuchte zunächst noch, seiner Mutter zu helfen. Doch das Feuer breitete sich sehr schnell aus, so dass die kleine Rika flüchten musste. Sie gelangte unverletzt nach draußen, wo sie zunächst mehr als eine Stunde durch den Regen irrte. Schließlich stieß sie auf die Stewardess Lee Yong Ho, mit der zusammen sie unter einem Baum Zuflucht suchte. Dort schlief sie beim Warten auf die Rettungskräfte ein. Gefunden wurde das kleine Mädchen von niemand anderem als Carlos Gutierrez, dem Gouverneur von Guam. Er und seine Frau nahmen Rika Matsuda mehr als eine Woche lang bei sich zu Hause auf, bevor sie an Bord einer der Unglücksmaschine ähnelnden 747 nach Japan zurückflog (siehe Foto).

Kapitän Park Yong-Chul, der Kopilot und der Flugingenieur hatten weniger Glück. Sie gehörten zu den 227 Todesopfern des Unglücks.

Rika Matsuda als sie eine Woche nach dem Unfall nach Japan zurückkehrte (im Cockpit einer 747, die der Unglücksmaschine ähnelt).

Der Absturz ist ein Musterbeispiel für die Vielzahl an Faktoren, die einen Unfall verursachen:

- Der Kapitän war erschöpft. Seine analytischen Fähigkeiten scheinen dadurch geschwächt gewesen zu sein. Es ist offensichtlich, dass sein physischer Zustand der Grund für die schweren Fehler ist, die er begangen hat.
- Die unbestrittene Autorität des Kapitäns und die Hierachie-Hörigkeit hinderten den Kopiloten und den Flugingenieur daran, die Situation selbst in die Hand zu nehmen.
- Das Wetter war sehr unbeständig. An einigen Stellen war es sehr gut, doch im Nordwesten der Insel regnete es stark.
- Das Unglück geschah in der Nacht. Ein Anflug im Dunkeln ist immer schwieriger.
- Der Beginn des Fluges war sehr unruhig. Unabhängig vom Flugzeugtyp und der Erfahrung der Besatzung sind Turbulenzen immer ein zusätzlicher Stress- und Müdigkeitsfaktor für die Besatzung.
- Das Instrumentenlandesystem funktionierte nicht vollständig. Nur der Landekurssender war in Betrieb. Der Gleitwegsender wurde gewartet.
- Das Sicherheitshöhen-Warnsystem MSAW (Minimum Safe Altitude Warning) des Flughafens funktionierte nicht. Der Fluglotse konnte der 747 nicht mitteilen, in welcher Gefahr sie sich befand.
- Auch wenn dies beim Unfall keine Rolle gespielt hat, waren die Flugkarten der Fluggesellschaft abgelaufen.

Sik Choon Park, Ausbildungsleiter bei Korean Air, sagte ein paar Tage nach der Veröffentlichung des Untersuchungsberichts: „Ich kann einfach nicht verstehen, warum das passiert ist.“ Einer der Ermittler erklärte ihm deshalb, dass er sich vielleicht stärker mit der der Tatsache befassen müsse, dass innerhalb der Fluggesellschaft weder ein Kopilot noch ein Flugingenieur die Entscheidungen des Kapitäns in Frage stellen dürften.
Die Airline entschloss sich daraufhin, ihre Arbeitsweise zu ändern. Kopiloten wurde danach das Recht eingeräumt, bei akuter Gefahr die Steuerung zu übernehmen, wenn der Kapitän nicht reagiert, obwohl sie ihm zweimal vorgeschlagen haben, durchzustarten.

Diese neue Regel blieb jedoch zunächst Theorie. Zwei Jahre nach dem Unfall auf Guam stürzte eine Boeing 747 derselben Fluggesellschaft kurz nach dem Start in London-Stansted ab, weil sich der Kopilot nicht einzugreifen traute.[29]

Nach dem Absturz auf Guam beschloss das Management von Korean Air, die Insel nicht mehr anzufliegen. Diese sonderbare Reaktion hatte sowohl für die Tourismus-Industrie von Guam als auch für den Umsatz der Fluggesellschaft finanzielle Folgen. Es dauerte vier Jahre, bevor das Management der Airline realisierte, dass diese Maßnahme niemandem diente. Korean Air nahm daraufhin die Flüge nach Guam wieder auf.[30]

Das Unglück von Guam ist nicht der erste Flugunfall, bei dem ein Pilot einen Fehler beging, weil er übermüdet war.

- Am 27. Juli 1989 stürzte eine DC-10 von Korean Air in Tripolis unter vergleichbaren Umständen ab: Es stand kein Gleitwegsender zur Verfügung und die Wetterbedingungen waren schwierig. Die libyschen Ermittler sprachen auch die Müdigkeit der Besatzung an.
- Am 1. April 1991 stürzte eine Maschine der Fluggesellschaft Tropical Air Service ab, nachdem der Pilot die gesetzlich zugelassene Höchstflugzeit um 41 Stunden und 30 Minuten überschritten hatte.[31]
- Am 18. August 1993 verunglückte eine DC-8 der Airline Kalitta auf dem amerikanischen Marinestützpunkt Guantanamo Bay auf Kuba. Die Besatzung hatte 18 Stunden lang non-stop ohne jegliche Pause gearbeitet.[32]
- Am 29. April 1993 stürzte der Flug 2733 von Continental Express in Arkansas ab, nachdem die Besatzung drei Tage lang gearbeitet hatte. In den 24 Stunden vor dem Absturz hatte sie sieben Flüge durchgeführt, ohne eine Ruhepause zu haben.

---

[29] Siehe ERREURS de PILOTAGE 3 (Kapitel: Silence Fatal) desselben Autors, erschienen bei Editions Altipresse.

[30] Heute führt Korean Air die Flüge von Seoul nach Guam mit A330-200 und A330-300 Jets von Airbus durch. Der Abflug erfolgt nicht mehr vom Flughafen Gimpo in Seoul, sondern vom Flughafen „Incheon International".

[31] Siehe CHARTER Pour ne plus voyager en mauvaises compagnies (von Jean-Pierre Otelli, erschienen bei Editions Altipresse).

[32] Siehe ERREURS de PILOTAGE tome 1 desselben Autors, erschienen bei Editions Altipresse.

Dieses Kapitel kann nicht enden, ohne den Betrug zu beklagen, dem großzügige koreanische Spender zum Opfer fielen. Einige Tage nach dem Absturz richteten Betrüger aus Nigeria im Namen der Opfer Internetseiten ein. Sie gaben vor, Spenden für die Hinterbliebenen zu sammeln. Die Internetseiten waren sehr geschickt aufgebaut. Gleichzeitig hatte der Absturz die koreanische Bevölkerung tief bewegt, so dass sie bereitwillig für die Familien spendete. Innerhalb weniger Tage nahm all das solche Ausmaße an, dass die Regierung von Guam eingriff und einige dieser Internetseiten schließen ließ. Die Betrüger, die hinter diesen Seiten steckten, kamen leider ungestraft davon. Das von ihnen erbeutete Geld wurde niemals gefunden.

DER ABSTURZ DES FLUGES RIO-PARIS

Stall! Stall! Stall![1]

Dieser Unfall und das Geheimnis, das ihn umgab, haben in Frankreich und Brasilien viele Gemüter bewegt. Fast zwei Jahre lang hat die Welt gerätselt, was während des Fluges 447 geschah. Es gab damals zahlreiche Theorien. Die meisten beruhten auf der Annahme, dass ein Ausfall der Pitot-Rohre des Airbus die Absturzursache war. Doch nur wenige konnten sich vorstellen, dass es sich um einen Pilotenfehler handeln könnte. Erst als die Flugschreiber endlich in 3.900 Metern Meerestiefe gefunden wurden, kam die Wahrheit ans Licht. Eine verblüffende Wahrheit, die einige widerlegen werden – und dennoch!

Der Absturz des Fluges Rio-Paris wird als Lehrstück in die Annalen der Luftfahrt eingehen. Er wirft aber auch Fragen in Bezug auf die moderne Flugsicherheit und die Schulung von Piloten auf.

Der Airbus 330-200 aus diesem Kapitel (Kennzeichen F-GZCP).

[1] Strömungsabriss!

1. Juni 2009

Air France war eine der weltweit angesehensten Fluggesellschaften. Vielleicht sogar die renommierteste. Sie hat legendäre Flugzeuge wie die Super Constellation oder die Concorde betrieben. Die französischen Piloten, die früher den Atlantik überquerten, waren außergewöhnlich. In der Branche nannte man sie „les Seigneurs" (die Lords), da jeder Flug ein Abenteuer war, manchmal sogar eine Heldentat. Die Navigation erforderte besondere Fähigkeiten. Man musste ständig die Flugroute berechnen, mit dem Wetter kämpfen und Treibstoffprobleme lösen. Der breiten Öffentlichkeit ist nicht bekannt, dass einige Boeing 707-Modelle vor nicht allzu langer Zeit noch mit einer Astrokuppel ausgestattet waren, einer Art durchsichtiger Wölbung, die sich oberhalb des Cockpits befand. Sie sollte dem Piloten ermöglichen, mit Hilfe eines Sextanten zu navigieren, um sich anhand der Sterne zurechtzufinden und um die gyroskopische Abdrift zu kontrollieren.
All das gibt es heute nicht mehr. Die Navigation ist nicht länger ein Problem. Die Maschinen der Fluggesellschaft sind mit den modernsten Mitteln ausgestattet. Ein Knopfdruck genügt und der Bordcomputer stellt sofort die notwendigen Informationen zur Verfügung. Das Flugzeug ist leicht zu steuern. Es verzeiht fast alle Fehler. Das führt dazu, dass sich die Ausbildungsmethoden verändert haben. Wir wagen zu sagen, dass sie heute sehr viel weniger komplex sind. Es wäre Zeitverschwendung, heute Kosmografie zu studieren, wo doch das Flugzeug seine Route genau kennt und niemanden für die Navigation benötigt. Das Problem ist nur, dass einige Piloten deshalb unter bestimmten Voraussetzungen schon durch eine kleine Panne verunsichert werden können, über die die Veteranen nur müde lächeln würden.

DER AIRBUS 330-200, EIN VERKAUFSERFOLG

An diesem 1. Juni 2009 wird auf der Strecke Rio de Janeiro nach Paris ein Airbus 330-200 mit dem Kennzeichen F-GZCP eingesetzt. Es handelt sich um ein neues Flugzeug, da es zu diesem Zeitpunkt erst vier Jahre alt ist. Es hatte nie einen Unfall und es wurde wie alle Flugzeuge von Air France unter Berücksichtigung sehr strenger Richtlinien gewartet.
Der A330 ist zwar nicht das Top-Modell des europäischen Flugzeugbauers, dennoch verkauft er sich sehr erfolgreich. So

hat Airbus bereits Bestellungen für 1.686 Exemplare des A330 eingeflogen.[2] Das Modell wird weltweit von 116 Airlines betrieben. Es hat sich über die Jahre hinweg als außergewöhnlich zuverlässig erwiesen. Es hatte bisher vergleichsweise wenig tödliche Unfälle und kein Absturz hat je die Zuverlässigkeit des Modells in Frage gestellt.[3] Es handelt sich übrigens um ein Flugzeug, das von Piloten besonders geschätzt wird. Sie ziehen es oft dem A340 vor, der schwerer und etwas weniger leistungsfähig ist.
Um zu verstehen, was während des Fluges Rio-Paris passierte, muss zunächst erklärt werden, wie ein Airbus funktioniert.

DIE ELEKTRONISCHE FLUGSTEUERUNG

Im Gegensatz zu den meisten klassischen Linienflugzeugen sind die Modelle von Airbus mit einer elektronischen Flugsteuerung[4] ausgestattet. Dank dieser stark computergestützten Systeme steuert die Besatzung das Flugzeug über einen Rechner. Bei einem herkömmlichen Flugzeug wirkt der Pilot direkt auf das Leitwerk ein. Wenn er eine falsche Bewegung macht, wirkt sie sich direkt auf die Maschine aus – mit allen Risiken, die das beinhaltet. Nicht so bei einem Airbus, da der Computer sich dann weigert zu gehorchen. Er handelt wie ein Schutzengel, der darauf achtet, dass das Flugzeug nicht in eine gefährliche Position gerät. So können die Schräglage oder die Fluglage beispielsweise bestimmte kritische Werte nicht überschreiten. Dieser Schutzmechanismus wird jedoch nicht systematisch benutzt. Das Flugzeug kann abhängig von den Gegebenheiten in drei verschiedenen Betriebsmodi geflogen werden:

Der „normale“ Betriebszustand. Dies ist der Betriebszustand, der am häufigsten genutzt wird. Der Computer regelt die Steuerung vollkommen. Er richtet ein Schutzsystem ein, das mögliche Fehler des Piloten korrigiert. Wenn der Pilot den Flightstick bei voller Geschwindigkeit nach hinten zieht oder wenn er die Leistung während des Reisefluges plötzlich stark verringert, wird das Flugzeug nicht gehorchen, da es davon ausgeht, dass der Rumpf

---

[2] Stand Anfang 2017.

[3] Ein Testflugzeug verunglückte, als bei der Simulation eines Triebwerksausfalls der Schwerpunkt bewusst in den hinteren Bereich verlagert wurde (Juni 1994), der in diesem Kapitel besprochene Absturz und ein möglicher Pilotenfehler (Mai 2010).

[4] Auch Fly-by-Wire genannt.

beschädigt werden oder dass es zu einem Strömungsabriss kommen könnte. Das System wird es ablehnen, eine Querneigung von mehr als 67 Grad durchzuführen. Genauso wird es sich auch weigern, eine horizontale Fluglage von mehr als 19 Grad auszuführen, da es dann zu einem Strömungsabriss kommen könnte. Dieser Steuermodus wirkt natürlich sehr beruhigend.

Der „alternative" Betriebszustand: Dies ist ein Zwischenstatus. Das Flugzeug versetzt sich von alleine in diesen Steuermodus, wenn es sich beispielsweise wegen sehr starker Turbulenzen in einer ungewöhnlichen Fluglage befindet oder wenn das System Informationen empfängt, die ihm nicht kohärent erscheinen. In diesem Fall überwacht der Computer das Flugzeug weiter, aber er gewährleistet einige Sicherheitsmaßnahmen nicht mehr. Der Schutzengel greift nur ein, um dem Piloten zu ermöglichen, aus einer problematischen Situation herauszukommen (dies passierte während des Fluges Rio-Paris).

Der „direkte" Betriebszustand: Dieser Steuermodus hat keine Schutzmechanismen. Er wird benutzt, wenn das Flugzeug mehrere Pannen hat. In diesem Fall greift der Schutzengel nicht ein und die Steuerung ähnelt dem eines normalen Flugzeugs: Alle Bewegungen des Piloten wirken sich direkt auf die Lage der Maschine aus.
Im „direkten" Betriebszustand ist ein Airbus also ein Flugzeug wie jedes andere.

Wenn man zum ersten Mal das Cockpit eines A330 oder anderer Modelle von Airbus sieht, fällt die klare Anordnung der Instrumente auf. Alles ist so aufgebaut, dass ein Anfänger instinktiv innerhalb von Sekunden verstehen kann, wie alles funktioniert. Das Konzept des Flugzeugbauers basiert vor allem auf Einfachheit. Dutzende analoge Rundinstrumente wie früher gibt es darin nicht mehr. Die Informationen sind heute gut lesbar und alles wurde so angeordnet, dass sich der Pilot eines kleinen A319 ohne große Umstellungsschwierigkeiten ans Steuer eines riesigen A380 setzen kann.
Ihre Cockpits ähneln sich.

Das Instrumentenbrett eines A330-200. Von der Mitte des Fotos ausgehend kann man deutlich drei Arten von Monitoren erkennen:
Die zwei Monitore in der Mitte dienen der Kontrolle der Triebwerke und der Systeme.
Die beiden daneben gelegenen Monitore ND (Navigation Display) zeigen den Flugweg des Flugzeugs und die Streckenführung mit den verschiedenen Meldepunkten an.
Die beiden Monitore PFD (Primary Flight Display) befinden sich im äußeren Teil des Fotos. Sie zeigen den künstlichen Horizont, die Geschwindigkeit, die Mach-Zahl, das Variometer etc. an. Es war dieser Monitor, den die Kopiloten des Fluges AF 447 benutzten, als der Autopilot abgeschaltet wurde.

„DIE JOYSTICKS"

Anstelle der zwei großen, klassischen Steuersäulen hat die Cockpitbesatzung zwei Mini-Flightsticks, die sich in den Seitenkonsolen entlang der Innenwand befinden. Diese "Joysticks"[5] wirken nicht direkt auf das Leitwerk ein. Sie geben einem Rechner Anweisungen, der die Wünsche des Piloten analysiert und dann

[5] Die sogenannten Sidesticks. Piloten sprechen von Joysticks, da sie das manuelle Fliegen als Spaß empfinden (joy to fly).

ausführt: Das Flugzeug hochziehen, in einen Sturzflug oder in eine Schräglage bringen. Im Gegensatz zu den Steuerknüppeln einer Boeing bewegen sich die zwei Sidesticks nicht simultan, wenn ein Pilot die Steuerung bedient. Sie können auf drei verschiedene Arten benutzt werden:

- **Einer der Piloten bedient seinen Sidestick, der andere Pilot berührt seinen jedoch nicht.** Das kommt in den meisten Fällen vor: Der aktivierte Sidestick schickt die entsprechenden Informationen an den Flugrechner, der andere macht nichts.

- **Beide Piloten bedienen ihre Sidesticks gleichzeitig.** Dies ist eine sogenannte „*Dual Input*"-Situation. In diesem Fall richtet sich das Flugzeug nach der mathematischen Summe der Steuereingaben der beiden Piloten: Der Rechner bildet daraus einen „Mittelwert". Deshalb wird sich das Flugzeug weder nach unten noch nach oben bewegen, wenn der eine Pilot seinen Seitenknüppel stark nach vorne drückt und der andere ihn aber gleichzeitig stark nach hinten zieht. Solche Situationen kommen zwar selten vor, doch in den letzten Minuten des Fluges Rio-Paris kam es mehrmals zu einem „*Dual Input*".

- **Einer der Piloten setzt sich durch** und beschließt, dass er Vorrang vor dem anderen hat. Dafür drückt er drei Sekunden lang auf den roten Knopf seines Sidesticks. Dies löst einen akustischen und visuellen Alarm aus, um den anderen Piloten darauf hinzuweisen, dass einer der Seitenknüppel „tot" ist. Wenn der andere Pilot nicht damit einverstanden ist, kann er den Vorrang vor dem anderen zurückerlangen, indem er ebenfalls den roten Knopf drückt. Diese merkwürdige Rivalität darum, wer Vorrang hat, ist während des Fluges Rio-Paris ebenfalls mehrmals vorgekommen.

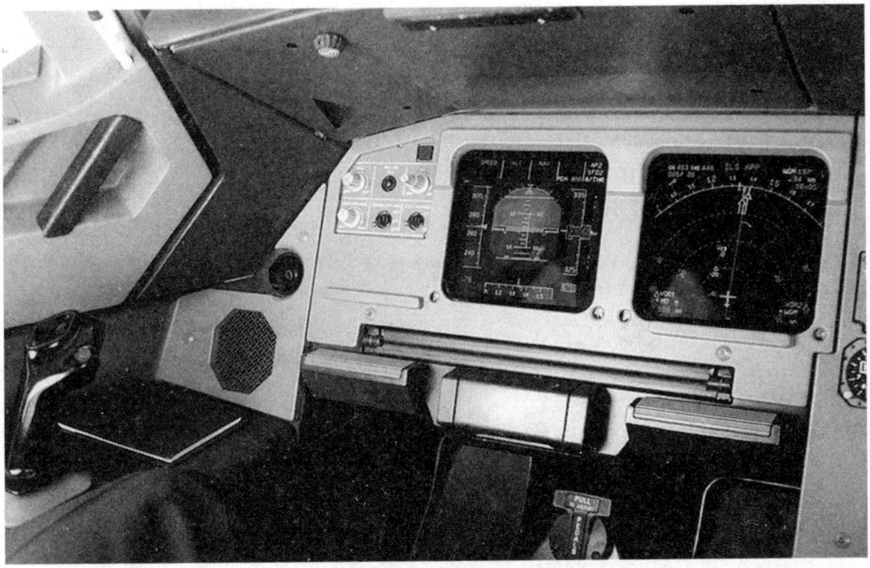

Sidestick eines Airbus.
Der rote Knopf, mit dem einer der beiden Piloten Vorrang vor dem anderen bekommt, ist deutlich zu sehen.

DIE PITOT-SONDEN

Seit Flug AF 447 in den Atlantik gestürzt ist, wurde viel über die Pitot-Rohre geredet. Bevor beschrieben wird, was während dieses Nachtfluges passierte, ist es deshalb interessant, einige nähere Angaben zu diesem System zu machen, das bei allen Flugzeugen weltweit ohne Ausnahmen zum Einsatz kommt.

Die Geschwindigkeit „im Vergleich zur Luft“ wird bei einem Flugzeug mit einer Sonde gemessen, die am Rumpf angebracht ist. Es handelt sich dabei um ein Rohr, das den Druck des relativen Windes misst, der in seine Spitze eindringt. Das Prinzip ist unglaublich einfach. Es wurde bereits 1732 von dem französischen Physiker Henri Pitot erfunden. Damals ging es darum, die Strömung in Flüssen zu messsen. Doch der Name „Pitot-Rohr“ wird in der Luftfahrt auch heute noch in Erinnerung an den Erfinder für die Sonden benutzt. Je schneller das Flugzeug fliegt, desto höher ist der Luftdruck innerhalb des Rohres. Dieser Druck wird mit Hilfe einer Kapsel gemessen, die daraus die Geschwindigkeit ableitet und dann auf dem Instrumentenbrett des Piloten anzeigt. Aus Sicherheitsgründen platzieren die Flugzeugbauer mehrere

Pitot-Rohre entlang des Flugzeugrumpfs. Beim Airbus A330 gibt es drei. Eins ist mit dem Instrumentenbrett des Flugkapitäns verbunden, ein weiteres mit dem des Kopiloten. Das dritte ist als Ersatz vorgesehen.[6] Die Pitot-Rohre werden stets in der Nähe der Flugzeugnase angebracht, um die durch den Luftstrom verursachten Turbulenzen zu vermeiden.

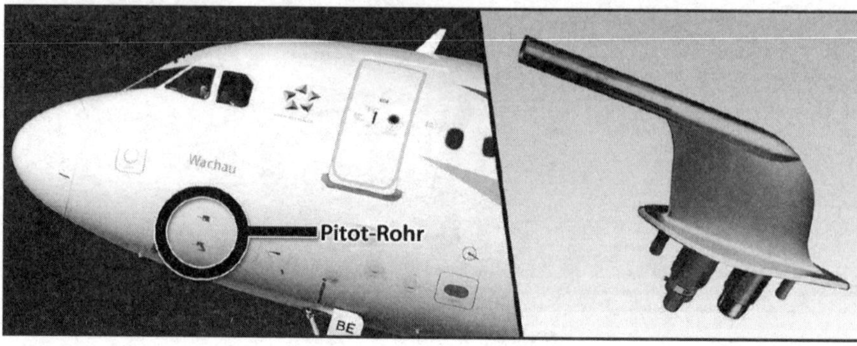

Bei diesem Airbus A330 sind die links angebrachten Pitot-Rohre (das des Flugkapitäns und das Ersatz-Pitot) gut zu sehen.

Das Pitot-Rohr ist ein Instrument, das kein einziges bewegliches Teil enthält. Stattdessen hat es im vorderen Bereich eine winzige Bohrung. Dieses System hat den Vorteil, dass nie ein mechanischer Schaden auftreten kann (siehe Zeichnung).

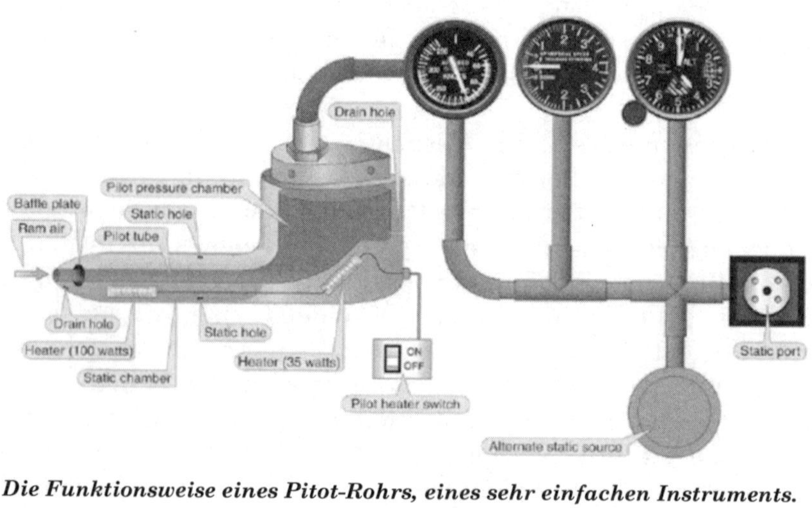

Die Funktionsweise eines Pitot-Rohrs, eines sehr einfachen Instruments.

[6] Das Pitot-Rohr des Flugkapitäns und das Ersatz-Pitot sind links am Rumpf angebracht, das des Kopiloten rechts.

Nur wenn etwas den Lufteinlass blockiert, kann das Pitot-Rohr nicht funktionieren. Deshalb gehen die Wartungstechniker sehr vorsichtig mit dem Staudruckrohr um. So decken sie beispielsweise die Pitot-Rohre mit Schutzhüllen aus Stoff ab, wenn ein Flugzeug längere Zeit am Boden steht. Das soll verhindern, die Pitot-Rohre durch Staub und Schmutz verstopfen (zu erkennen an den roten "Remove Before Flight"-Signalbändern). Denn das Risiko ist reell. Im Januar 1996 stürzte eine Boeing 757 der Fluggesellschaft Birgenair mit 189 Personen an Bord ab, weil die Maschine längere Zeit am Boden stand, ohne dass die Pitot-Rohre abgedeckt waren. Die Ermittlungen ergaben, dass Fliegen in den Staudruckrohren Eier gelegt hatten, so dass diese nicht mehr funktionierten.[7]

Bei diesem am Boden parkenden Jet sind die Schutzhüllen mit den Bändern „Remove Before Flight" an den verschiedenen Pitot-Rohren angebracht.

Insekten sind nicht der einzige Grund, der zu Verstopfungen von Pitot-Rohren führen kann. Schlamm, pflanzliche Reste, Sand und Staub können den Lufteinlass ebenfalls blockieren. Auch ein anderer, erstaunlicher Faktor darf nicht vergessen werden: *Die menschliche Vergesslichkeit*. Es ist schon vorgekommen, dass vergessen wurde, Klebestreifen oder die *„Remove Before Flight"*-Abdeckungen von den Pitot-Rohren vor dem Start zu entfernen. Oder dass Flugzeuge nicht den Vorschriften entsprechend lackiert

[7] Siehe POURQUOI ILS SONT TOMBES von Jean-Pierre Otelli erschienen bei Editions Altipresse.

wurden. Diese Fehler haben manchmal dramatische Folgen gehabt. Einige endeten mit Abstürzen.
Vereisung kann ebenfalls zu einer Verstopfung der Staudruckrohre führen. Dies ist sogar der häufigste Grund dafür, da Flugzeuge in großen Höhen sehr niedrigen Temperaturen von um die Minus 55 Grad ausgesetzt sind. Wenn ein Jet durch eine feuchte Atmosphäre fliegt, können einige exponierte Flächen vereisen. Um das zu verhindern, sind die Pitot-Rohre mit Heizspiralen ausgestattet (siehe Zeichnung). Bei kritischen Wetterbedingungen schaltet die Cockpitbesatzung die Heizung der Pitot-Rohre ein, um zu verhindern, dass der Lufteinlass durch Vereisung blockiert wird.

Frost und Eis sind tödliche Gefahren. Ein Flugzeug, das es wagt, unter diesen Bedingungen zu starten, wird sofort abstürzen.

DER DIENSTPLAN Rio-Paris.

Der Flug AF 447 fliegt die Route von Rio de Janeiro nach Paris Roissy-Charles de Gaulle. Bei den Besatzungen ist er sehr beliebt. Da die brasilianische Megastadt für ihre Lebensfreude bekannt ist, gehört eine Einteilung für Flüge dorthin nicht unbedingt zu den langweiligsten Einsätzen, die es bei der Fluggesellschaft gibt. Der Zeitplan ist ebenfalls interessant. So ist die Besatzung des Fluges 447 am 28. Mai aus Paris losgeflogen und dann am Sonntag, den 31. Mai um 22 Uhr wieder aus Rio für den Rückflug aufgebrochen. Sie konnte so drei Tage vor Ort verbringen. Der Dienstplan für

Rio-Paris ist so attraktiv, dass einige Besatzungsmitglieder gerne ihre Lebenspartner mitnehmen, die bei der Airline Gratis-Flüge bekommen.

DIE BESATZUNG

Da der Flug zehn Stunden und 40 Minuten dauert, sind gesetzlich mindestens drei Piloten dafür vorgeschrieben.[8] Dadurch soll sichergestellt werden, dass sich jeder Pilot mindestens anderthalb Stunden lang ohne Unterbrechung ausruhen kann. An diesem Abend befinden sich also neben dem Kapitän zwei Kopiloten an Bord, die sich im Cockpit in Abhängigkeit von ihrer Müdigkeit abwechseln werden. Der Flugkapitän entscheidet, wer wann eine Pause machen darf.

Zum Schlafen steht den Piloten eine Koje zur Verfügung, die sich direkt hinter dem Cockpit befindet.[9] Bei einem Notfall können die Piloten, die gerade am Steuer sind, den Piloten in der Koje mit einer „High Low Chime“-Glocke[10] rufen. Die Ruftaste „Flight Rest“ dafür befindet sich an der Decke des Cockpits. Einige Besatzungen klopfen jedoch einfach gegen die Trennwand, um den anderen Piloten ins Cockpit zurückzuholen.

DER FLUGKAPITÄN

Er heißt Marc D., ist 58 Jahre alt und hat 11.000 Flugstunden absolviert. Er hat eine Verkehrspilotenlizenz. Seine Karriere verlief „im alten Stil“, denn Marc D. hat dafür gekämpft, seinen Traum zu verwirklichen. Er hat zunächst sechs Jahre lang als Steward für Air France gearbeitet und anschließend ein arbeitsintensives Programm absolviert, um alle Lizenzen und Qualifikationen als Pilot zu bekommen: Privatpilot, Ausbilder, Qualifikation für Gebirgsflüge, Vorführ-Pilot, Berufspilot Klasse 1 und schließlich Linienpilot.

[8] Die Flugdienstzeit für die Route Rio-Paris beträgt zwölf Stunden und 45 Minuten, da sie bereits beginnt, wenn die Besatzung am Flughafen erscheint, um den Flug vorzubereiten.

[9] Es gibt dort zwei Schlafplätze.

[10] Sie besteht ähnlich wie eine klassische Türklingel aus einem hohen und einem tiefen Ton.

Marc D. wurde zunächst von der früheren Fluggesellschaft Air Inter eingestellt, für die er fast neun Jahre tätig war. Seit Air Inter mit Air France fusionierte, arbeitet er für die bekannte staatliche Fluggesellschaft.
Zu Beginn seiner Karriere hat Marc D. alle möglichen Flugzeuge geflogen: Von kleinen Maschinen wie der Cessna 177 über zweimotorige Turboprop-Modelle wie der Mitsubishi MU2 oder der Nord 62 bis hin zu komplexeren Linienflugzeugen wie der Caravelle oder der Boeing 737-200. All diese Flugzeuge waren wenig automatisiert, so dass eine geschickte Steuerung notwendig war. Es gibt deshalb keinen Zweifel, dass Marc D. ein Pilot war, der viel im Kopf berechnen musste und der viel manuell geflogen ist. In diesem Zusammenhang ist es wichtig, den Begriff „Flugstunden" näher zu erläutern. Dieser ist nämlich nicht gleichbedeutend mit „ein Flugzeug steuern". Moderne Flugzeuge sind heute so automatisiert, dass ein Pilot die Maschine auf einer Strecke wie Rio-Paris schätzungsweise gerade einmal acht bis neun Minuten manuell steuert. Manchmal sogar weniger. Diese sehr kurze Zeit verteilt sich normalerweise auf den Start und die Landung. Dafür muss der Pilot jedoch der „PF"[11] sein, was natürlich nicht immer der Fall ist... Marc D. war jedoch ein Pilot, der noch auf die traditionelle Art ausgebildet wurde. Er hat Leichtflugzeuge geflogen, die teilweise noch nicht einmal einen Auto-Piloten hatten. Deshalb war er ein erfahrener Pilot. Im Gegensatz zu einem seiner Kopiloten, wie wir später sehen werden.
Es sei noch hinzugefügt, dass Marc D. während seiner Karriere bei Air Inter auch Schulungen zum Strömungsabriss bei einem A300 absolviert hat. Bei Air France hat er dieselbe Art von Training sowie Schulungen für das Steuern im „Alternate Law-" und im „Direct Law-"Modus für den A320 gemacht. Zusätzlich dafür hat er auch Schulungen für „unzuverlässige" Geschwindigkeiten mitgemacht.

Marc D. sitzt an diesem Abend beim Start in Rio auf dem linken Platz im Cockpit, doch er ist der PM und wird sich deshalb um den Funkverkehr mit der brasilianischen Flugaufsicht kümmern. Um zwei Uhr morgens verlässt er das Cockpit, um sich in der Schlafkoje auszuruhen. Er kehrt erst wieder zurück, als sich die Situation bereits stark verschlechtert hat.

---

[11] „Pilot Flying", also derjenige, der das Flugzeug steuert. Der „Pilot Monitoring" (PM) kümmert sich um den Sprechfunkverkehr. Die Besatzungsmitglieder wechseln sich mit diesen Aufgaben regelmäßig ab.

DER KOPILOT „PM“

Er heißt David R., ist 37 Jahre alt und hat 6.500 Flugstunden Erfahrung. Während der letzten Phase des Fluges sitzt er auf dem linken Sitz. Dies ist normalerweise der Platz des Flugkapitäns.
Offensichtlich ist er brillant, denn er wurde auf der anerkannten Ecole Nationale de l'Aviation Civile (ENAC) angenommen. Es gibt viele Ausbildungsgänge, um Linienpilot zu werden, doch die ENAC gilt in Frankreich als der renommierteste. Spezialisten bezeichnen ihn als Königsweg für eine Karriere in der Luftfahrt. Wer die ENAC absolvieren will, muss einen Aufnahmetest machen, für den sich sehr viele Kandidaten bewerben. Doch nur wenige bestehen ihn.[12] Mit einem Diplom der ENAC ist ein Arbeitsplatz bei den großen Fluggesellschaften, vor allem Air France, so gut wie gesichert. Neben der Verkehrspilotenlizenz hat David R. auch eine Ingenieursausbildung der Flugverkehrskontrolle gemacht.
Er besitzt Qualifikationen für den A320, A330 und A340 sowie für einmotorige Luftfahrzeuge. In seiner Freizeit fliegt er manchmal kleine Sportflugzeuge wie die TB 10.
Während der verschiedenen Schulungen für die Qualifikation für den A320 hat David R. auch eine Pflicht-Schulung zum Thema Fliegen mit hohem Anstellwinkel und Strömungsabriss im „Alternate Law“-Modus besucht.
David R. kennt die Strecke sehr gut, die er an diesem Abend fliegt: Seit er im Cockpit des Airbus A330 fliegt, hat er bereits 39 Hin- und Rückflüge nach Südamerika gemacht.

DER KOPILOT „PF“

Er heißt Pierre-Cédric B. und ist 32 Jahre alt. Er sitzt die ganze Zeit auf dem rechten Platz und steuert das Flugzeug an diesem Abend während der letzten beiden Stunden.
Mit 2.900 Flugstunden ist Pierre-Cédric B. der unerfahrenste der drei Piloten. Sein beruflicher Werdegang hat nichts mit dem seiner beiden Kollegen gemein. Für ihn lief alles relativ einfach, da er ein sogenannter „Kadett“ von Air France war. Der Beginn seiner Pilotenausbildung bestand vor allem aus Theorie. Danach hat Pierre-Cédric B. einen zweijährigen Kurs an einer

[12] Jedes Jahr werden nur 30 bis 40 Kandidaten von den mehreren hundert, manchmals sogar über tausend Bewerbern angenommen.

bekannten Luftfahrtschule gemacht.[13] Da es häufig vorkommt, dass die Bewerber an diesen Schulen anfangen, ohne jemals selbst ein Flugzeug gesteuert zu haben, absolvieren sie als Erstes einen Anfängerkurs, um fliegen zu lernen.[14] Als Pierre-Cédric B. diese Schule beendet hat, besaß er die theoretische Flugzeugführerlizenz für den Linienflugverkehr. Er hat an der Schule ungefähr 180 Flugstunden absolviert, davon aber nur eine Solo-Nachtflugstunde.[15]
Anschließend hat er bei Air France eine achtmonatige Schulung mitgemacht, während der er für die Arbeit im Linienverkehr vorbereitet wurde.
Pierre-Cédric B. besitzt Qualifikationen für die Airbus-Modelle A320, A330 und A340. Während der Qualifikation für den A320 wurde er für die Steuerung im „Alternate Law"-Modus und die Annäherung an den Strömungsabriss geschult. Dabei wurde auch die Strömungsabrisswarnung „STALL WARNING" vorgeführt. Pierre-Cédric B. wurde ebenfalls für **Flüge mit unzuverlässigen Geschwindigkeiten geschult.**

Der junge Kopilot hat seine Frau Isabelle nach Rio mitgenommen. Sie ist Physiklehrerin und unterrichtet die sogenannten Vorbereitungsklassen für die Grande Ecole-Hochschulen. Sie sitzt vorne im Flugzeug.

Vor diesem Flug hat Pierre-Cédric B. fünf Hin- und Rückflüge als Pilot nach Südamerika gemacht, davon einen nach Rio de Janiero.

DIE KABINENBESATZUNG

Das Betriebshandbuch für den A330 schreibt vor, dass die Kabinenbesatzung aus mindestens fünf Personen bestehen muss. An diesem Abend kümmern sich neun Besatzungsmitglieder um die Passagiere an Bord der Air France-Maschine: Sieben Frauen, darunter die leitende Flugbegleiterin, und zwei Männer.

[13] Für einen „cadet" (Kadett) ist das Studium umsonst und die Praktika werden bezahlt.

[14] Die Schule empfiehlt Bewerbern, vor dem Kurs 15 bis 20 Flugstunden in einem Fliegerverein zu machen. Doch dies ist keine zwingende Bedingung für die Teilnahme an dem Kurs.

[15] Ungefähr 130 Flugstunden mit Fluglehrer und 50 Solo-Flugstunden tagsüber. Für Schüler, die nicht das Kadetten-Programm von Air France absolvieren, kostet diese Ausbildung rund 90.000 Euro.

DIE PASSAGIERE

An Bord befinden sich 216 Passagiere, darunter 126 Männer, 82 Frauen sowie sieben Kinder und ein Baby. Wie oft bei solchen internationalen Flügen haben sie sehr unterschiedliche Hintergründe. So stammen sie aus 34 verschiedenen Ländern, wobei französische und brasilianische Staatsangehörige in der Mehrzahl sind. Neben 72 französischen und 59 brasilianischen Passagieren befinden sich auch 26 Deutsche an Bord. Einige Fluggäste arbeiten in der Industrie, in der Politik oder in der Kultur. Neben dem Südamerikachef des Reifenherstellers Michelin gehören ein bekannter Dirigent, mehrere brasilianische Abgeordnete und sogar ein Prinz, der Anspruch auf den brasilianischen Thron erhebt, zu den Passagieren.

DER BEGINN DES FLUGES

Die Maschine hebt um 22 Uhr 29 in Rio de Janeiro ab.[16] In ihren Tanks befinden sich mehr als 70 Tonnen Treibstoff. Ihr Gesamtfluggewicht beträgt deshalb 232,8 Tonnen, was nahezu der zulässigen Startmasse entspricht.[17]
Nach dem Unglück gab es einige Zweifel, welcher Kopilot gegen Mitternacht auf dem rechten Platz gesessen hat. Der Cockpit Voice Recorder lässt jedoch keinen Zweifel zu:

- Es ist Pierre-Cédric B., der ehemalige Air France-Kadett, der den Airbus vom rechten Platz aus steuert. Er ist der PF.
- Flugkapitän Marc D. sitzt auf dem linken Platz, steuert jedoch nicht die Maschine. Er ist nur der PM.

Die beiden Männer sind alleine im Cockpit. Der Autopilot Nummer 2 und der automatische Schubregler sind eingeschaltet. Der zweite Kopilot David R. ruht sich in der Schlafkoje aus.
Die Maschine ist auf Flugfläche 350 stabilisiert…
Zunächst fliegt sie entlang der brasilianischen Küste Richtung Norden. Nach dem Überflug von Salvador fliegt sie über Recife zum Wegpunkt „RUMBA“, der direkt neben der Stadt João Pessoa liegt. Das Flugzeug befindet sich noch immer über brasilianischem Territorium. Es wird erst ab Natal mit dem Überflug des Atlantischen Ozeans beginnen. Auf seiner Route wird der Airbus über die Wegpunkte „FEMUR“, „INTOL“, „SALPU“, „ORARO“

[16] Alle Zeitangaben in diesem Text erfolgen in der Zulu-Weltzeit.
[17] 233 Tonnen.

und „TASIL“ fliegen (siehe Zeichnung). Danach wird er an Dakar vorbeikommen, gefolgt von der Küste Marokkos, Portugals, Spaniens und schließlich Frankreichs. Das ist die klassische Route für Flüge von Brasilien nach Europa.
Die Entfernung zum Ziel beträgt 9.000 Kilometer.

Die Stimmung im Cockpit ist während der ersten Hälfte des Fluges entspannt. Das Wetter ist unproblematisch, die Sicht gut und es gibt so gut wie keine Wolken am Himmel. Die beiden Piloten im Cockpit haben gerade ihr Abendessen beendet. Als sich eine Stewardess bei ihnen erkundigt, ob sie noch etwas brauchen, sprechen sie gerade über einen Musiktitel, den sie auf einem tragbaren Player gehört haben.
Hier die komplette Niederschrift der Aufnahmen, die der Cockpit Voice Recorder ab 26 Minuten nach Mitternacht gemacht hat. [18]

00 Uhr 26 Minuten 20 Sekunden (Stewardess): *Alles in Ordnung?*

00 Uhr 26 Minuten 22 Sekunden (Kopilot Pierre-Cédric B.): *Tutti va bene!*

Die Stewardess wendet sich offenbar noch einmal an den Kapitän, der die Frage nicht gehört zu haben scheint:

00 Uhr 26 Minuten 24 Sekunden (Stewardess): *Und bei Ihnen, auch alles in Ordnung?*

00 Uhr 26 Minuten 26 Sekunden (Kopilot Pierre-Cédric B., der anstelle des Kapitäns antwortet): *Bei uns auch!*

00 Uhr 26 Minuten 26 Sekunden (Stewardess): *Alles in Ordnung?*

---

[18] Die Niederschrift gibt die Worte der Beteiligten originalgetreu wieder, ohne dass etwas zensiert wurde. Einige Gespräche mögen manchmal sehr persönlich wirken, doch sie sind es nicht, wenn sie direkte oder indirekte Auswirkungen auf die Steuerung des Flugzeugs haben. Es erschien uns zudem unerlässlich, alle Strömungsbariss-Warnungen der Computerstimme komplett wiederzugeben. Auch wenn die Wiederholung des Wortes „STALL!“ (Strömungsabriss) exzessiv erscheint, spiegelt sie die Realität der Ereignisse wieder. Diese Wiederholung ist wichtig, um zu verstehen, was passiert ist. Sie führt zudem den Stress und die Anspannung vor Augen, die während des Unglücks nach und nach zunahmen.

00 Uhr 26 Minuten 27 Sekunden (Kapitän, der sie immer noch nicht gehört hat): *Hä?*

00 Uhr 26 Minuten 29 Sekunden (Stewardess): *Alles ok? Keinen Kaffee oder Tee?*

00 Uhr 26 Minuten 31 Sekunden (Kapitän): *Alles in Ordnung.*

00 Uhr 26 Minuten 34 Sekunden (Kopilot Pierre-Cédric B.): *Also, wir machen weiter. Bis später…*

00 Uhr 26 Minuten 38 Sekunden (Stewardess): *Danke.*

Die beiden Männer setzen ihre Unterhaltung über das Musikstück fort. Der Kopilot scheint sich wohlzufühlen, denn das einzige Bedauern, das er hat, ist ziemlich überraschend:

00 Uhr 29 Minuten 57 Sekunden (Kopilot auf dem rechten Sitz): *Fehlt nur ein Whisky!!*

Ein paar Sekunden später fährt der Kapitän mit dem Finger über eine Linie, die sich über den gesamten Bildschirm des „Navigation Display". Sie ist noch weit entfernt, quasi auf Höhe des Wegpunktes "SALPU" (siehe Zeichnung).

00 Uhr 31 Minuten 00 Sekunden (Kapitän): *Das ist der Äquator… Ich nehme an, dass du das verstanden hast.*[19]

00 Uhr 31 Minuten 00 Sekunden (Kopilot auf dem rechten Platz): *OK, hab ich mir gedacht.*

Der Kopilot hat bereits mehrere Transatlantik-Flüge absolviert. Er überquert den Äquator also nicht das erste Mal. Doch der Wechsel von einer Hemisphäre in die andere ist für Piloten und Seeleute stets ein bewegender Moment. Deshalb hat der Flugkapitän den Kopiloten darauf aufmerksam gemacht.

Kurz danach erklingt die Stimme des Fluglotsen in den Lautsprechern.

---

[19] In den Cockpits französischer Fluggesellschaften werden alle geduzt, egal, welche Position sie haben.

00 Uhr 32 Minuten 24 Sekunden (Fluglotse aus Recife): *Air France 459, Squawk Ident für Flugkontrolle.*

Der Kapitän antwortet sofort.

00 Uhr 32 Minuten 29 Sekunden (Kapitän): *Squawk Ident Air France 447.*

Er drückt gleichzeitig auf den Knopf des Transponders zur Identifzierung des Flugzeugs. So kann der Fluglotse die Maschine auf seinem Bildschirm erkennen, da sich das Signal hervorhebt. Die Nachricht des Fluglotsen war jedoch für eine andere Air France-Maschine bestimmt, den Flug AF 459. Da der Kapitän anstelle dieses Fluges geantwortet hat, reagiert der Kopilot sofort:

00 Uhr 32 Minuten 29 Sekunden (Kopilot): *Das war nicht unserer… War das für uns??*

00 Uhr 32 Minuten 32 Sekunden (Kapitän): *Ja…*

Der brasilianische Fluglotse versteht natürlich nicht, was passiert. Auf seinem Bildschirm erscheint eine Kennung. Doch es handelt sich nicht um die Maschine, die er erwartet hat, denn Flug AF 459 fliegt von Sao Paulo nach Paris. Es handelt sich ebenfalls um einen A330, aber dieser befindet sich 20 Minuten hinter Flug 447. Der Fluglotse fragt deshalb nach:

00 Uhr 32 Minuten 35 Sekunden (Fluglotse): *Air France 447, ich höre?*

Der Kopilot stellt etwas spöttisch klar:

00 Uhr 32 Minuten 39 Sekunden (Kopilot): *Siehst du, das war für Air France 459!*

Der Kapitän sucht deshalb nach einer Möglichkeit, dem Fluglotsen zu verstehen zu geben, dass er sich geirrt hat:

00 Uhr 32 Minuten 41 Sekunden (Kapitän): *Äh… Air France 447, Squawk Ident…*

Trotz der späten Stunde versteht der Fluglotse sofort, was los ist:

00 Uhr 32 Minuten 46 Sekunden (Fluglotse): *OK, Air France 447, übertragen... Squawk Ident anstelle von Air France 459... Halten Sie Flugfläche 350.*

Zum Schluss versucht der Flugkapitän, das Ganze als Witz darzustellen:

00 Uhr 32 Minuten 48 Sekunden (Kapitän): *Wir werden es schaffen... Wir werden es schaffen...*

Danach wird er von dem Piloten des Fluges AF 459 abgelöst, der das korrekte „Ident"-Signal schickt, damit er auf dem Radar der brasilianischen Flugverkehrskontrolle zu erkennen ist.
Ein paar Sekunden später bittet der Fluglotse aus Recife den Airbus, auf die Funkfrequenz 128,70 Mhz zu wechseln, was der Kapitän sofort tut.

00 Uhr 36 Minuten 33 Sekunden (Kapitän): *Recife, Air France 447, guten Abend... Flight Level 350...*

00 Uhr 36 Minuten 39 Sekunden (Radar-Flugloste): Air France 447, guten Abend. Radarkontrolle. Halten Sie Flight Level 350 bis Kreuzung „INTOL". Kontaktieren Sie 6535 auf HF und 5565 auf der sekundären Frequenz. Guten Abend.

00 Uhr 36 Minuten 58 Sekunden (Kapitän): *6-5-3-5 und 5-5-6-5 für die HF-Frequenz... Air France 447.*

Der Flugkapitän wiederholt die Ziffern der Frequenzen und spricht dabei jede Ziffer den Regeln entsprechend einzeln aus. Die Frequenzen werden in Kilohertz angegeben. Sie sind wichtig, da die VHF-Verbindungen gleich nicht mehr funktionieren werden.[20] Dann muss das HF-Funksystem benutzt werden. Es ist das einzige, das auf den langen Strecken über dem Atlantik verwendbar ist.

[20] Der VHF-Bereich (Very High Frequency) ist „optisch". Je höher das Flugzeug fliegt, desto höher die Reichweite. Aber sie ist unabhängig von der Stärke des Senders durch die Erdkrümmung begrenzt. HF-Wellen (High Frequency) haben eine sehr viel größere Reichweite, da sie von der Ionosphäre reflektiert werden. Generell ist die Qualität der Funkverbindung in diesem Bereich nicht so gut wie im VHF-Bereich. In Abhängigkeit vom Stand der Sonne funktioniert die Reflexion der Ionosphäre mehr oder weniger gut.

Aber es gibt ein Problem: Marc D. scheint nicht verstanden zu haben, wann er auf den HF-Bereich wechseln soll. Offenbar scheint er keine Lust zu haben, den Fluglotsen deshalb erneut zu kontaktieren.
Er fragt also den Kopiloten:

00 Uhr 37 Minuten 10 Sekunden (Kapitän): *An welchem Punkt? Zu welchem Punkt, hat er gesagt?*

00 Uhr 37 Minuten 14 Sekunden (Kopilot): *Ah das, das weiß ich nicht... Das habe ich nicht verstanden.*

Die Besatzung versucht zunächst nicht, Näheres herauszubekommen. Sie hat noch Zeit dafür, da der Airbus noch immer an der brasilianischen Küste entlangfliegt und der Frequenzwechsel erst erfolgen wird, wenn er über den Atlantik fliegt. Die Maschine hat bisher die Städte Maceio, Recife und „RUMBA" überflogen. Sie setzt ihren Weg wie vorgesehen Richtung Natal fort. Danach kommt der Ozean mit den Wegpunkten „FEMUR" und "INTOL". Die Besatzung muss erst auf den HF-Bereich Atlantico wechseln, wenn sie diesen letzten Punkt passiert hat. [21]
Wettertechnisch gibt es noch immer keine Probleme. Die Sicht ist perfekt. Das wird jedoch nicht die ganze Nacht so bleiben, da sich das Flugzeug der intertropischen Konvergenzzone nähert.

[21] Die geographischen Koordinaten der verschiedenen Wegpunkte:
RUMBA: S 07 07,3 / W 035 46.4
FEMUR: S 03 38.0 / W 034 02.2
INTOL: S 01 21.7 / W 032 49.9
SALPU: N 00 26.6 / W 031 52.6
ORARO: N 02 14.8 / W 030 55.4
TASIL: N 04 00.3 / W 029 59.4
„INTOL" befindet sich in der südlichen Hemisphäre, „SALPU" dagegen in der nördlichen.

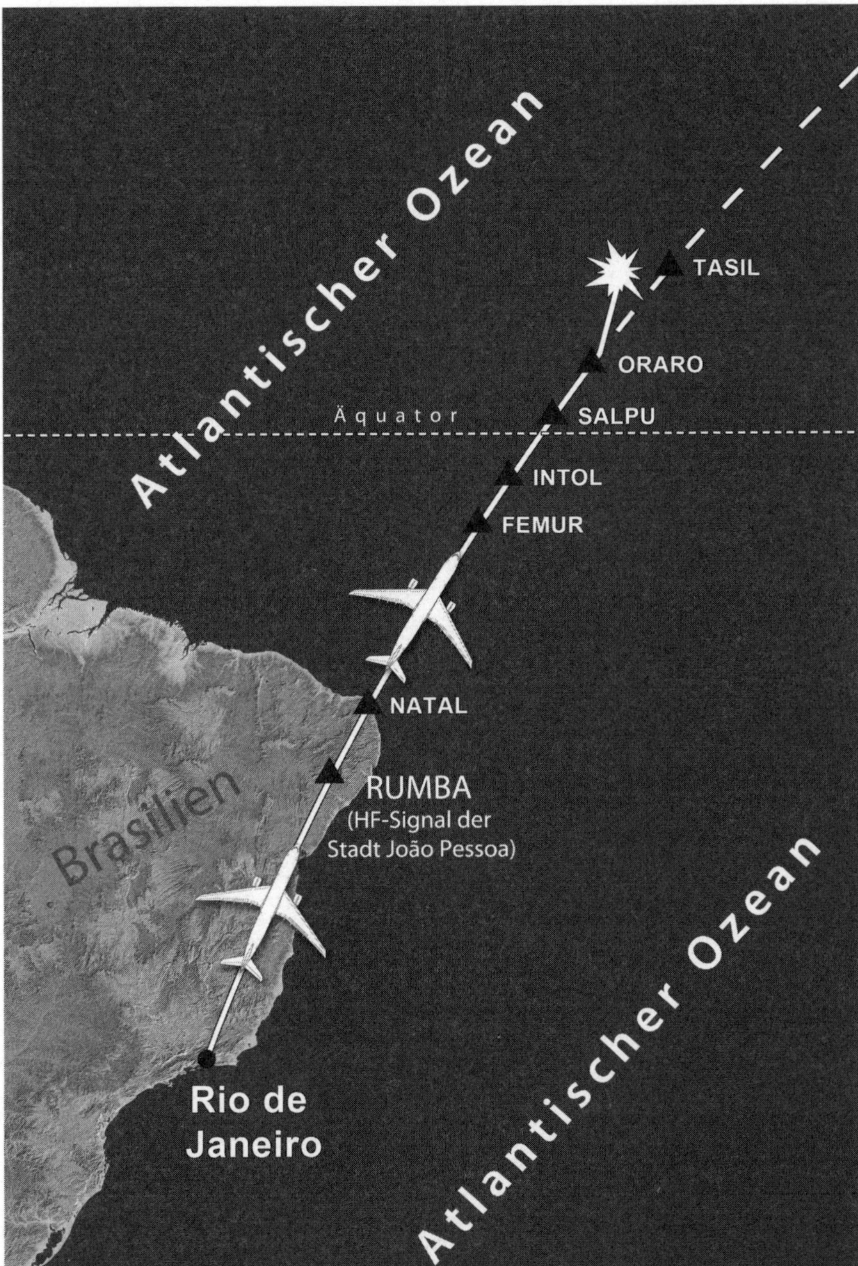

Die Flugstrecke des Airbus.

DIE INTERTROPISCHE KONVERGENZZONE[22]

Der Absturz des Fluges AF 447 kann nicht losgelöst von den Wetterbedingungen betrachtet werden, die zu dieser Jahreszeit normalerweise über dem Atlantik herrschen. Die *intertropische Konvergenzzone* ist eine Tiefdruckrinne in der Nähe des Äquators. Dieser sogenannte Kalmengürtel war früher bei Seeleuten gefürchtet, da ihre Segelschiffe oft monatelang in der Flaute festsaßen. Über dieser Zone kommt es jede Nacht zu starken Wolkenbildungen, wie es sie in Europa nicht gibt. Die Cumulonimbus-Wolken der intertropischen Konvergenzzone sind manchmal bis zu 15.000 Meter hoch.[23] Kein Passagierflugzeug kann über sie hinwegfliegen und es ist unmöglich, durch sie hindurchzufliegen, da es in ihrem Inneren zu heftigen Turbulenzen kommt, die das Flugzeug beschädigen können. Es können dort auch riesige Hagelkörner entstehen, die die Windschutzscheiben springen lassen oder die Triebwerksschaufeln zerstören können. In eine Cumulonimbus-Wolke der intertropischen Konvergenzzone hineinzufliegen, wird immer in einer Katastrophe enden, egal um welchen Flugzeugtyp es sich handelt.

Diese Gewitterwolken sind zudem von starken Vereisungszonen umgeben. Um durch dieses mit Fallstricken gespickte Gebiet fliegen zu können, muss man die Cumulonimbus-Wolken auf dem Radar erkennen und sie dann mit Hilfe von Ausweichkurven umfliegen. Das dauert lange und so kommt es auf solchen Flügen oft zu großen Verspätungen. Doch es ist das einzige Mittel, um die Sicherheit garantieren zu können. Um in der intertropischen Konvergenzzone fliegen zu können, muss ein Flugzeug also über folgende Ausrüstung verfügen:

- Ein leistungsfähiges Radargerät.
- Ein funktionierendes Vereisungsschutzsystem, vor allem für die Pitot-Rohre.

---

[22] Auch ITC (Inter Tropic Convergence), ITCZ (Inter Tropic Convergence Zone), Kalmengürtel oder im Atlantik Doldrums genannt.

[23] In Europa erreicht eine Cumulonimbus-Wolke selten eine Höhe von 11.000 Metern.

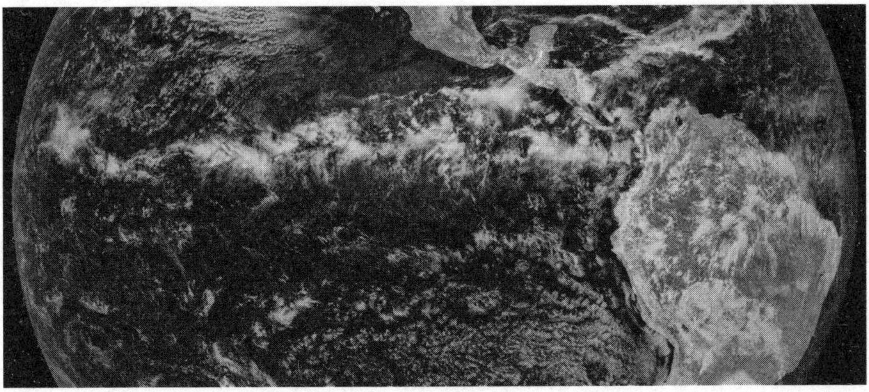

Foto des durch die ITC entstandenen Wolkenbandes, das sich in der Nähe des Äquators entlangzieht (Foto Nasa).
Dieses Wolkenband sieht auf den ersten Blick harmlos aus, doch in Wirklichkeit handelt es sich um ein sehr gefährliches Wetterphänomen.

Als ob das alles nicht schon genug wäre, verursacht die intertropische Konvergenzzone auch noch Temperaturprobleme. *Es ist dort warm!* Temperaturen sind jedoch in großen Höhen ein wesentlicher Faktor, der eine wichtige Rolle für die Flugeigenschaften eines Flugzeugs spielt. Je wärmer es ist, desto mehr steigt die Überziehgeschwindigkeit. Es ist also besser, in kalter Luft zu fliegen – vor allem, wenn das Flugzeug schwer beladen ist.[24]
Damit sie eine Bezugstemperatur haben, verwenden Piloten die „Standardtemperatur", eine Art idealer Temperatur, die in einer ebenfalls idealen Atmosphäre herrschen sollte. Deshalb verwendet die Besatzung des Airbus an diesem Abend oft den Begriff *„Standard+"*, um von der zu hohen Außentemperatur zu sprechen. In der intertropischen Konvergenzzone steigt die erwärmte Luft häufig nach oben auf. Das kann sehr plötzlich geschehen und zu ernsthaften Problemen führen. So hat etwa ein Pilot beim Überflug von Gabun beobachtet, wie die Temperatur innerhalb weniger Sekunden auf *„Standard +40 Grad"* gestiegen ist. Dieser heftige Temperaturanstieg in der ITC wird häufig von heftigen Turbulenzen begleitet. In diesem Fall müssen Piloten sofort heruntergehen,

[24]Die Begriffe „kalt" und „warm" sind relativ, da die Standardtemperatur auf Flugfläche 350 -55 Grad beträgt. Deshalb ist es warm, wenn dort -45 Grad herrschen und kalt, wenn die Temperatur – 57 beträgt. Man kann die Standardtemperatur mit Hilfe einer sehr einfachen Formel berechnen T = 15 – (Flugfläche/10 x 2).

um zu verhindern, dass ihr Flugzeug die Flugenveloppe[25] nicht einhält. Denn das würde zum Strömungsabriss führen.
Um böse Überraschungen beim Durchfliegen der intertropischen Konvergenzzone zu vermeiden, ist es deshalb wichtig, die Außentemperatur sorgfältig zu beobachten. Genau dies wird Flugkapitän Marc D. mehrmals tun:

00 Uhr 40 Minuten 22 Sekunden (Kapitän): *Plus 11... Das haben sie doch gesagt?*[26]

Der Bordcomputer berechnet die Temperatur und zeigt sie auf dem Bildschirm des Primary Flight Display an. Im Gegensatz zur Besatzung der Air France-Maschine mussten Piloten früher bei Flugzeugen wie der 737-200 selber mit Hilfe von Tabellen und Abakussen komplizierte Berechnungen anstellen.[27] Das gehört jedoch inzwischen der Vergangenheit an.

00 Uhr 40 Minuten 29 Sekunden (Kopilot auf dem rechten Platz): *Was sagst du?*

00 Uhr 40 Minuten 30 Sekunden (Kapitän): *Standard plus 11. Das haben sie vorgesehen...*

00 Uhr 40 Minuten 30 Sekunden (Kopilot auf dem rechten Platz): *Ja.*

Anschließend spricht die Besatzung darüber, dass der Bordcomputer anzeigt, dass sie bei der Landung in Roissy-Charles de Gaulle noch 7,2 Tonnen Treibstoff haben werden. Das ist eine gute Nachricht, da die vorigen Berechnungen noch von 6,6 Tonnen ausgegangen waren. Der Airbus verbraucht also weniger Treibstoff als geplant. Der Kapitän und der Kopilot diskutieren eine Weile darüber, was es bringt, genügend Treibstoffreserven zu haben, falls es bei der Ankunft zu Problemen kommen sollte. Der Flugkapitän hätte gerne noch mindestens sechs Tonnen Treibstoff, falls sie in Roissy durchstarten müssen oder falls die Landeklappen klemmen sollten.

[25] Flugenveloppe = Bezeichnung für den Bereich mehrerer Zustandsgrößen, innerhalb dessen ein Flugzeug sicher geflogen werden kann (Mindest- und Höchsgeschwindigkeit abhängig von Gewicht und Höhe).

[26] „Standard +11“ auf Flugfläche 350 bedeutet eine Temperatur von -44 Grad.

[27] Die Außentemperatur variiert je nach den von der Geschwindigkeit abhängigen Parametern (Kompressibilität, Erwärmung).

Je mehr Treibstoff sie dann noch haben, desto besser würden sie sich fühlen. Das ist ziemlich logisch.

Seit dem Start in Rio waren die Wetterbedingungen ausgezeichnet. Sie scheinen sich nicht zu verschlechtern, da die Besatzung vier Minuten später direkt vor sich die Lichter einer Stadt sieht.

00 Uhr 44 Minuten 45 Sekunden (Kapitän): *Geradeaus sieht man Natal.*

Hinter Natal macht die Küste einen scharfen Knick nach links. Jenseits davon im Nordosten ist alles dunkel. Das ist der Atlantik, der sich über mehr als 3.000 Kilometer erstreckt. Auf der anderen Seite von ihm liegen Dakar und die afrikanische Küste. Laut den Wettervorhersagen wird die Überquerung des Äquators wie zu dieser Jahreszeit üblich verlaufen. *„Die Lage der ITC über dem Atlantik ist normal für den Monat Juni“*, heißt es in der Vorhersage. *„Die für diese Zone charakteristische Anhäufung von Cumulonimbus ist räumlich sehr heterogen verteilt und dauert mehrere Stunden lang an.“*
Das bedeutet, dass der A330 zwischen Gewitterwolken durchfliegen muss.
Die Aussicht darauf scheint den Kapitän jedoch nicht zu beunruhigen:

00 Uhr 44 Minuten 49 Sekunden (Kapitän): *Wir werden uns nicht von den Cunimbs verrückt machen lassen...*[28]

Er hat jedoch keine Zeit, seinen Satz zu beenden, da die Cockpittür aufgeht und eine Stewardess hereinkommt. Sie scheint sich auch Sorgen über die Temperatur zu machen. Allerdings über die, die im Inneren des Frachtraums herrscht, wo sich ihr Gepäck befindet. Deshalb kommt es zu einem etwas absurd anmutenden Gespräch:

00 Uhr 46 Minuten 07 Sekunden (Stewardess): *Äh... Wie warm ist es im Frachtraum?*

Der Kopilot wirft einen Blick auf die ECAM-Seite seines zentralen Bildschirms und antwortet sofort.[29]

---

[28] Cumulonimbus: Gewitterwolke.

[29] : Electronic Centralized Aircraft Monitoring.

00 Uhr 46 Minuten 13 Sekunden (Kopilot auf dem rechten Platz): *7 äh... Hinten?*

00 Uhr 46 Minuten 13 Sekunden (Stewardess): *Da, wo unsere Koffer sind!*

00 Uhr 46 Minuten 16 Sekunden (Kopilot auf dem rechten Platz): *Da sind es momentan 20 Grad.*

Das ist der Stewardess offenbar viel zu warm, denn sie bittet darum, die Temperatur im Frachtraum zu senken. Sie hat nämlich während des Aufenthalts in Rio Lebensmittel gekauft. Jetzt hat sie Angst, dass sie verderben könnten.

00 Uhr 46 Minuten 19 Sekunden (Stewardess): *Kannst du sie ein bißchen senken oder nicht? Ich habe Fleisch in meinem Koffer!*

00 Uhr 46 Minuten 19 Sekunden (Kopilot auf dem rechten Platz): *Oh, sollte ich? OK, geht los.*

00 Uhr 46 Minuten 19 Sekunden (Stewardess): *Das ist nett.*

00 Uhr 46 Minuten 31 Sekunden (Kopilot, etwas spöttisch): *Wir schicken dir dann die Spritrechnung!*

Die Lichter von Natal sind jetzt sehr nah. Die Sicht draußen ist noch immer ausgezeichnet. In ein paar Minuten wird der Airbus über den Marker „NTL“ fliegen und danach mit dem Überflug des Atlantiks beginnen. Die einzigen Lichter, die er dann sehen wird, werden die Blitze sein, wenn er sich der intertropischen Konvergenzzone nähert. Für die Besatzung ist es nun an der Zeit, noch einmal die Wetterverhältnisse auf der Strecke zu überprüfen. Dafür kontaktiert sie das operative Kontrollzentrum von Air France in Roissy. Moderne Flugzeuge der jüngsten Generation bleiben selbst mitten über dem Atlantik mit ihrer Fluggesellschaft mit Hilfe der ACARS-Nachrichten in Kontakt.[30] Wie alle Flugzeuge von Airbus ist der A330 mit diesem Kommunikationssystem ausgestattet, so dass eine Bodenstation mit ihm Daten austauschen kann, selbst wenn er sich am anderen Ende der Welt befindet. Die Übermittlung erfolgt

[30] Aircraft Communication Adressing and Reporting System: Digitales Datenfunksystem zur Übermittlung von Nachrichten zwischen Flugzeugen und Bodenstationen.

über Satelliten oder den HF-Bereich[31] in verschlüsselter Form. Es können zwei Arten von Nachrichten ausgetauscht werden:

- Die Besatzung kann sich mit der Bodenstation austauschen. Diese Unterhaltungen erfolgen nicht im Audiomodus wie bei einem normalen Funkkontakt, sondern mit Hilfe einer Tastatur und eines kleinen Thermodruckers auf der Mittelkonsole, der die Nachrichten ausdruckt. Im Fall von Air France erfolgt der Austausch vor allem mit dem operativen Kontrollzentrum der Fluggesellschaft in Roissy, aber die Besatzung kann auch andere Bodenstationen kontaktieren, um Informationen zum Wetter oder technischen und medizinischen Problemen zu bekommen. Die neuesten Systeme können sogar mit dem Internet verbunden werden. Es gab bereits Fälle, in denen geschickte Crews das ACARS-System genutzt haben, um für einen Zwischenstopp einen Tisch in einem Restaurant zu reservieren oder um einfach im Internet zu surfen.[32]
Die ACARS-Nachrichten ermöglichen auch, ein Flugzeug zu kontaktieren, das den Funkkontakt mit dem Boden verloren hat.[33]

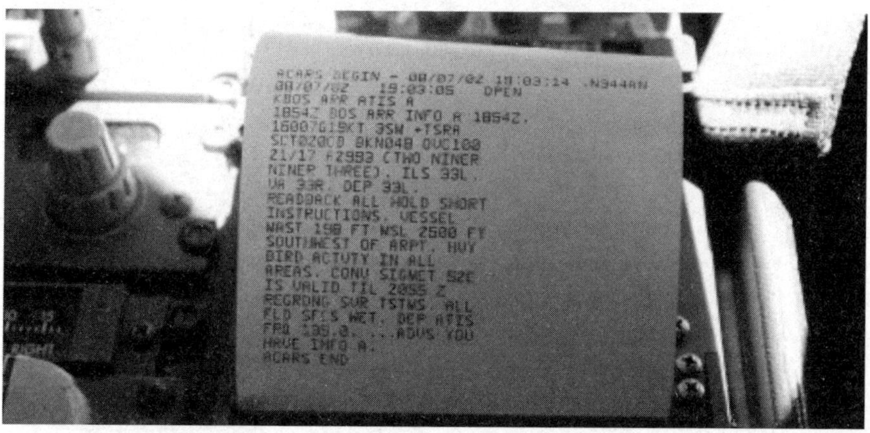

Die Nachrichten werden im Cockpit auf einem winzigen Thermodrucker ausgedruckt.

[31] ACARS könnten auch über den VHF-Bereich übermittelt werden, doch dieses hat den Nachteil, dass die Reichweite begrenzt ist.

[32] Siehe „ERREURS DE PILOTAGE 4“ erschienen bei Editions Altipresse.

[33] Fluglosten nennen diese Flugzeuge „NORDO“ (No Radio). Sie kommen häufiger vor, als man denkt. In dem Fall rufen die Fluglotsen den „Dispatcher“ der Fluggesellschaft per Telefon an und bitten ihn, eine ACARS-Nachricht an das „verstummte“ Flugzeug zu schicken. Auf dieser Nachricht ist dann die Frequenz notiert, auf der die Besatzung die Flugsicherung kontaktieren soll. Normalerweise meldet sich das „verstummte“ Flugzeug daraufhin nach ein paar Minuten und alles geht wieder seinen geregelten Gang (siehe „Erreurs de Pilotage 4“).

- Der Bordcomputer schickt auch ACARS-Nachrichten, um dem Wartungszentrum der Fluggesellschaft technische Informationen zu übermitteln. Die Übermittlung dieser Daten erfolgt ohne Hilfe der Besatzung. Das Flugzeug meldet alle Pannen oder Abweichungen, die der Bordcomputer feststellt. Das Wartungszentrum kann so eventuelle Reparaturen im Voraus planen, so dass die Techniker schon mit den notwendigen Ersatzteilen und Schaltplänen bereitstehen, wenn das Flugzeug landet. Das hilft, die Wartung zu rationalisieren und Zeit zu sparen. Dieses System wird später eine wichtige Rolle spielen, wenn der Airbus mit den ersten Schwierigkeiten zu kämpfen hat, denn es wird melden, dass es Probleme mit der Geschwindigkeitsanzeige gibt.

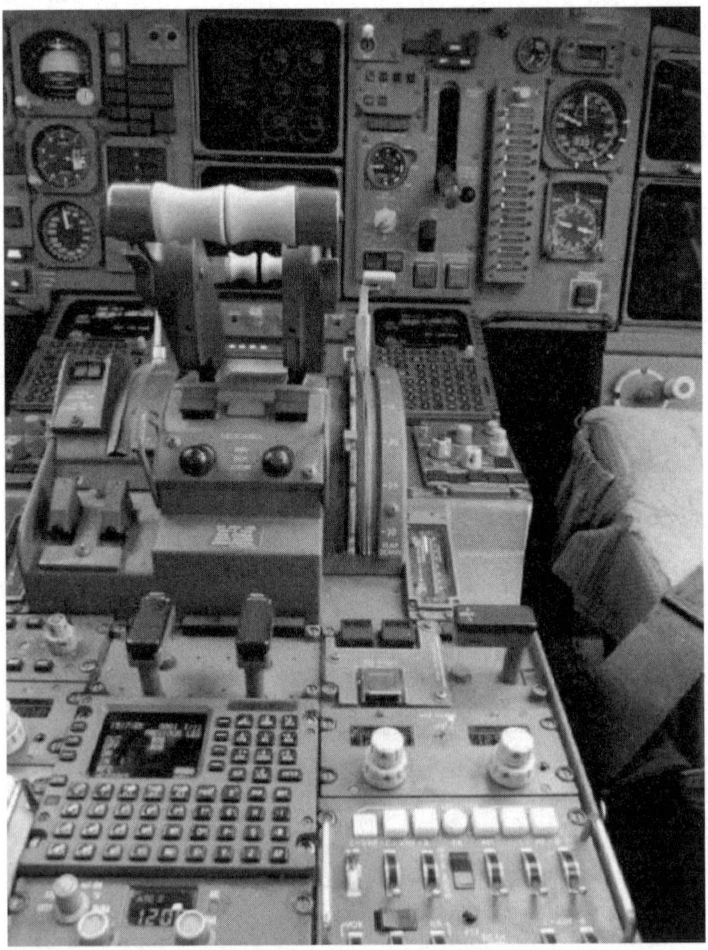

Eine ACARS-Tastatur (Foto Ken Wiens).

00 Uhr 54 Minuten 21 Sekunden (Kapitän): *Wir können jetzt nach den Wettervorhersagen fragen. Ich werde den Dispatcher bitten, die Ausweichflughäfen zu ändern.*

00 Uhr 54 Minuten 26 Sekunden (Kopilot auf dem rechten Platz): *Du hast die Wettervorhersagen abgefragt, oder?*

00 Uhr 54 Minuten 29 Sekunden (Kapitän): *Nein, nein... Ja, ich habe danach gefragt.*

00 Uhr 54 Minuten 32 Sekunden (Kopilot): *Ah, ok.*

Um diese neue Unterhaltung verstehen zu können, muss man wissen, dass der Airbus einen ETOPS-Flug macht. [34] Da der A330 ein zweistrahliges Flugzeug ist, schreiben die internationalen Regeln vor, dass er bei einem Flug über den Atlantik bei einem Triebwerksausfall einen Ausweichflughafen in weniger als 180 Minuten Flugzeit erreichen können muss. Es ist der Dispatcher von Air France, der diese Ausweichflughäfen festlegt. Die Besatzung hat jedoch gerade festgestellt, dass einer der vorgeschlagenen Flughäfen nachts geschlossen ist. Dieser Flugplatz hat den Code SID.[35] Die Cockpit-Crew muss also nach einem anderen Ausweichflughafen fragen.

00 Uhr 54 Minuten 37 Sekunden (Kopilot): *Schreibst du die Nachricht oder soll ich das machen? Willst du, dass ich den ersten Teil schreibe oder...*

00 Uhr 54 Minuten 53 Sekunden (Kapitän): *SID, was ist das? Ist das Natal?*

Ein Pilot muss nicht die Codes aller Flughäfen auf der Welt auswendig kennen. Doch Pierre-Cédric B. braucht nur wenige Sekunden, um die richtige Antwort zu finden:

---

[34] Extended (Range) Twin Engine Operations Performance Standards: Regeln der ICAO (International Civil Aviation Organization), die festlegen, wie weit entfernt von der nächsten Landemöglichkeit Flugzeuge mit zwei Triebwerken operieren dürfen.

[35] Die drei Buchstaben SID stehen für den IATA-Code des Flughafens Sal-Amilcar Cabral International auf den Kapverden. Die Kapverdischen Inseln liegen im Atlantik auf Höhe des Senegals 700 Kilometer vor der afrikanischen Küste.

00 Uhr 55 Minuten 03 Sekunden (Kopilot): *SID, das ist Sal... Ja, das ist es, SID, das ist Sal. Du bittest tatsächlich, die Ausweichflughäfen zu ändern!*

00 Uhr 56 Minuten 50 Sekunden (Kapitän): *Oh oh, das wird für uns nichts großartig ändern.*

Der Flugkapitän tippt eine kurze ACARS-Nachricht an das Kontrollzentrum von Air France, um zu fragen, auf welchen Flugplatz sie ausweichen sollen, falls es zu Problemen kommt. Als er die Anfrage losschicken will, stellt der Kopilot jedoch fest, *dass der Flughafen von Sal im Notfall nachts geöffnet werden kann.*

00 Uhr 57 Minuten 41 Sekunden (Kopilot): *Ah, Scheiße... Aber ja... Es ist erlaubt, sie haben Recht!*

Die Anspannung sinkt. Sie müssen das Kontrollzentrum nicht kontaktieren und alles ist in bester Ordnung. Deshalb ist jetzt eine kleine Pause möglich:

00 Uhr 58 Minuten 07 Sekunden (Kapitän): *Versuch vielleicht, 20 Minuten zu schlafen, wenn er zurückkommt. Oder vorher, wenn du willst. Ok?*

00 Uhr 58 Minuten 12 Sekunden (Kopilot): *Ja, in Ordnung, das ist nett. Im Augenblick habe ich keine Lust. Aber wenn, dann ja klar.*

00 Uhr 58 Minuten 17 Sekunden (Kapitän): *Ja hm, das wird lang für dich werden.*

Der Kopilot bleibt also auf dem rechten Platz sitzen. Auch wenn keine entsprechende Anweisung dafür erfolgt ist, zeichnet sich ab, dass er am Steuer bleiben wird, wenn der Flugkapitän schlafen gehen wird. Vorher muss jedoch noch ein Problem geregelt werden: Vor ungefähr zwölf Minuten hat die Besatzung die Nachricht des Fluglotsen nicht verstanden, der INTOL als den Punkt angegeben hat, an dem sie auf den HF-Bereich mit dem Flugverkehrskontrollzentrum Atlantico wechseln soll. Da das Flugzeug auf der Strecke immer weiter vorankommt, muss die Besatzung langsam wissen, was Sache ist.

Der Kapitän schaut auf den Bildschirm seines Navigationsdisplays und überlegt, um welchen Punkt es sich handeln könnte. Er scheint zwischen „INTOL" und „FEMUR" zu zögern.

00 Uhr 58 Minuten 37 Sekunden (Kapitän): *Wo sollen wir deiner Meinung nach den HF-Kontakt machen? Soll das bei INTOL passieren? Das ist nicht schlecht, bei INTOL, hä? FEMUR?*[36]

Es wäre sicherlich einfacher gewesen, noch einmal den Fluglotsen zu fragen. Denn momentan ist nichts sicher. Die Zeit vergeht, ohne dass eine Entscheidung getroffen wird.
Vier Minuten später geht die Cockpittür auf und die Stewardess kommt erneut herein. Der Kapitän scheint sich zu freuen:

01 Uhr 03 Minuten 43 Sekunden (Kapitän): *Wir haben Besuch!*

Die Stewardess erklärt, dass sie wieder ein Problem mit der Temperatur hat. Diesmal jedoch nicht im Frachtraum, sondern in der Kabine. Einige Passagiere haben sich beklagt.

01 Uhr 03 Minuten 53 Sekunden (Stewardess): *Auf meinem Bildschirm werden fast 25 Grad angezeigt und ihnen ist hinten immer noch kalt!*

In einem Airbus gibt es zwei Möglichkeiten, die Temperatur in der Kabine zu regeln: Entweder kann dies eine Stewardess auf einem Touchscreen tun, der sich auf der Trennwand L1 hinter dem Cockpit befindet.[37] Oder die Piloten machen es im Cockpit. An diesem Abend scheint die Chefstewardess Schwierigkeiten zu haben, die Temperatur so einzustellen, dass es den Passagieren hinten in der Kabine warm genug ist. Deshalb bittet sie den Flugkapitän, sich darum zu kümmern.

[36] Meldepunkte sind Positionen auf den Flugstrecken. Normalerweise entsprechen sie keinem bekannten geographischen Ort. Ihre Namen bestehen stets aus fünf Buchstaben.

[37] Neben der Temperatur können die Stewardessen mit Hilfe dieses Touchscreens auch die Lichtintensität und das Wasser in den Toiletten regeln sowie einen Evakuations-Alarm auslösen und die Lichter am Boden einschalten, um die Passagiere zu den Notausgängen zu leiten. Sie können damit auch prüfen, ob die Türen geschlossen und die Notrutschen für den Notfall bereit sind. Es wird ihnen auf dem Touchscreen auch angezeigt, wenn ein Passagier in der Toilette raucht. Die leitende Flugbegleiterin kann von diesem Bedienfeld auch Informationen an das Cockpit übermitteln, dass die Kabine bereit für den Abflug oder die Landung ist.

01 Uhr 03 Minuten 57 Sekunden (Kopilot): *Ja hm, geht los!*

01 Uhr 04 Minuten 01 Sekunden (Kapitän scherzhaft): *Geht los, wir haben noch einmal ordentlich Kohle nachgelegt.*

Da er sich an die Probleme der Stewardess mit dem in Brasilien gekauften Fleisch erinnert, fügt der Kopilot hinzu:

01 Uhr 04 Minuten 04 Sekunden (Kopilot): *Im Frachtraum hinten sind sieben Grad und es geht weiter runter. Das ist besser!*

01 Uhr 04 Minuten 08 Sekunden (Stewardess): *Im Frachtraum... Ah gut... Ich habe nicht an... (unverständlich)... gedacht... für mein Fleisch.*

Die Unterhaltung wird gemächlich fortgesetzt. Einen Moment lang sprechen die Piloten und die Stewardess über das Essen, das an Bord serviert wird. Dann wechseln sie das Thema. Es geht um technische Details. Die Stewardess stellt Fragen, die der Kapitän geduldig beantwortet. So erklärt er ausführlich, warum Flugzeuge mit zwei Triebwerken wie der A330 zwei Ausweichflugplätze haben müssen, wenn sie den Atlantik überfliegen.

01 Uhr 05 Minuten 18 Sekunden (Stewardess): *Ich weiß nicht warum, weil es nur ein Triebwerk gibt... äh... ein Triebwerk, das nicht gut funktioniert...*

01 Uhr 05 Minuten 22 Sekunden (Kapitän): *Nein, weil es normalerweise den Ausweichflughafen gibt... den Ausweichflughafen... Weißt du, für ein zweimotoriges Flugzeug muss man zwei Ausweichflugplätze haben, wenn es den Atlantik überquert... Da im Süden gibt es einen, der ab... Uhr... geschlossen ist...*

01 Uhr 05 Minuten 22 Sekunden (Stewardess): *Ja und?*

01 Uhr 05 Minuten 22 Sekunden (Kapitän): *Und sie sagen uns, dass sie ihn öffnen können, wenn wir einen Anflug machen müssen...*

01 Uhr 05 Minuten 22 Sekunden (Stewardess): *Ah, und dann?*

01 Uhr 05 Minuten 22 Sekunden (Kapitän): *Also, ich habe sie um einen anderen Ausweichflugplatz gebeten... Das ist nicht schwierig... (unverständlich)...*

Der Flugkapitän beschreibt eine ganze Weile lang und breit sein Problem, den Ausweichflughafen zu ändern. Er erklärt detailliert, was bei einem Triebwerksausfall zu tun ist, und er beschreibt den Flughafen von Sal auf den Kapverdischen Inseln. Er sagt noch einmal, dass der Flughafen geschlossen ist, aber im Notfall nachts öffnen könnte, um sie zu empfangen.
Danach unterhalten sich der Kapitän und der Kopilot darüber, ob es eine gute Idee war, beim Kontrollzentrum von Air France nicht auf eine Änderung des Ausweichflughafens beharrt zu haben. Der Kopilot scheint seinem Vorgesetzten ein wenig Vorwürfe zu machen, wie er mit dem Problem umgegangen ist.

01 Uhr 10 Minuten 35 Sekunden (Kopilot): *Also, äh... geben wir uns mit seiner Antwort zufrieden?*

01 Uhr 10 Minuten 36 Sekunden (Kapitän): *Hä?*

01 Uhr 10 Minuten 39 Sekunden (Kopilot auf dem rechten Platz): *Geben wir uns mit seiner Antwort zufrieden?*

01 Uhr 10 Minuten 41 Sekunden (Kapitän): *Oh ja... Das macht mir keine allzu großen Sorgen, äh.*

01 Uhr 10 Minuten 47 Sekunden (Kopilot): *Ja, eh, mir auch nicht... Also bittest du ihn, den Ausweichflugplatz zu ändern...*

01 Uhr 10 Minuten 50 Sekunden (Kapitän): *Du klingst nicht besorgt?*

01 Uhr 10 Minuten 55 Sekunden (Kopilot): *Es ist ein bißchen schade, dass du ihn nicht nach seiner Meinung gefragt hast... (unverständlich)... um einen anderen Ausweichflughafen zu finden... Und er antwortet dir: Aber nein, das wird trotzdem so sein.*

Dieses Mal ist der Vorwurf relativ unverhohlen. Aus Sicht des Kopiloten hat der Kapitän nicht richtig agiert. Er hat die Entscheidung des Kontrollzentrums, Sal als Ausweichflughafen beizubehalten, hingenommen, ohne weiter darüber zu diskutieren. Weit entfernt davon, seinen eigenen Standpunkt durchsetzen zu wollen, antwortet der Flugkapitän freundlich:

01 Uhr 11 Minuten 05 Sekunden (Kapitän): *Ist nicht schlimm…*

Diese Episode ist nicht anekdotenhaft. Sie offenbart, was für Beziehungen innerhalb der Besatzung herrschen. Wir sind nicht bei *Korean Air* und der Kapitän scheint zu zögern, sich auf autoritäre Art gegenüber dem Kopiloten durchzusetzen. Weil er ihm das Steuer anvertraut hat? Was auch immer der Grund gewesen sein mag: Der Flugkapitän hat in der Frage des Ausweichflughafens die richtige Entscheidung getroffen. Schließlich hat das operative Kontrollzentrum von Air France bestätigt, dass der Flugplatz von Sal-Amilcar nachts geöffnet werden kann, sollte es zu Problemen kommen. Warum also haarspalterisch sein und darauf beharren, den Namen eines anderen Ausweichflugplatzes zu bekommen?

01 Uhr 11 Minuten 08 Sekunden (Kopilot auf dem rechten Platz): *OK, also schicken wir ihm die Sachen…*

01 Uhr 11 Minuten 12 Sekunden (Kapitän): *Wo ist das… die Antwort, da… des… Ah, du hast sie eingegeben.*

01 Uhr 11 Minuten 19 Sekunden (Kopilot auf dem rechten Platz): *Du könntest sie David geben… Du könntest ihm sagen, dass… (unverständlich)…*

Die Stewardess ist während dieser gesamten Unterhaltung noch immer im Cockpit. Ihre Worte werden in der Abschrift nicht wiedergegeben. Doch sie mischt sich von Zeit zu Zeit bei Fragen ein, die jedoch für den Verlauf des Fluges nicht wichtig zu sein scheinen.

01 Uhr 12 Minuten 53 Sekunden (Stewardess): *Gut, gut, ich gehe mal.*

01 Uhr 12 Minuten 54 Sekunden (Kapitän): *Gut, dann bis später.*

01 Uhr 12 Minuten 55 Sekunden (Stewardess): *Bis später.*

Der Airbus setzt seinen Flug fort. Die Nacht ist ruhig. Es gibt noch immer keine Turbulenzen… Eine Minute später überfliegt das Flugzeug den Wegpunkt „FEMUR“. Der Kapitän entscheidet sich in dem Moment, die Flugkontrolle von Recife zu kontaktieren, um die Position durchzugeben. Vor allem aber will er fragen, ob er jetzt das Flugkontrollzentrum „Atlantico“ kontaktieren soll.

01 Uhr 14 Minuten 30 Sekunden (Kapitän): *Air France 447, wir haben „FEMUR“ um 1 Uhr 13 überflogen, Flugfläche 350… Wir kontaktieren „Atlantico“ per HF…*

Dieses Mal fällt die Antwort des Fluglotsen eindeutig aus. Es gibt keinen Zweifel, dass sich der Flugkapitän geirrt hat.

01 Uhr 14 Minuten 44 Sekunden (Fluglotse aus Recife): *Negativ, rufen Sie Atlantico nach „INTOL“ auf der HF-Frequenz auf 6349.*

01 Uhr 14 Minuten 52 Sekunden (Kapitän): *OK, bei „INTOL“… Air France 447… Äh… Wir bleiben auf Ihrer Frequenz.*

„FEMUR“ war nicht der richtige Meldepunkt!

Die Minuten danach verlaufen relativ friedlich. Das Flugzeug behält den Kurs 049 bei. Der Kapitän und der Kopilot erhalten die Wetterinformationen der Region mit verschiedenen Vorhersagen für den Atlantik. Sie verlieren kein Wort über die Gewitter, auf die sie in der intertropischen Konvergenzzone treffen werden. Alles wirkt normal und in ihrer Unterhaltung ist nicht die mindeste Angst zu spüren.
Eine Viertelstunde später nähert sich der Airbus dem Punkt für den Frequenzwechsel. Die Flugsicherung von Recife ruft das Flugzeug als Erstes.

01 Uhr 31 Minuten 34 Sekunden (Fluglotse aus Recife): *Air France 447?*

01 Uhr 31 Minuten 40 Sekunden (Kapitän zum Kopiloten): *Wir kommen bei „INTOL“ an.*

01 Uhr 31 Minuten 41 Sekunden (Kapitän als Antwort an den Fluglotsen): *Air France 447, legen Sie los.*

01 Uhr 31 Minuten 45 Sekunden (Fluglotse aus Recife): *Air France 447, rufen Sie jetzt „Atlantico Center“ auf der Frequenz 66195565... (unverständlich)... Frequenz 6535...*

Die Nachricht des Fluglotsen ist gelinde gesagt unklar. Die Aneinanderreihung der Zahlen der Frequenzen ohne eine Pause dazwischen führt dazu, dass die Information verwirrend wirkt und dass es zu Fehlern kommen kann. Dem Flugkapitän gelingt es dennoch, sie teilweise zu entschlüsseln:

01 Uhr 32 Minuten 01 Sekunden (Kapitän): *Ich habe verstanden: 6649 und 5565 und 6535.*

01 Uhr 32 Minuten 09 Sekunden (Fluglotse aus Recife): *6535 wird es erst nach dem Wegpunkt TASIL mit Dakar sein, Air France 447.*

01 Uhr 32 Minuten 16 Sekunden (Kapitän): *OK, bye bye, danke.*

Der Fluglotse scheint nicht bemerkt zu haben, dass der Kapitän bei der ersten Frequenz von Atlantico einen Fehler gemacht hat (6649 anstelle von 6619). Aber es ist zu spät. Die Verbindung wird unterbrochen.
In den Minuten danach gelingt es der Besatzung nicht, Kontakt mit Dakar aufzunehmen. Der Flugkapitän entschließt sich deshalb, die Fluggesellschaft per „Sel Call“ anzurufen, um seine Position durchzugeben: Er schätzt, dass die Maschine um 1 Uhr 18 den Wegpunkt „SALPU“ überfliegen wird, danach um 2 Uhr 04 “ORARO“. Dabei wird sie Flugfläche 350 halten.

Draußen hat sich das Wetter inzwischen verschlechtert, da sich der A330 der intertropischen Konvergenzzone nähert. Die ersten Turbulenzen sind zu spüren. Sie sind nicht schlimm, aber sie sind erste Vorzeichen für Gewitter. Da draußen keine Lichter mehr sind, ist es zwar schwierig, die Sicht einzuschätzen. Doch sie scheint sich ebenfalls zu verschlechtern. Das Flugzeug taucht manchmal in eine Wolkenschicht ein und die Außentemperatur steigt nach und nach:

01 Uhr 36 Minuten 44 Sekunden (Kapitän): *Standard +12.*

Diese hohe Temperatur führt zu dem vorher angesprochenen Problem: Das Flugzeug wird niemals in der Lage sein, über das schlechte Wetter hinwegzufliegen. Es ist noch zu schwer. Erst wenn es durch den Treibstoffverbrauch leichter geworden ist, wird es dazu in der Lage sein. Der Kopilot ist sich dessen bewusst, denn er erklärt:

01 Uhr 36 Minuten 47 Sekunden (Kopilot): *Ja... ja, immer... sonst könnten wir höher steigen.*

01 Uhr 36 Minuten 48 Sekunden (Kapitän): *Ah ja... später leicht steigen... bis auf 340.*

01 Uhr 36 Minuten 50 Sekunden (Kopilot): *Ja.*

Der Airbus fliegt jetzt dicht an einer Wolkendecke entlang. Von Zeit zu Zeit taucht er sogar kurz darin ein. Die Turbulenzen werden stärker. Zuweilen ziehen auf beiden Seiten winzige weiße Fäden vorbei. Sie sind bezeichnend für das, was draußen vor sich geht:

01 Uhr 37 Minuten 03 Sekunden (Kapitän): *Es schneit!*

Als Antwort darauf gibt der Kopilot die angezeigte Geschwindigkeit des Flugzeugs an:

01 Uhr 37 Minuten 04 Sekunden (Kopilot): *209 Knoten.*[38]

Flug AF 447 befindet sich jetzt in folgender Situation: Der Airbus trifft auf die intertropische Konvergenzzone. Das Wetter wird schlechter. Vor dem Flugzeug sind Cumulonimbus-Wolken. Da die Temperatur draußen zu hoch ist, kann die Maschine nicht über sie hinwegfliegen. Dafür müsste sie durch den Treibstoffverbrauch leichter werden. Doch das wird zu lange dauern, bevor es soweit ist. Der Bordcomputer gibt an, dass die Bedingungen *erst in viereinhalb Stunden* erfüllt sein werden, sicher auf Flugfläche 370 zu steigen. Wenn der Pilot es jetzt trotzdem wagen würde, würde er einen Strömungsabriss riskieren. Die einzige Möglichkeit, sicher durch die intertropische Konvergenzzone zu fliegen, besteht

[38] 387 km/h. Es handelt sich um die angezeigte Geschwindigkeit im Verhältnis zur Luft. Sie hat nichts mit der Geschwindigkeit über Grund oder Mach-Zahl des Airbus zu tun.

darin, den Kurs immer wieder zu ändern, um die auf dem Radar rot angezeigten Zonen zu umfliegen. Seltsamerweise gibt es derzeit jedoch keine.
Es sei noch einmal daran erinnert, dass diese Wetterbedingungen für die Region nicht ungewöhnlich sind. Hunderte Flugzeuge fliegen jeden Tag durch diese Zone und alle machen dabei Ausweichmanöver.
Die beiden Piloten scheinen noch immer nicht beunruhigt zu sein, denn sie unterhalten sich mehr als fünf Minuten lang über Steuerparadiese. Die Stimmung ist friedlich. Über die Lautsprecher hört man andere Passagierflugzeuge mit dem Flugkontrollzentrum „Atlantico" sprechen.
Die Unterhaltung über Steuerparadiese endet erst, als sich der Kopilot auf den Radarbildschirm seines *„Navigation Display"* zu konzentrieren beginnt. Da immer noch keine Gewitterzellen vor dem Flugzeug zu sehen sind, ändert er den Maßstab der Erfassungsskala und verringert sie von 320 auf 160 Seemeilen.[39]
Daraufhin erscheint auf der Strecke des Airbus ein roter Fleck.

01 Uhr 42 Minuten 15 Sekunden (Kopilot): *Da ist ein Ding geradeaus... Da ist ein anderes dahinter.*

Der Kopilot hat gerade bedrohlich wirkende Wolkenformationen entdeckt, doch erstaunlicherweise wird die Möglichkeit nicht angesprochen, ihnen auszuweichen. Liegt das daran, dass die Gewitter noch weit weg sind?
Die Unterhaltung über Steuerparadiese wird fortgesetzt...
Einen Moment später wechselt der Kopilot plötzlich das Thema. Seine Worte sind unverständlich, doch sie scheinen nichts Gutes zu verheißen, da der Kapitän sehr heftig reagiert:

01 Uhr 44 Minuten 42 Sekunden (Kapitän): *Was? Oh, Scheiße nein!*

Vermutlich ist das Flugzeug in diesem Moment gerade dabei, in die Wolkenschicht einzutauchen. Bisher spricht nichts dafür, dass es sich einer Cumulonimbus-Wolke nähert. Der Kopilot ergreift vorsichtshalber dennoch eine Initiative, um die Situation besser einschätzen zu können.

---

[39] Der Maßstab des Radars verkleinert sich von 600 km auf 300 km.

01 Uhr 46 Minuten 14 Sekunden (Kopilot): *Ich dimme das Licht ein bißchen, um draußen sehen zu können.*

01 Uhr 46 Minuten 15 Sekunden (Kapitän): *Ja, ja.*

01 Uhr 46 Minuten 19 Sekunden (Kopilot): *Ich schalte die Scheinwerfer ein, um sehen zu können...*

Im Cockpit herrscht Halbdunkel wie bei einer Nachtlandung. Es wird nur von den sechs Bildschirmen beleuchtet. Draußen durchschneidet das Licht der Scheinwerfer die Dunkelheit. Die Wolkenschicht ist ganz dicht unter dem Flugzeug und die Lichtstrahlen spiegeln sich zeitweise in den Partikeln der Wolke wieder.

01 Uhr 46 Minuten 20 Sekunden (Kopilot): *Ah ja, in der Tat.*

01 Uhr 46 Minuten 21 Sekunden (Kapitän): *Was?*

01 Uhr 46 Minuten 23 Sekunden (Kopilot): *Es sieht so aus, als ob wir in die Wolke eintauchen.*

Das alles ist nicht dramatisch und im Cockpit scheint niemand sonderlich berunruhigt zu sein. Noch nicht einmal die Stewardess, die gerade das Cockpit verlassen will...

01 Uhr 46 Minuten 30 Sekunden (Stewardess): *Ich sehe nach dem Rechten... David wird sich... (unverständlich)... Ich werde essen.*

Als sie herausgeht, zollt ihr der Flugkapitän auf erstaunliche Weise seine Aufmerksamkeit...

01 Uhr 46 Minuten 34 Sekunden (Kapitän): *Ja, meine... meine Kleine.*

Flug 447 ist nicht der einzige, der mit etwas grenzwertigem Wetter zu kämpfen hat. Ein anderes Flugzeug von Air France befindet sich 300 Kilometer hinter ihm und stößt dort auf ein ähnliches Problem. Es handelt sich um den Flug 459, mit dem es vorher im Funkverkehr zu einer Verwechslung gekommen ist. Die Besatzung dieses Fluges kontaktiert nun „Atlantico", um darum zu bitten, von der vorgesehenen Route abweichen zu dürfen.

Die Besatzung des Fluges 447 hört dieser Unterhaltung zu.

01 Uhr 50 Minuten 11 Sekunden (Flug AF 459): *Air France 459?*

01 Uhr 50 Minuten 18 Sekunden (Atlantico): *Air France 459, fahren Sie fort.*

01 Uhr 50 Minuten 21 Sekunden (AF 459): *Air France 459, wir weichen 15 Grad nach rechts ab, um „Charlie Bravo“ auszuweichen.*[40]

01 Uhr 50 Minuten 33 Sekunden (Atlantico): *OK, Air France 459, rufen Sie zurück, wenn Sie auf die Route zurückkehren.*

01 Uhr 50 Minuten 37 Sekunden (AF 459): *Wir werden zurückrufen, wenn wir in ungefähr 100 Meilen wieder auf der Route sein werden.*[41]

Drei Wochen nach dem Absturz des Fluges AF 447 erklärt der Flugkapitän des Fluges AF 459 gegenüber der Presse, dass es ihm an diesem Abend gelungen sei, die Cumulonimbus-Wolken zu entdecken, weil er sein Wetterradar auf besondere Art eingestellt habe. *„Das ist etwas, was Flug 447 vielleicht nicht gemacht hat.“... „Es ist klar, dass das nicht jeder macht.“*[42]

Wie dem auch sei: Die Unterhaltung zwischen Flug 459 und dem Kontrollzentrum von Atlantico wird im Cockpit des Airbus empfangen. Dennoch diskutiert die Besatzung über die Möglichkeiten, auf Flugfläche 370 zu steigen. Sie scheint das Gespräch gar nicht zu hören. Vermutlich interessiert sie sich nicht wirklich dafür, was auf der von ihr bereits zurückgelegten Strecke passiert.

Die beiden Männer kommentieren deshalb das Funkgespräch nicht.

Nach einigen Überlegungen schlägt der Kopilot vor, den Versuch zu wagen, auf Flugfläche 360 zu steigen. Angesichts des Gesamtfluggewichts könnte das etwas eng werden, aber seiner Meinung nach müsste es klappen.

Der Kapitän zögert und antwortet schließlich:

[40] Charlie Bravo = CB für Cumulonimbus.

[41] 185 km.

[42] Le Figaro, 24. Juni 2009.

01 Uhr 50 Minuten 32 Sekunden (Kapitän): *Wir warten noch ein bißchen…*

Während des Gesprächs sind auf den Funkfrequenzen Interferenzen zu hören, da die Gewitter elektrische Störungen verursachen. Das scheint die Besatzung zu erstaunen, da kein Blitz zu sehen ist. Der Kapitän des Fluges AF 459 bestätigt später, dass die Gewitter in dieser Nacht keine großen elektrischen Aktivitäten hatten und dass es sehr wenig Blitze gab. Das kommt sehr selten vor, wenn man die intertropische Konvergenzzone durchfliegt…
Dagegen wird Flug AF 447 Zeuge eines anderen, sehr spektakulären elektrischen Phänomens.

01 Uhr 51 Minuten 10 Sekunden (Kapitän): *Mensch Meier, das hat uns gerade noch gefehlt!*

Der Kopilot reagiert überrascht. Zweifelsohne sieht er dieses Ereignis zum ersten Mal in seinem Leben.

01 Uhr 51 Minuten 14 Sekunden (Kopilot): *Ah… (unverständlich)… oder was da?*

01 Uhr 51 Minuten 21 Sekunden (Kapitän): *Hat nur noch „Herr Sankt Elms" gefehlt.*

Am Airbus tritt nämlich das sogenannte Elmsfeuer auf: An einigen Teilen der Flugzeugzelle erscheinen blauviolette Funken, normalerweise an der Windschutzscheibe, den Flügeln und den Flügelspitzen.[43] Diese erstaunlichen Funken treten in Gewitterzonen auf, vor allem, wenn ein Flugzeug eine Cumulonimbus-Wolke überfliegt.[44]

Der Kopilot ist erneut verblüfft.

01 Uhr 51 Minuten 30 Sekunden (Kopilot): *… hatte nicht den Eindruck, dass es ein Gewitter geben wird.*

---

[43] Auf Youtube gibt es zahlreiche Videos von Elmsfeuern, die vom Cockpit aus gefilmt wurden. Hier ein Beispiel: http://www.youtube.com/watch?v=Py5mkrrcLPU&NR=1

[44] Das Phänomen tritt auch an den Mastspitzen von Segelbooten auf. Das Elmsfeuer war früher bei Seeleuten sehr gefürchtet, da es oft Vorbote für drohende Blitzeinschläge war.

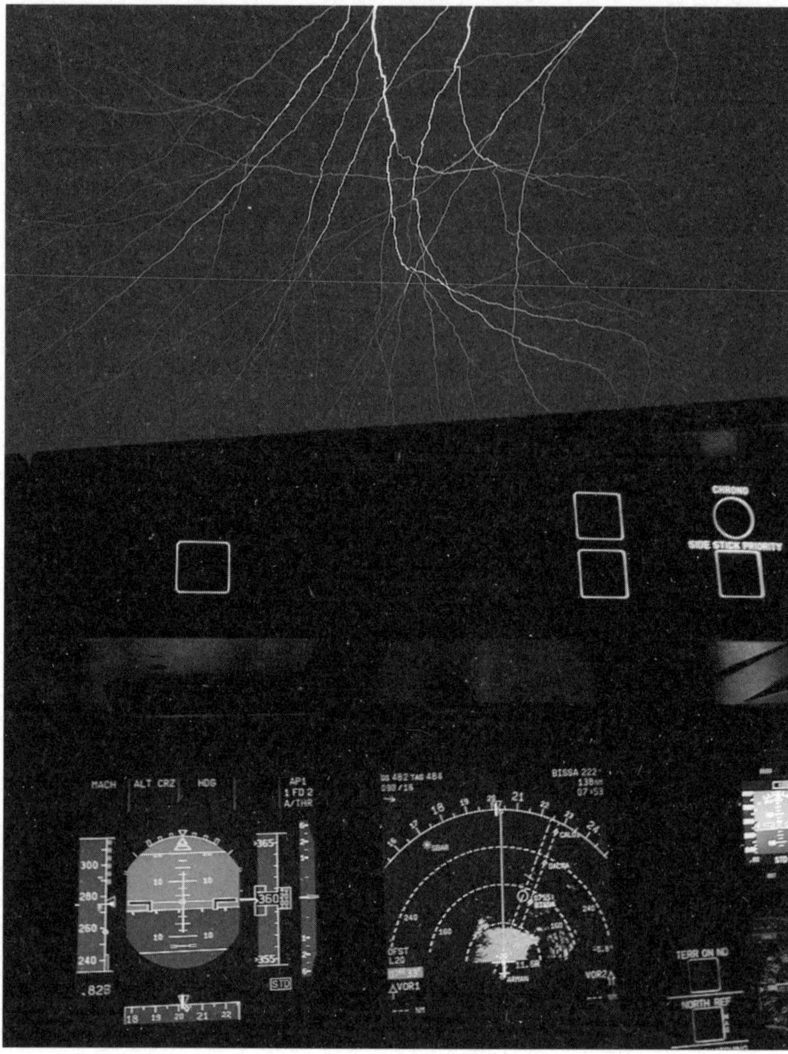

Elmsfeuer auf einer Windschutzscheibe.

Die Bemerkung des Kopiloten bestätigt das, was die Besatzung des Fluges AF 459 später aussagen wird: *„An diesem Abend war die Gewittermasse optisch schwer zu erkennen, da es keine Blitze gab.“* Dennoch sei noch einmal daran erinnert, dass solche elektrischen Phänomene nicht außergewöhnlich sind, da sich die Maschine ja in der Nähe des Äquators befindet. Die Wetterbedingungen sind für diese Jahreszeit normal. Man muss nur vorsichtig sein. Selbst wenn der Airbus von einem Blitz getroffen würde, hätte dies keine Folgen, außer dass sich vielleicht die Passagiere erschrecken

würden. Das Flugzeug wirkt wie ein Faraday'scher Käfig. Es ist gut gegen heftige Stromschläge geschützt.[45]
Gleichzeitig machen sich die Turbulenzen wieder bemerkbar. Sie sind jedoch moderat und der Kapitän scheint noch immer nicht beunruhigt zu sein:

01 Uhr 51 Minuten 58 Sekunden (Kapitän): *Es wird turbulent sein, wenn ich schlafen gehe.*

Die Besatzung diskutiert einen Moment lang über die vom Flugzeugbauer empfohlene REC/MAX, die empfohlene Höchst-Flugfläche, die die Maschine erreichen kann... Der Flugkapitän entscheidet erneut, dass sie noch warten sollten, bevor sie aufsteigen, da die Temperatur zu hoch ist. Vier Minuten danach beschließt er, das Cockpit zu verlassen:

01 Uhr 55 Minuten 57 Sekunden (Kapitän): *Gut, ... Also, wir müssen ihn nur noch aufwecken, nicht wahr, äh?*

Es ist David R., der aufgeweckt werden soll, damit er den Platz des Kapitäns einnehmen kann. Als sich dieser anschickt, seinen Sitz zu verlassen, ist es im Cockpit noch immer halbdunkel.

01 Uhr 56 Minuten 00 Sekunden (Kapitän): *Ich mach ein bißchen mehr Licht, ja?*

01 Uhr 56 Minuten 01 Sekunden (Kopilot): *Mach das.*

Er betätigt die Taste *„Flight Rest"*, um den zweiten Kopiloten mit einem akustischen Signal zu rufen. Offenbar schläft David R. nicht sehr tief, denn er antwortet sofort mit einem Klopfen gegen die Trennwand, um mitzuteilen, dass er ins Cockpit kommen wird. Jetzt müssen noch zwei Fragen geklärt werden:

- Welchen Platz wird der zweite Kopilot im Cockpit einnehmen?
- Wer wird das Kommando übernehmen, wenn der Flugkapitän das Cockpit verlässt? Denn dann werden dort nur zwei Kopiloten sein und es muss festgelegt werden, wer von ihnen den Kapitän in seiner Abwesenheit vertreten soll.

[45] Ein Faraday'scher Käfig ist eine Hülle aus Metall oder Draht, die als elektrische Abschirmung wirkt. Ein Flugzeug verhält sich wie ein Auto, dessen Reifen es von der Erde isolieren. Die Insassen sind bei Gewitter nicht gefährdet (unter der Bedingung, dass es nicht geerdet ist, um die elektrostatische Ladung abzuleiten).

01 Uhr 56 Minuten 16 Sekunden (Kapitän): *Äh... wer wird landen. Du? Also gut, dann wird er meinen Platz einnehmen.*

Die Überlegung ist simpel: Da der Kopilot derjenige ist, der das Flugzeug in Roissy-Charles de Gaulle landen soll, wird er jetzt der PF bleiben. Mit „Platz einnehmen" meint der Kapitän den linken Sitz. Das bedeutet aber nicht, dass ihn David R. ihn vertreten soll. Im Gegenteil, denn der Flugkapitän fragt sofort:

01 Uhr 56 Minuten 20 Sekunden (Kapitän): *Bist du Linienpilot?*

01 Uhr 56 Minuten 21 Sekunden (Kopilot auf dem rechten Platz): *Ja.*

Die Frage, die Marc D. gestellt hat, ist aus regulatorischer Sicht wichtig. Der Kapitän vergewissert sich, dass Pierre-Cédric B. die Linienpilotenlizenz für Flugzeuge mit mehreren Besatzungsmitgliedern hat, bevor er ihm seinen Platz als Stellvertreter überlässt. Das ist unabdingbar.[46] Eine CPL-Lizenz reicht dafür nicht.[47] Obwohl sich die beiden Männer duzen, kennen sie sich nicht. Sie hätten diese Frage eigentlich schon während des Briefings für den Flug besprechen können. Doch das ist nicht geschehen. Da der Kopilot bestätigt, dass er die erforderliche Lizenz besitzt, darf er den Kapitän vertreten. Sobald dieser das Cockpit verlassen haben wird, wird Pierre-Cédric B. also eine doppelte Aufgabe haben: Er wird den Airbus steuern und er wird auch die Befehlsgewalt haben. Das ist eine große Verantwortung, wenn man ein Flugzeug mit 216 Passagieren steuert.

In diesem Moment kommt der zweite Kopilot zurück ins Cockpit. Der Flugkapitän schiebt seinen Sitz zurück, damit David R. ihn einnehmen kann.

01 Uhr 59 Minuten 32 Sekunden (Kapitän): *Gut, in Ordnung?*

01 Uhr 59 Minuten 38 Sekunden (Kopilot Pierre-Cédric B.): *Hast du geschlafen?*

[46] Die Vorschriften lassen zu, dass ein Flugkapitän die Durchführung des Fluges einem anderen Piloten anvertraut. Voraussetzung ist, dass sich das Flugzeug auf einer Höhe von mehr als 20.000 Fuß (ungefähr 6.000 Meter) befindet.

[47] Commercial Pilot Licence.

01 Uhr 59 Minuten 40 Sekunden (Kopilot David R.): *Mittelprächtig.*

01 Uhr 59 Minuten 44 Sekunden (Kapitän): *Hast du nicht geschlafen?*

Da David R. nicht sofort antwortet, antwortet der Kopilot auf dem rechten Platz für ihn.

01 Uhr 59 Minuten 47 Sekunden (Kopilot Pierre-Cédric B.): *Er sagt: Mittelprächtig, mittelprächtig, mittelprächtig...*

Kopilot David R. setzt sich auf den linken Sitz und der Kapitän findet, dass es für ihn jetzt im Cockpit nichts mehr zu tun gibt.

02 Uhr 00 Minuten 08 Sekunden (Kapitän): *Gut, ich verschwinde.*

Doch er verlässt das Cockpit nicht sofort. Er bleibt noch einen Moment, um anzuhören, wie Pierre-Cédric B. den anderen Kopiloten brieft. Das ist normal, da er ihn über die derzeitige Situation ins Bilde setzen muss.

02 Uhr 00 Minuten 19 Sekunden (Kopilot David R.): *Ich... Ehrlich gesagt, habe ich geschlummert... Bei euch alles ok?*

02 Uhr 00 Minuten 33 Sekunden (Kopilot Pierre-Cédric B.): *Alles in Ordnung! Ok, weiter voraus dürften wir leichte Turbulenzen haben, dieselben du gerade gespürt hast. Genau genommen sind wir gerade in der Schicht... Leider können wir momentan nicht höher gehen, da die Temperatur nicht so schnell abnimmt wie vorhergesehen.*

02 Uhr 00 Minuten 44 Sekunden (Kopilot David R.): *Ja, mhm.*

02 Uhr 00 Minuten 45 Sekunden (Kopilot Pierre-Cédric B.): *Also... das sorgt dafür, dass die REC/ Max ein wenig zu niedrig ist, um auf Flight Level 370 gehen zu können. Das ist wirklich schade!*

Die Einweisung des Kopiloten ist klar. Die REC/ MAX ist die maximale Höchst-Flugfläche, die empfohlen wird, um sicher fliegen zu können. Sie hängt bei einem gleichbleibenden Gewicht

des Flugzeugs vor allem von der Außentemperatur ab. Wie wir bereits gesehen haben, entspricht die Temperatur an diesem Abend jedoch nicht den Wettervorhersagen. Der Airbus muss also in der Wolkenschicht fliegen. Deshalb ist es wahrscheinlich, dass er bald auf stärkere Turbulenzen treffen wird.
Pierre-Cédric B. setzt sein Briefing fort und erklärt dem anderen Kopiloten die Funkverkehr-Situation.

02 Uhr 00 Minuten 52 Sekunden (Kopilot Pierre-Cédric B.): *Ansonsten stehen wir mit Atlantico in HF-Kontakt.*

02 Uhr 01 Minuten 02 Sekunden (Kopilot David R.): *Hm, hm...*

02 Uhr 01 Minuten 20 Sekunden (Kopilot Pierre-Cédric B.): *Die Anmeldung mit Dakar ist fehlgeschlagen...*[48] *Wir sind aber selbstverständlich in Kontakt mit dem Dispatch.*[49]

Dann wendet er sich an den Kapitän, der immer noch hinter ihm und seinem Kollegen steht:

02 Uhr 01 Minuten 22 Sekunden (Kopilot): *Kannst du uns bitte nochmal die exakten Frequenzen in Erinnerung rufen, die sie uns gegeben haben?*

Der Ton, in dem der Kopilot mit dem Flugkapitän spricht, ist erstaunlich – um so mehr, als Marc D. offensichtlich nicht mit dieser Frage gerechnet hat.

02 Uhr 01 Minuten 29 Sekunden (Kapitän): *Hä?*

02 Uhr 01 Minuten 30 Sekunden (Kopilot Pierre-Cédric B.): *Die Frequenzen? Welche ist welche?*

02 Uhr 01 Minuten 31 Sekunden (Kapitän): *Äh... 6649, 5565 und danach ist es 6535.*

[48] Das ADS-C (Automatic Dependent Surveillance – Contract) ist ein System, das dem Flugzeug ermöglicht, der Flugsicherung die Position und andere Flugdaten zu senden (der Luftraum über dem Südatlantik liegt außerhalb der Radarreichweite). Die Anlagen befinden sich in Cayenne Rochambeau in Französisch-Guyana.
[49] Das operative Kontrollzentrum von Air France.

Der andere Kopilot versteht sofort, worum es geht. Denn er bestätigt :

02 Uhr 01 Minuten 39 Sekunden (Kopilot David R.): *Ab „TASIL" ist es 6535!*

Diesmal geht der Kapitän wirklich. Der Cockpit Voice Recorder zeichnet ein Klicken wie von einer Tür auf, die ins Schloss fällt. Die beiden Kopiloten bleiben alleine im Cockpit…

In dem Augenblick sieht die Situation wie folgt aus:

- Der Airbus befindet sich in der intertropischen Konvergenzzone und es scheint, als gäbe es mehrere Cumulonimbus-Wolken auf seiner Route. Das Elmsfeuer lässt vermuten, dass er gerade eine überflogen hat... Wegen der erhöhten Temperatur kann die Maschine nicht höher steigen und die Besatzung hat noch nicht über eine Abweichung vom Kurs gesprochen.
- Der Flugkapitän hat das Cockpit verlassen, um sich in der Schlafkoje auszuruhen.
- David R., der gerade aufgewacht ist, befindet sich nun auf dem linken Platz. Er wird sich um den Funkverkehr kümmern.
- Pierre-Cédric B. sitzt auf dem rechten Platz. Von den beiden Kopiloten ist er der unerfahrenere, doch der Kapitän hat durchklingen lassen, dass er sich durch ihn vertreten lässt, da er ihn gefragt hat, ob er die Linienpilotenlizenz hat. Pierre-Cédric B. ist also jetzt der Verantwortliche.

In Wirklichkeit sind die Aufgaben jedoch nicht klar verteilt worden. Wahrscheinlich wird diese missverständliche Situation bei den späteren Ereignissen eine gewisse Rolle spielen.

Die Informationen, die auf dem Bildschirm des Primary Flight Display angezeigt werden, sind absolut normal:

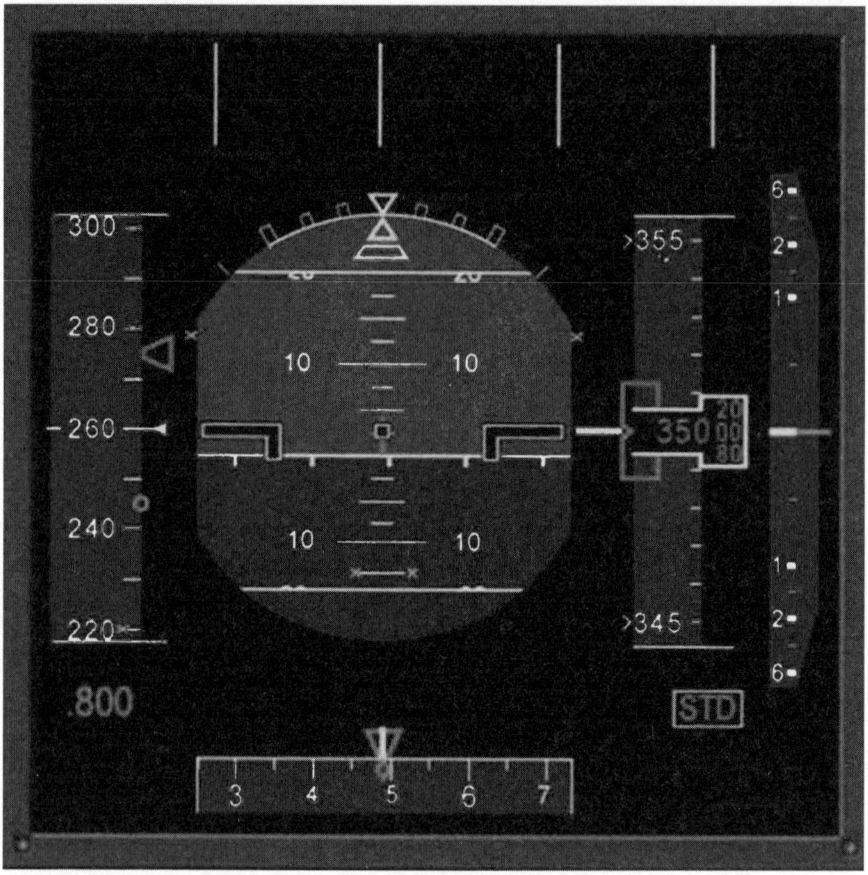

Die Informationen des PFD im Normalflug:
Die angezeigte Fluggeschwindigkeit beträgt 260 Knoten (linke Skala).
Das Flugzeug fliegt mit Mach 0.8 (.800).
Die Fluglage beträgt 2,5 Grad (künstlicher Horizont).
Die Flugfläche ist 350 (erste Skala rechts).
Die Anzeige des Variometers ist auf null (zweite Skala ganz rechts).
Der Kurs beträgt 049°(Skala unten auf dem Bildschirm).

Die beiden Kopiloten sprechen noch einmal über die HF-Frequenzen, die auf der Strecke zur Verfügung stehen. Dann erklärt Pierre-Cédric B., was er machen würde, wenn sie einen Triebwerksschaden hätten:

02 Uhr 02 Minuten 32 Sekunden (Kopilot Pierre-Cédric B.): *Wenn wir ein Problem hätten, würden wir momentan umdrehen und nach Natal zurückfliegen, wo es schön ist…*

02 Uhr 02 Minuten 37 Sekunden (Kopilot David R.): *In Ordnung.*

Kopilot Pierre-Cédric B. stichelt noch einmal gegen den Kapitän, der den Dispatcher nicht wirklich um einen Ausweichflughafen gebeten hat, wie er es seiner Meinung nach hätte tun sollen.

02 Uhr 02 Minuten 47 Sekunden (Kopilot Pierre-Cédric B.): *Ah, also Marc hat zwar eine Nachricht geschickt, um zu erbitten... um die Änderung des Ausweichflugplatzes zu erbitten. Er hat es nicht verlangt... äh... Doch, er hat gesagt, dass er die Änderung des Ausweichflugplatzes „Dingsda" anfragt, das ist die Antwort.*

Der Kopilot drückt sich zwar nicht sehr klar aus, doch man kann erahnen, dass er sich anders verhalten hätte.

Während sich die beiden Männer unterhalten, fliegt der Airbus mit Mach 0.82 auf das schlechte Wetter zu. Erneut macht sich eine leichte Turbulenz bemerkbar. Sie ist nicht schlimm, doch wahrscheinlich nähert sich das Flugzeug dem Kopf einer anderen Cumulonimbus-Wolke.[50]
Pierre-Cédric B. deutet auf die fragliche Zone auf seinem ND.

02 Uhr 03 Minuten 44 Sekunden (Kopilot Pierre-Cédric B.): *Die intertropische Konvergenzzone... Hier, wir sind drin, zwischen „SALPU" und „TASIL"... Und dann hier, wir sind mittendrin...*

Als die Turbulenz deutlich zunimmt, stellt David R. fest, dass die Temperatur höher als vorhergesagt ist. Sie beträgt jetzt „Standard +10", was ihnen noch immer nicht ermöglicht, höher zu steigen. David R. schlägt deshalb vor, die Stewardessen zu warnen, dass es wackeln könnte, damit sie entsprechende Vorkehrungen treffen können.

02 Uhr 05 Minuten 55 Sekunden (Kopilot David R.): *Ja, wir werden sie hinten anrufen... um ihnen zu sagen, weil...*

[50] Wenn man sich der intertropischen Konvergenzzone nähert, werden Turbulenzen fast immer von einem heftigen Temperaturanstieg begleitet, was Probleme mit dem Auftrieb bereiten kann. Bei Flug AF 447 wird die Temperatur entgegen den Wettervorhersagen nicht sinken.

David R. betätigt also die Klingel. Er bekommt fast sofort eine Antwort:

02 Uhr 05 Minuten 59 Sekunden (Stewardess): *Ja? Marylin.*

Es ist jedoch nicht David R., sondern Pierre-Cédric B., der mit ihr spricht.

02 Uhr 06 Minuten 04 Sekunden (Kopilot Pierre-Cédric): *Ja, Marylin, hier ist Pierre von vorne... Sag, in zwei Minuten dürften wir in eine Zone kommen, wo es etwas mehr als jetzt wackeln dürfte. Ihr solltet da auf der Hut sein.*

02 Uhr 06 Minuten 13 Sekunden (Stewardess): *In Ordnung. Also sollen wir uns hinsetzen?*

02 Uhr 06 Minuten 15 Sekunden (Kopilot Pierre-Cédric B.): *Gut, ich glaube, das wäre nicht schlecht... Du sagst den anderen Bescheid!*

02 Uhr 06 Minuten 18 Sekunden (Stewardess): *Ja, ok, ich benachrichtige die anderen hinten. Vielen Dank.*

Um die junge Frau zu beruhigen, fügt der Kopilot hinzu:

02 Uhr 06 Minuten 19 Sekunden (Kopilot Pierre-Cédric B.): *Aber ich sage dir sofort Bescheid, wenn wir da wieder raus sind.*

02 Uhr 06 Minuten 20 Sekunden (Stewardess): *Ok.*

Es vergehen ein paar Sekunden. Dann überprüft David R. erneut die Temperatur, die auf seinem Bildschirm angezeigt wird. Da sie schnell ansteigt, ruft er überrascht aus:

02 Uhr 06 Minuten 40 Sekunden (Kopilot David R.): *Standard +13! Verflucht, so ein Donnerwetter. Zum Glück sind wir auf 330, oder? Mit einem vollen 340 würden wir nicht besonders große Töne spucken.*[51]

02 Uhr 06 Minuten 45 Sekunden (Kopilot Pierre-Cédric B.): *Das würde ich auch sagen!*

---

[51] Anspielung auf die Leistungsunterschiede zwischen einem A330 und einem A340.

Die Kopiloten müssen laut loslachen, nachdem sie die Leistungen ihres Airbus angesprochen haben. Offenbar macht ihnen der heftige Temperaturanstieg keine Angst.
Dann schaut Pierre-Cédric R. auf die Temperatur.

02 Uhr 06 Minuten 50 Sekunden (Kopilot Pierre-Cédric B.): *Minus 42... Ok... Lass uns das Anti-Vereisungssystem starten. Das ist besser als nichts.*

Wir haben es bereits gesagt: Auch wenn es merkwürdig erscheinen mag, ist es warm, wenn in dieser Höhe -42 Grad herrschen. Denn das entspricht einer Temperatur „Standard +13“, wie David R. gerade angemerkt hat. Es ist etwas paradox, aber jetzt muss das Eisverhütungssystem eingeschaltet werden, obwohl es warm ist, da das Flugzeug nicht bei klarem Himmel, sondern in einer Wolkenschicht fliegt. An sensiblen Punkten der Flugzeugzelle kann sich Eis bilden. Das muss verhindert werden.

02 Uhr 07 Minuten 00 Sekunden (Kopilot Pierre-Cédric B.): *Wir sind offenbar am Rande der Wolkenschicht... Das müsste gehen.*

David R. scheint jedoch weniger optimistisch als sein Kollege zu sein. Als er das Wetterradar auf seinem ND aufmerksam überprüft, stellt er fest, dass das System nicht ideal konfiguriert ist, um gefährliche Gewitterzellen erkennen zu können. Das Radar befindet sich im „kalibrierten“ Modus. David R. stellt es deshalb auf „Maximalverstärkung“. In dem Moment wird ihm bewusst, dass *die Wetterbedingungen nicht so gut sind, wie sie dachten.* Ziemlich überall sind starke Echos zu sehen und sie sind dabei, in ihre Richtung zu fliegen. Dagegen scheinen die Gewitter linker Hand weniger stark zu sein.
Er macht deshalb einen Vorschlag.

2 Uhr 08 Minuten 03 Sekunden (Kopilot David R.): *Du könntest vielleicht etwas nach links ziehen.*

2 Uhr 08 Minuten 06 Sekunden (Kopilot Pierre-Cédric B.): *Wie bitte?*

02 Uhr 08 Minuten 07 Sekunden (Kopilot David R.): *Du kannst vielleicht etwas nach links ziehen. Wir sind uns einig, dass wir im manuellen Modus sind, oder?*

David R. schlägt eine Kursänderung vor, um das schlechte Wetter zu umfliegen. Pierre-Cédric B. kommentiert das nicht und korrigiert den Kurs, ohne ein Wort zu verlieren, um zwölf Grad nach links. Der Kurs beträgt nun 037 Grad.
Dann kann er seine Überraschung nicht verbergen, denn im Cockpit macht sich ein sehr starker Geruch bemerkbar. Es riecht so ähnlich wie in der Nähe eines elektrischen Transformators und es ist plötzlich sehr warm:

02 Uhr 08 Minuten 36 Sekunden (Kopilot Pierre-Cédric B.): *Donnerwetter, hast du die Klimaanlage angerührt?*

02 Uhr 08 Minuten 39 Sekunden (Kopilot David R.): *Ich habe sie nicht angeührt!*

02 Uhr 08 Minuten 41 Sekunden (Kopilot Pierre-Cédric B.): *Nein, aber, die Klimaanlage? Was ist das für ein Geruch?*

David R. scheint jedoch nicht überrascht zu sein. Da er mehr Erfahrung als sein Kollege hat, hat er sofort verstanden, was vor sich geht. Das beeindruckt ihn aber nicht wirklich:

02 Uhr 08 Minuten 43 Sekunden (Kopilot David R.): *Das ist Ozon... Das ist Ozon...*[52]

02 Uhr 08 Minuten 45 Sekunden (Kopilot Pierre-Cédric B.): *Das ist das Ozon, ist es das? Sind wir uns einig?*

02 Uhr 08 Minuten 47 Sekunden (Kopilot David R.): *Das ist das Ozon, deshalb...*

02 Uhr 08 Minuten 48 Sekunden (Kopilot Pierre-Cédric B.): *Man spürt schon, dass es viel wärmer ist.*

02 Uhr 08 Minuten 50 Sekunden (Kopilot David R.): *Deshalb ist es warm und ozonisch!*

---

[52] Ozon (O3) entsteht durch die Einwirkung der elektrischen Felder von Gewittern aus Sauerstoff. Es hat einen sehr charakteristisch stechenden Geruch, den man in Transformatoren und in der Nähe von bestimmten elektrischen Geräten riechen kann. Auch wenn es in hoher Konzentration gefährlich für die Gesundheit ist, sorgt Ozon für die schöne blaue Farbe des Himmels.

02 Uhr 09 Minuten 01 Sekunden (Kopilot Pierre-Cédric B.): *Was ist das? Ist das typisch für die ITC?*

02 Uhr 09 Minuten 07 Sekunden (Kopilot David R.): *Das Ozon? Das ist... äh, die Luft, die sich elektrisch auflädt.*

02 Uhr 09 Minuten 10 Sekunden (Kopilot Pierre-Cédric B.): *Nein? Ah ja, in Ordnung...*

Es ist offensichtlich, dass Pierre-Cédric B. zum ersten Mal auf dieses Phänomen trifft. Ozongeruch in großen Höhen steht oft stellvertretend für das Vorhandensein einer sich schnell entwickelnden Cumulonimbus-Wolke, da die Wolke dann eine hohe elektrische Aktivität hat.
Die Sekunden vergehen. Die Stimmung ist etwas angespannt. Pierre-Cédric B. scheint sich unbehaglich zu fühlen:

02 Uhr 09 Minuten 20 Sekunden (Kopilot Pierre-Cédric B.): *Es ist erstaunlich, wie warm es plötzlich ist.*

Im Cockpit verändern sich plötzlich die Hintergrundgeräusche sehr. Die Ermittler glauben später, dass das von der Bildung von Eiskristallen an einigen Stellen des Flugzeugrumpfes kommt. Die aerodynamische Strömung verändert sich unmerklich. Da Pierre-Cédric B. nicht reagiert, ergreift David R. die Initiative und verringert die Mach-Zahl auf 0.8. Es ist nie gut, zu schnell zu sein, wenn sich die Wetterbedingungen verschlechtern.

02 Uhr 09 Minuten 54 Sekunden (Kopilot David R.): *Hier, ich verringer es dir ein wenig. Hier...*

02 Uhr 10 Minuten 00 Sekunden (Kopilot Pierre-Cédric B.): *Das kostet nichts!*

02 Uhr 10 Minuten 02 Sekunden (Kopilot David R.): *Los, mach schon.*

02 Uhr 10 Minuten 03 Sekunden (Kopilot Pierre-Cédric B.): *Willst du, dass wir auf „Ignition Start" schalten?* [53]

[53] Der Ignition Start verhindert, dass die Triebwerke starker Eisbildung zur Unzeit ausgehen. Er hält die Flamme in der Brennkammer aufrecht und bewirkt, dass das Triebwerk nicht durch eventuell durch die Lufteinlässe eintretende Eisstücke erstickt werden kann.

Der PF und der PM teilen sich jetzt die Aufgaben etwas zufällig auf. Da ihre Rollen nicht eindeutig festgelegt wurden, bevor der Kapitän schlafen gegangen ist, ist nicht klar, wer was entscheidet. Deshalb ist es erstaunlicherweise Pierre-Cédric B., der fragt, ob der Ignition Start des Triebwerks eingeschaltet werden soll.

DIE VIER SCHICKSALSHAFTEN MINUTEN...

Plötzlich geht ein Alarm los, der *„Cavalry charge"*. Er dauert nur 2,2 Sekunden, doch er zeigt an, dass sich der Autopilot abschaltet. Pierre-Cédric B. stürzt sich sofort auf den Sidestick zu seiner Rechten:

02 Uhr 10 Minuten 06,4 Sekunden (Kopilot Pierre-Cédric B.): *Ich hab die Steuerung.*

02 Uhr 10 Minuten 07,5 Sekunden (Kopilot David R.): *In Ordnung.*

Wahrscheinlich sind in diesem Moment die Pitot-Rohre vereist. Der wahre Grund dafür ist derzeit nicht bekannt. Wurde die Enteisung zu spät eingeschaltet? War die Vereisung in dieser Nacht besonders stark? War die Heizung der Pitot-Rohre defekt? Was auch immer der Grund war: Die Pitot-Rohre sind mit Eis verstopft und sie liefern deshalb keine Informationen mehr über die Geschwindigkeit. Auf dem Primary Flight Display verschwindet die Geschwindigkeitsanzeige. Der Computer wechselt deshalb sofort in den „Alternate Law"-Modus. Einige computerbasierte Schutzsysteme sind nicht mehr aktiviert und die automatischen Vortriebsregler erstarren in der Stellung, in der sie waren. Das bedeutet, dass der Computer die Leistung nicht mehr in Abhängigkeit von den Bedürfnissen des Flugzeugs ausgleicht. Jetzt müssen die beiden Kopiloten die Leistung der Triebwerke anpassen.

Da der Autopilot abgeschaltet ist, gleicht niemand die Turbulenzen aus und der Airbus neigt sich langsam 8,4 Grad nach rechts. In diesem Moment ist die Situation nicht dramatisch. Nach dem Absturz des Fluges AF 447 haben viele Piloten diese Situation in einem A330-Simulator getestet und dabei ist das Flugzeug niemals

in eine Lage geraten, die gefährlich gewesen wäre. Es blieb absolut stabil.[54]
In diesem Moment würde es genügen, wenn der Kopilot mit dem linken Sidestick eine winzige Korrektur durchführen würde, um die Flügel wieder in die Horizontale zu bringen. Dann hätte der Vorfall keine Folgen. Das ist fliegerisches Grundwissen, das einem korrekt geschulten Piloten keine Probleme bereitet.

Leider geschieht all das jedoch nicht. Als sich Pierre-Cédric B. des Flightsticks bemächtigt, reagiert er sehr unverhältnismäßig. Durch eine reflexartige Bewegung, die an Panik erinnert, stellt er den Flightstick auf dreiviertel der Maximalstellung „Hochziehen“ und lässt ihn in dieser zurückgezogenen Position... Die Fluglage des Airbus erhöht sich sofort um 11 Grad und das Flugzeug beginnt mit einer Vertikalgeschwindigkeit von 5.200 Fuß je Minute zu steigen.
In der Höhe, auf der sich die Maschine befindet, ist eine solche Steigrate gewaltig.
Sofort wird ein zweiter Alarm ausgelöst, die *„C-chord“*. Dieser Alarm warnt Piloten, dass das Flugzeug die Höhe verlässt, für die es eingestellt war. Es ist nicht mehr auf Flugfläche 350!
Die Maschine muss heruntergehen...
Schließlich ertönt auch der Alarm für den Strömungsabriss. Das ist normal, da die Geschwindigkeit rapide fällt und vor allem, da der Anstellwinkel plötzlich gestiegen ist. Er beträgt jetzt 5 Grad.[55]
Es ist unmöglich, diesen Überziehalarm zu überhören. Er erfolgt durch eine elektronische Warnung. Eine sehr tiefe männliche Computerstimme kündigt an:

02 Uhr 10 Minuten 10,4 Sekunden (Computerstimme):
STALL![56]

Auf das Wort „Stall“ folgt eine ungewöhnliche Tonart, die „Heuschrecke“ genannt wird. Dabei handelt es sich um ein Alarmsignal, das bewusst unangenehm gestaltet ist, damit es nicht unbemerkt bleibt. Das Risiko, es nicht zu hören, ist umso geringer, als der Überziehalarm Vorrang vor allen anderen akustischen Warnsignalen hat. Wenn das Wort „Stall“ im Cockpit ertönt,

[54] Der Autor dieses Buches hat die Situation ebenfalls selbst in einem A330-Simulator ausprobiert und ist dabei zu denselben Feststellungen gekommen. Das Flugzeug bleibt in der Fluglage, in der es sich befand, als sich der Autopilot abgeschaltet hat.
[55] Der Alarm wird ausgelöst, wenn der Anstellwinkel mehr als 4 Grad beträgt.
[56] Stall: Strömungsabriss. Bei Airbus sind alle Bedienungselemente auf Englisch.

verstummen alle anderen Alarmsignale, da keines von ihnen so eine schwerwiegende Bedeutung wie die Überziehwarnung hat. Ein Strömungsabriss in großer Höhe ist das Schlimmste, was einem Flugzeug passieren kann.

02 Uhr 10 Minuten 11 Sekunden (Computerstimme): *STALL!*

02 Uhr 10 Minuten 11,3 Sekunden (Kopilot David R.): *Was ist das?*

Die unmittelbare Reaktion eines normal geschulten Piloten ist, das Steuerhorn zu drücken, sobald die Überziehwarnanlage ertönt. Flugschülern wird während der Ausbildung beigebracht, dass in der Regel die Flugzeugnase zu weit nach oben zeigt und der Anstellwinkel zu groß ist, wenn dieser Alarm ertönt. Das einzige Mittel, den überzogenen Flugzustand zu beenden, ist, die Steuersäule nach vorne zu drücken, um die Flugzeugnase herunterzunehmen. Das hat oberste Priorität!
Kopilot Pierre-Cédric B. macht jedoch genau das Gegenteil. Er zieht… Das ist eine instinktive Reaktion, die viele Anfänger haben, wenn sie beim Flugunterricht die ersten Male üben, was zu tun ist, um einen Strömungsabriss zu beenden.
Wir werden hier nicht alle Werte wiedergeben, die der Flugdatenschreiber für den Anstellwinkel, die Fluglage und die Geschwindigkeit des A330 in dieser Nacht aufgezeichnet hat, da diese Aufzählung von Zahlen ermüdend für den Leser wäre. Das Einzige, was man wissen muss, ist, dass Pierre-Cédric B. seinen Sidestick zu heftig bedient und dass er die Nase des Flugzeugs fast ständig nach oben zieht.
Die Überziehwarnanlage hört deshalb nicht mehr auf:

02 Uhr 10 Minuten 13 Sekunden (Computerstimme): *STALL!*

02 Uhr 10 Minuten 13,4 Sekunden (Computerstimme): *STALL!*

02 Uhr 10 Minuten 15,1 Sekunden (Kopilot Pierre-Cédric B.): *Wir haben keine richtige… Die Geschwindigkeit wird nicht richtig angezeigt.*

02 Uhr 10 Minuten 15,9 Sekunden (Kopilot David R.): *Haben wir also Geschwindigkeit verloren?*

Der Airbus steigt weiter. Drei Sekunden später steigt seine Vertikalgeschwindigkeit auf 6.700 Fuß pro Minute. Es ist schwierig, sich ein Passagierflugzeug in dieser Höhe mit einer solchen Steigrate vorzustellen. Da die physikalischen Gesetze stur sind, wird das, was auf der einen Seite gegeben wird, auf der anderen Seite aufgenommen. Man kann ein 200 Tonnen schweres Flugzeug nicht zur Stratosphäre hinaufsteigen lassen, ohne dass dies Folgen hat: Die Geschwindigkeit fällt auf 93 Knoten und die Mach-Zahl sinkt auf 0.29...
Der Kopilot macht auch heftige Rollbewegungen, doch das Flugzeug ist gutmütig. Der Airbus schwankt hin und her, neigt sich von einer in die andere Richtung. Viele Flugzeugmodelle würden das unter denselben Bedingungen nicht mitmachen. Die meisten würden klar abreissen. Wie wir in einem der vorigen Kapitel gesehen haben, hat schon weniger ausgereicht, um eine Tupolew 154 ins Flachtrudeln zu bringen.
Der Airbus jedoch neigt sich lediglich ungefähr 10 Grad nach links und rechts, ohne jemals wirklich abzukippen. Das Problem ist nur, dass der Kopilot jedes Mal sehr heftige Steuerbewegungen macht und am Sidestick zieht, wenn sich der A330 querneigt. Er reagiert unverhältnismäßig, seit die Probleme begonnen haben. Seine Bewegungen sind übertrieben.

Der zweite Kopilot David R. bemerkt als Erster, dass sich die Parameter stark verschlechtern. Die Steigrate beträgt jetzt 7.000 Fuß pro Minute!

02 Uhr 10 Minuten 27 Sekunden (Kopilot David R.): *Pass auf deine Geschwindigkeit auf!*

02 Uhr 10 Minuten 28,3 Sekunden (Kopilot David R.): *Pass auf deine Geschwindigkeit auf!*

02 Uhr 10 Minuten 28,3 Sekunden (Kopilot Pierre-Cédric B.): *Ok, ok, ich geh runter.*

02 Uhr 10 Minuten 30 Sekunden (Kopilot David R.): *Du stabilisierst...*

02 Uhr 10 Minuten 30,7 Sekunden (Kopilot Pierre-Cédric B.): *Ja...*

02 Uhr 10 Minuten 31,2 Sekunden (Kopilot David R.): *Du gehst runter... Laut ihm sind wir dabei zu steigen... Laut ihm steigst du, also gehst du runter.*

02 Uhr 10 Minuten 35,2 Sekunden (Kopilot Pierre-Cédric B.): *In Ordnung.*

Es ist wichtig, festzuhalten, dass die Pitot-Rohre seit 29 Sekunden vereist sind. Dank des Enteisungssystems beginnt Pitot-Rohr Nummer 1 jedoch, wieder zu funktionieren. Die Geschwindigkeit wird sofort wieder auf dem Bildschirm des linken Primary Flight Displays angezeigt. Die Information wird wieder stimmig, doch die Besatzung scheint nicht zu bemerken, dass das Problem teilweise verschwunden ist. Pierre-Cédric B. schüttelt die Maschine vom rechten Platz aus weiter unbedacht durch. Der Airbus befindet sich jetzt in einer Höhe von 37.124 Fuß.
David R. ist offensichtlich sehr beunruhigt und beharrt:

02 Uhr 10 Minuten 36,4 Sekunden (Kopilot David R.): *Geh runter!*

02 Uhr 10 Minuten 36,7 Sekunden (Kopilot Pierre-Cédric B.): *Geht los, wir gehen runter.*

Da Pierre-Cédric B. offenbar wieder einmal nicht besonders sanft vorgeht, warnt David R.:

02 Uhr 10 Minuten 38,5 Sekunden (Kopilot David R.): *Sachte!*

David R. hat Recht. Die Fluglage muss verringert werden, um wieder zurück auf die ursprüngliche Reiseflughöhe zu gelangen. Pierre-Cédric B. hört deshalb damit auf, am Sidestick zu ziehen. Die Geschwindigkeit steigt schnell von 105 auf 223 Knoten. Die Vertikalgeschwindigkeit beträgt nur noch 1.100 Fuß pro Minute. Das ist immer noch viel zu viel für diese Höhe, doch der Wert beginnt, sich wieder zu normalisieren. Der Airbus will nur eins: Wieder wie vorher weiterfliegen. Es genügt, nicht mehr zu ziehen. Die Längsachse scheint unter Kontrolle zu sein. Der Anstellwinkel beträgt wieder weniger als 5 Grad. Die Überziehwarnanlage bleibt still... Die Situation könnte sich verbessern, wenn Pierre-Cédric B. den Steuerstick ein wenig drücken würde. Er müsste sanft in den Sinkflug übergehen... Und vor allem nicht wie ein Anfänger der instinktiven Versuchung nachgeben, sein Flugzeug zurückhalten zu wollen, wenn es überzieht. Die Ermittler des BEA[57] erklären später, dass der Flugweg des Airbus in diesem Moment unter Kontrolle gebracht hätte werden können…

02 Uhr 10 Minuten 41,6 Sekunden (Kopilot Pierre-Cédric B.): *Wir sind auf… ja, wir sind auf „climb".*

David R. auf dem linken Platz scheint verstanden zu haben, dass es seinem Kollegen nicht gelingen wird, die Situation wieder in den Griff zu bekommen. Der Flugkapitän muss zurückkommen. Während David R. die Klingeltaste für die Schlafkoje betätigt, ruft er:

02 Uhr 10 Minuten 49,8 Sekunden (Kopilot David R.): *Wo ist er, verdammt?*

In diesem Augenblick befindet sich der Airbus auf einer Höhe von 37.512 Fuß. Er ist 2.500 Fuß über seiner ursprünglichen Reiseflughöhe. Dennoch wird der Sidestick des Kopiloten auf der rechten Seite nie auf die Position „Sinkflug" gestellt. Schlimmer noch: Nachdem er sich in der neutralen Position befand, gleitet er nach und nach wieder nach hinten. Das hat trotz des Triebwerksschubs sofort Folgen. Der Anstellwinkel wird wieder größer und erreicht 13 Grad. Die kräftige Stimme der Überziehwarnanlage ertönt erneut:

02 Uhr 10 Minuten 51,2 Sekunden (Computerstimme): *STALL!*[58]

02 Uhr 10 Minuten 51,4 Sekunden (Computerstimme): *STALL!*

02 Uhr 10 Minuten 53 Sekunden (Computerstimme): *STALL!*

02 Uhr 10 Minuten 54,2 Sekunden (Computerstimme): *STALL!*

---

[57] Bureau d'Enquêtes et d'Analyses pour la sécurité de l'aviation civile: Französische Flugunfalluntersuchungsbehörde.

[58] Auch wenn es sich wiederholt, werden alle Überziehwarnungen „STALL" in diesem Bericht mit der Uhrzeit wiedergegeben, zu der sie ausgelöst wurden. Denn sie spielen für den Unfallhergang eine zentrale Rolle und können deshalb nicht außer Acht gelassen werden.

Vom rechten Platz kommt keine Reaktion, kein einziges Wort. Nur David R. scheint sich bewusst zu sein, dass etwas nicht in Ordnung ist. Er explodiert:

02 Uhr 10 Minuten 54,9 Sekunden (Kopilot David R.): *Verdammt!*

Fast im selben Moment antwortet jemand auf der Gegensprechanlage. Doch es ist nicht der Kapitän:

02 Uhr 10 Minuten 55,9 Sekunden (Frauenstimme): *Hallo?*

02 Uhr 10 Minuten 56,8 Sekunden (Computerstimme): *STALL!*

02 Uhr 10 Minuten 57,6 Sekunden (Computerstimme): *STALL!*

Seit die Probleme angefangen haben, ist die Überziehwarnung jetzt bereits neunmal ertönt. Erstaunlicherweise scheint die Besatzung sie jedoch immer noch nicht gehört zu haben.
Die Pitot-Rohre sind jetzt schon seit **54 Sekunden** vereist. Pitot-Rohr Nummer 1 hat nach 29 Sekunden wieder begonnen zu funktionieren. Jetzt funktioniert auch Pitot-Rohr Nummer 3 erneut. Die Informationen, die die beiden Pitot-Rohre übermitteln, sind stimmig. Die CAS-Geschwindigkeit[59] des ISIS[60] wird erneut auf dem rechten Bildschirm angezeigt. Es dürfte keine Probleme mehr geben...[61] Jetzt müssen nur noch die Folgen der unvorhergesehenen Bewegungen des Kopiloten auf dem rechten Platz wieder in den Griff bekommen werden.:

02 Uhr 10 Minuten 59,4 Sekunden (Frauenstimme über die Gegensprechanlage): *Ja?*

Bevor der Bericht fortgesetzt wird, ist es wichtig, ein paar zusätzliche Erklärungen zu geben, was bei einem Strömungsabriss passiert. Wenn der kritische Anstellwinkel überschritten wird, reicht bei den meisten Flugzeugen der Auftrieb nicht mehr aus, so dass das

---

[59] Calibrated Airspeed: Berichtigte Fluggeschwindigkeit.

[60] Integrated Standby Instrument System.

[61] Die Daten des Pitot-Rohrs Nummer 2 auf der linken Seite werden nicht aufgezeichnet (es gibt keine zwingende Vorschrift dafür). Wir wissen deshalb nicht, ab wann es wieder funktioniert hat.

Flugzeug überzieht. Normalerweise sinkt die Flugzeugnase stark ab. In der Fliegerei sagt man, sie „grüßt".[62] Flugschüler haben in diesem Moment oft den bereits oben erwähnten schlechten Reflex: Sie ziehen den Steuerknüppel nach hinten, um den Fall zu vereiteln. Es muss jedoch die genau entgegengesetzte Bewegung erfolgen: Wenn das Flugzeug überzieht oder kurz davor ist, dies zu tun, muss der Pilot den „Gruß" sanft begleiten, indem er den Steuerknüppel nach vorne bringt. So verringert sich der Anstellwinkel wieder und der Auftrieb kehrt zurück, während der überzogene Flugzustand beendet wird.

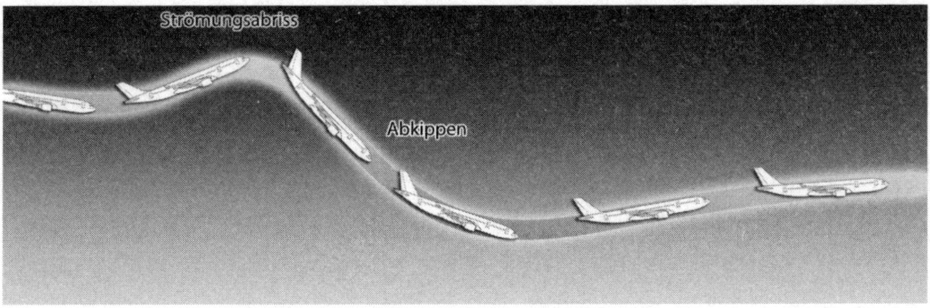

Beenden eines klassischen Strömungsabrisses nach einem Abkippen.

Im Fall des Airbus hat der Kopilot jedoch seit einer Minute fast ständig alles getan, um die Flugzeugnase hochzuziehen. Jedes Mal, wenn sich die Geschwindigkeit des Flugzeugs wieder erhöht hat, hat er das sofort wieder gestoppt. Das wirkt so, als wolle man ein Pferd zum Galoppieren bringen, während man stark am Zügel zieht. Unter diesen Umständen „grüßt" das Flugzeug nicht. Die Flugzeugnase bleibt oben und die Situation kann sich eigentlich nur noch verschlimmern.

Der durch die Ereignisse offensichtlich verunsicherte Kopilot beschließt nun, beide Triebwerke auf Vollgas einzustellen. Er schiebt die Schubhebel so weit wie möglich nach vorne. Beide Triebwerke liefern deshalb einen Schub von fast 35 Tonnen!

Trotz der Umstände nimmt die Höhe des Airbus erstaunlicherweise weiter zu!

Das Flugzeug steigt von 37.512 Fuß auf 37.596 Fuß.

02 Uhr 11 Minuten 00 Sekunden (Computerstimme): *STALL!*

[62] Der Fachausdruck heißt „Abkippen".

Es sei nochmals betont, dass es stets Pierre-Cédric B. ist, der seinen Sidestick bedient. David R. übernimmt zu keinem Moment die Steuerung, obwohl ihm die Art und Weise nicht gefällt, wie sein Kollege das Flugzeug durchschüttelt. Es ist klar, dass er nicht so heftig reagiert hätte, wenn er an Stelle von Pierre-Cédric B. das Flugzeug gesteuert hätte.

02 Uhr 11 Minuten 00,2 Sekunde (Kopilot David R.): *He, versuch vor allem, die Lateral-Steuerung so wenig wie möglich anzurühren!*

Diese letzte Bemerkung lässt darauf schließen, dass David R. beginnt zu verstehen, was passiert. Tatsächlich ist es wichtig, die Tragflächen bei einem Strömungsabriss so waagerecht wie möglich zu halten.

02 Uhr 11 Minuten 01,2 Sekunden (Computerstimme): *STALL!*

02 Uhr 11 Minuten 02,6 Sekunden (Computerstimme): *STALL!*

Im Lautsprecher des Cockpits ist erneut die Frauenstimme zu hören. Es gibt keine Hinweise darauf, ob es sich um eine Stewardess handelt, die sich wegen der chaotischen Bewegungen des Flugzeugs Sorgen macht, oder um eine Person, die auf den Anruf des Cockpits antwortet.

02 Uhr 11 Minuten 02,3 Sekunden (Frauenstimme über die Gegensprechanlage): *Hallo?*

02 Uhr 11 Minuten 03,1 Sekunden (Kopilot Pierre-Cédric B.): *Ich bin auf TOGA, oder?* [63]

Die Triebwerke liefern den maximalen Schub. Pierre-Cédric B. scheint sich zu wundern, dass das Flugzeug trotzdem nicht sofort wieder schneller wird. Leider ist das ausgeschlossen, da er seinen Sidestick noch immer so zieht, dass die Flugzeugnase nach oben gezogen wird. Der Airbus ist zwar leistungsfähig, aber er ist eben keine Mirage 2000, die vertikal steigen kann.

[63] Take Off Go Around: Maximaler Schub, der für den Start und das Durchstarten genutzt wird.

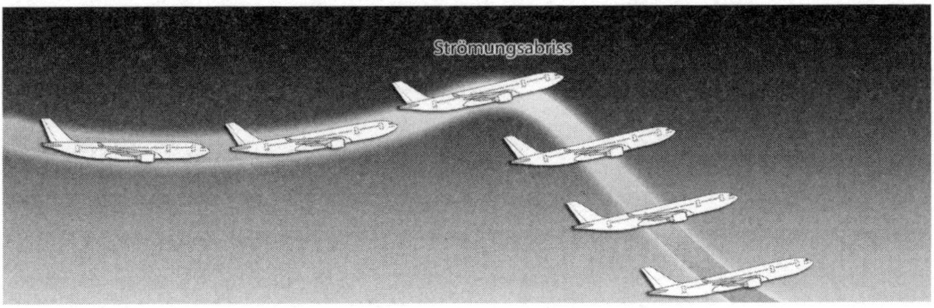

Der Strömungsabriss des Airbus.
Die Flugzeugnase zeigt nach oben. Der Anstellwinkel verringert sich nicht.

02 Uhr 11 Minuten 03,1 Sekunden (Computerstimme): *STALL!*

02 Uhr 11 Minuten 05,3 Sekunden (Computerstimme): *STALL!*

02 Uhr 11 Minuten 05,9 Sekunden (Computerstimme): *STALL!*

Plötzlich regt sich David R. auf, weil alles aus dem Ruder läuft. Es ist schon eine Minute her, dass er den Kapitän gerufen hat, doch dieser ist immer noch nicht da. Es ist offensichtlich, dass die beiden Kopiloten ihn brauchen.

02 Uhr 11 Minuten 06,3 Sekunden (Kopilot David R.): *Verdammt, kommt er oder kommt er nicht?*

02 Uhr 11 Minuten 08,8 Sekunden (Computerstimme): *STALL!*

02 Uhr 11 Minuten 09,6 Sekunden (Computerstimme): *STALL!*

Der Airbus erreicht genau in diesem Moment die höchste Höhe, die er während der Ereignisse haben wird. Die Höhe beträgt 37.924 Fuß… Der Anstellwinkel beträgt 18,3 Grad und die Maschine beginnt jetzt zum ersten Mal, wieder Höhe zu verlieren. Die Flugzeugnase zeigt noch immer nach oben, die Triebwerke laufen auf Hochtouren, doch der A330 sinkt langsam. Unter aerodynamischen Gesichtspunkten ist das logisch, da das Flugzeug seine Flugenveloppe komplett verlassen hat.[64]

02 Uhr 11 Minuten 10,9 Sekunden (Computerstimme): *STALL!*

02 Uhr 11 Minuten 11,5 Sekunden (Computerstimme): *STALL!*

02 Uhr 11 Minuten 12,3 Sekunden (Computerstimme + „Heuschrecke"): *STALL!*

02 Uhr 11 Minuten 13,7 Sekunden (Computerstimme): *STALL!*

02 Uhr 11 Minuten 14,3 Sekunden (Computerstimme): *STALL!*

02 Uhr 11 Minuten 15,1 Sekunden (Computerstimme + „Heuschrecke"): *STALL!*

Zwei Sekunden lang versuchen die Kopiloten zu verstehen, was vor sich geht. Aber sie sagen kein Wort. David R. rührt seinen Sidestick nicht an. Der von Pierre-Cédric B. bleibt fast die ganze Zeit hinweg gezogen, so dass die Flugzeugnase stark über den Horizont gezogen wird. Wenn er manchmal aufhört, daran zu ziehen, verringern sich Anstellwinkel und Fluglage sofort. Das beweist, dass es genügen würde, die Grundlagen des Fliegens anzuwenden, damit alles wieder in Ordnung kommt. Aber diese Momente dauern nicht lange an und werden sofort durch heftiges Hochziehen wieder zunichte gemacht. Der Anstellwinkel schwankt deshalb weiter zwischen 10 und 18 Grad hin und her. Er dürfte jedoch nicht mehr als 4 Grad betragen, um die Lage in den Griff bekommen zu können!
Die Überziehwarnanlage ertönt deshalb weiterhin im Cockpit:

02 Uhr 11 Minuten 16,5 Sekunden (Computerstimme): *STALL!*

---

[64] Flugenveloppe = Bezeichnung für den Bereich mehrerer Zustandsgrößen, innerhalb dessen ein Flugzeug sicher geflogen werden kann.

02 Uhr 11 Minuten 17,2 Sekunden (Computerstimme): *STALL!*

Da der Flugkapitän immer noch nicht da ist, betätigt David R. erneut die Klingel des „Flight Rest".

02 Uhr 11 Minuten 17,9 Sekunden (Computerstimme + "Heuschrecke"): *STALL!*

Dann sind plötzlich zweimal dumpfe, sehr kurze Schläge zu hören. Das kommt daher, weil das Flugzeug bebt... Es wird geschüttelt: Die Luftströme lösen sich von den Tragflächen ab und die Maschine beginnt zu vibrieren. Dieses aerodynamische Phänomen ist charakteristisch für den Strömungsabriss. Warum versteht die Cockpitbesatzung nicht, was vor sich geht? Neben des wiederholten Überziehalarms, der bereits zum 23. mal ausgelöst wird, sollte ihnen dieses heftige Schütteln zu verstehen geben, woher das Problem kommt.

02 Uhr 11 Minuten 19,3 Sekunden (Computerstimme): *STALL!*

02 Uhr 11 Minuten 20 Sekunden (Computerstimme): *STALL!*

Keiner der beiden Männer macht einen Kommentar, der darauf hinweisen würde, dass sie verstehen, was gerade passiert. Bis jetzt hat noch keiner von ihnen das Wort „Strömungsabriss" benutzt. Keiner hat eine Frage zu der Computerstimme gestellt, die ihnen seit anderthalb Minuten in den Ohren liegt...
David R. betätigt noch einmal die Klingel „High Low Chime" für die Schlafkoje, da der Kapitän noch immer nicht da ist.
Währenddessen schrillt der Alarm immer weiter.

02 Uhr 11 Minuten 20,7 Sekunden (Computerstimme): *STALL!*

02 Uhr 11 Minuten 21,4 Sekunden (Computerstimme): *STALL!*

02 Uhr 11 Minuten 21,4 Sekunden (Kopilot David R.): *Wir haben doch die Triebwerke! Verflucht, was geht hier vor sich?*

Es bleibt zu bemerken, dass David R. sehr viel reaktiver als Pierre-Cédric B. ist. Wahrscheinlich kommt sein Unverständnis daher, dass er nicht selber steuert. Würde er anders reagieren, wenn er wüsste, dass sein Kollege ständig die Nase des Flugzeugs nach oben zieht?

02 Uhr 11 Minuten 22,8 Sekunden (Computrestimme): *STALL!*

02 Uhr 11 Minuten 23,5 Sekunden (Computerstimme + "Heuschrecke"): *STALL!*

Der Anstellwinkel beträgt jetzt 29,9 Grad. Für ein Linienflugzeug ist das eine unvorstellbare Zahl. Nur die Tupolew 154 aus einem der vorigen Kapitel hat vielleicht einen solchen Wert erreicht, bevor sie ins Trudeln geraten ist.
Die Sinkrate war zu Beginn des Dramas gemäßigt, aber jetzt beträgt sie *6.800 Fuß pro Minute* und diese Geschwindigkeit nimmt mit jeder Sekunde zu.
Die Situation ist zwar ernst, doch sie ist noch immer nicht aussichtslos. Eine simple Geste würde ausreichen: Den Sidestick sanft nach vorne schieben und warten, ohne heftige Bewegungen zu machen. Das Flugzeug würde nach und nach beschleunigen und sich dann stabilisieren.
Noch einfacher wäre es, wenn der Kopilot *die Steuerung loslassen würde.* Der Airbus befindet sich in einer Höhe von fast 38.000 Fuß... Die Oberfläche des Atlantiks befindet sich mehr als zwölf Kilometer unter seinen Tragflächen. Trotz der Stöße, die der Kopilot der Maschine versetzt hat, hat sich bereits gezeigt, dass die Maschine nicht ins Trudeln geraten wird. Das Beenden des Stalls würde sicherlich eine Weile dauern, doch es befindet sich noch "genügend Wasser unter dem Kiel".[65] Der Strömungsabriss könnte vielleicht in einer Höhe von 25.000 Fuß beendet werden, doch dann wäre alles wieder in Ordnung. Einzige Voraussetzung ist jedoch, dabei ein Verbot zu beachten: Der Flightstick darf auf keinen Fall in der hinteren Position „Nase hochziehen" gehalten werden.

[65] Der Autor hat die beiden Maßnahmen zur Beendigung des Stalls ebenfalls in einem A330-Simulator geprüft. Das Flugzeug konnte unter den gleichen, schlechten Bedingungen wie in dem vorliegenden Fall stabilisiert werden.

02 Uhr 11 Minuten 24,6 Sekunden (Kopilot David R.): *Ich versteh nicht, was los ist?*

02 Uhr 11 Minuten 24,6 Sekunden (Computerstimme): *STALL!*

Zwischen zwei Alarmansagen ist plötzlich eine Frauenstimme im Cockpit zu hören.[66]

02 Uhr 11 Minuten 24,9 Sekunden (Stewardess): *Stéphanie!*

Es handelt sich zweifelsohne um eine durch die Bewegungen des Flugzeugs verängstigte Stewardess, die wissen möchte, was los ist. Dann wird die Gegensprechanlage unterbrochen und die schrecklichen Warnungen sind erneut zu hören:

02 Uhr 11 Minuten 26,3 Sekunden (Computerstimme + „Heuschrecke"): *STALL!*

02 Uhr 11 Minuten 27,7 Sekunden (Computerstimme): *STALL!*

02 Uhr 11 Minuten 28,4 Sekunden (Computerstimme): *STALL!*

02 Uhr 11 Minuten 29,1 Sekunden (Computerstimme + „Heuschrecke"): *STALL!*

02 Uhr 11 Minuten 30,5 Sekunden (Computerstimme): *STALL!*

02 Uhr 11 Minuten 31,2 Sekunden (Computerstimme): *STALL!*

02 Uhr 11 Minuten 31,9 Sekunden (Computerstimme + „Heuschrecke"): *STALL!*

Der Airbus ist jetzt auf einer Höhe von 36.500 Fuß angekommen und die Sinkrate steigt. Die angezeigte Geschwindigkeit variiert

---

[66] Da einige Alarmansagen „STALL!" genau in dem Moment ertönen, wenn die Kopiloten miteinander sprechen, werden hier nicht alle Warnungen komplett wiedergegeben.

zwischen 164 und 128 Knoten.[67] Das ist für diese Höhe unglaublich wenig und das Leitwerk scheint nicht mehr zu reagieren. Hier die Informationen, so wie sie in dem Moment auf dem Bildschirm des Primary Flight Display angezeigt werden:

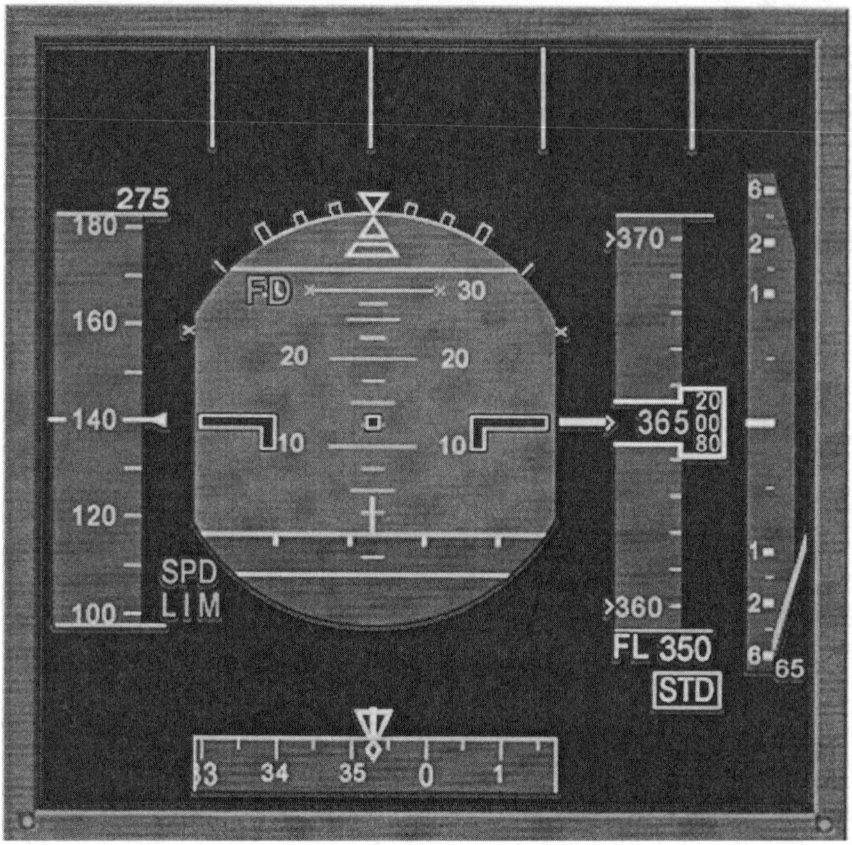

Die Fluglage beträgt 12,5°.
Die Geschwindigkeit ist 140 Knoten.
Das Flight Level beträgt 365 (36.500 Fuß).
Der Kurs ist immer noch 049.
Das Variometer zeigt -6.500 Fuß.

02 Uhr 11 Minuten 32,6 Sekunden (Kopilot Pierre-Cédric B.): *Verdammt, ich hab das Flugzeug nicht mehr unter Kontrolle!*

02 Uhr 11 Minuten 34,7 Sekunden (Kopilot Pierre-Cédric B.): *Ich hab das Flugzeug nicht mehr unter Kontrolle!*

---

[67] 303 und 237 km/h.

Das Unglaublichste ist, dass der Kopilot genau in diesem Moment den Flightstick bis zum Anschlag nach hinten in die linke Ecke gezogen hat. Er wird ihn genau 40 Sekunden lang in dieser erstaunlichen Position lassen. Kein Flugzeug kann unter diesen Bedingungen fliegen, ohne in eine ungewöhnliche Lage zu geraten. Dabei ist der Airbus äußerst gutmütig. Er neigt sich lediglich gemächlich nach rechts, ohne jemals die Nase nach oben zu ziehen, wie es die meisten Flugzeuge tun würden.
Jedes Mal, wenn Pierre-Cédric B. etwas weniger stark zieht, geht die Fluglage sofort wieder runter. Das Flugzeug will nur eins: Normal weiterfliegen. Man müsste nur aufhören, ständig am Flightstick zu ziehen!

02 Uhr 11 Minuten 36,1 Sekunden (Computerstimme): *STALL!*

02 Uhr 11 Minuten 36,7 Sekunden (Computerstimme): *STALL!*

David R. scheint schlagartig zu realisieren, dass er nicht länger einfach nur zugucken darf. Er beschließt, den Vorrang vor dem Sidestick von Pierre-Cédric B. für sich in Anspruch zu nehmen. Er drückt deshalb lange auf den roten Knopf seines Sidesticks. Wie es die Prozedur erfordert, kündigt er an:

02 Uhr 11 Minuten 37,5 Sekunden (Kopilot David R.): *Steuerung links!*

Leider handelt David R. genauso reflexartig wie sein Kollege, sobald er das Steuer übernommen hat. Anstatt den Sidestick nach vorne zu drücken, um die Fluglage zu verringern, zieht er ihn genau wie Pierre-Cédric B. nach hinten links bis zum Anschlag. Das bewirkt natürlich immer noch nichts. Das Flugzeug bleibt mit einem Anstellwinkel von über 40 Grad nach rechts geneigt.

02 Uhr 11 Minuten 38,9 Sekunden (Computerstimme): *STALL!*

02 Uhr 11 Minuten 39,5 Sekunden (Computerstimme): *STALL!*

02 Uhr 11 Minuten 40,2 Sekunden (Computerstimme + „Heuschrecke“): *STALL!*

Der Anstellwinkel verringert sich wieder auf 33 Grad. Der Atlantik ist immer noch fast zwölf Kilometer weit unter den Tragflächen entfernt.

02 Uhr 11 Minuten 41,2 Sekunden (Kopilot David R.): *Verflucht, wo sind wir? Was ist das?*

02 Uhr 11 Minuten 41,2 Sekunden (Computerstimme): *STALL!*

Als die Überziehwarnanlage das 40. Mal ertönt, sagt Pierre-Cédric B. etwas, das zeigt, dass er sich nicht bewusst ist, was gerade passiert:

02 Uhr 11 Minuten 41,2 Sekunden (Kopilot Pierre-Cédric B.): *Ich habe das Gefühl, dass wir Geschwindigkeit haben!*

Das ist natürlich nur ein Eindruck, denn in diesem Moment hat das Flugzeug eine Geschwindigkeit von 106 Knoten, also gerade einmal 196 km/h.[68] Da es sich noch immer auf einer Höhe von 36.068 Fuß befindet, ist es komplett außerhalb seiner Flightenveloppe. Das Gefühl des Kopiloten, schnell zu sein, kommt in Wirklichkeit von den durch den Strömungsabriss ausgelösten aerodynamischen Geräuschen und der Sinkrate, die immer weiter steigt. Das Flugzeug fällt immer schneller.
In diesem Moment geht die Tür auf und der Kapitän betritt das Cockpit. Noch bevor er sich hinsetzt, fragt er:

02 Uhr 11 Minuten 43 Sekunden (Kapitän): *Äh... Was macht Ihr bloß?*

02 Uhr 11 Minuten 47,7 Sekunden (Kopilot David R.): *Was ist los? Ich weiß nicht... Ich weiß nicht, was los ist!*

02 Uhr 11 Minuten 44,5 Sekunden (Computerstimme): *STALL!*

02 Uhr 11 Minuten 45,5 Sekunden (Kopilot Pierre-Cédric R.): *Wir verlieren gerade die Kontrolle über das Flugzeug!*

[68] Es handelt sich um die berichtigte Fluggeschwindigkeit „CAS“, die auf dem Bildschirm des Primary Flight Display angezeigt wird.

02 Uhr 11 Minuten 46,7 Sekunden (Kopilot David R.): *Wir haben total die Kontrolle über das Flugzeug verloren... Wir verstehen es nicht... Wir haben alles versucht...*

Als der Flugkapitän zurück ins Cockpit kommt, sehen die Flugdaten wie folgt aus:

Höhe: 35.372 Fuß.
Geschwindigkeit: 100 Knoten (185 km/h).
Sinkrate: Ungefähr 10.000 Fuß pro Minute.
Fluglage: 15 °.
Anstellwinkel: 41,5 °.

Selbst bei Testflügen konnte sich bisher niemand vorstellen, dass es möglich ist, ein Flugzeug in diese quasi akrobatische Situation zu bringen. Immerhin wird die Überziehwarnanlage ausgelöst, sobald der Anstellwinkel mehr als 4 Grad beträgt. Jetzt jedoch beträgt er 41,5 Grad!

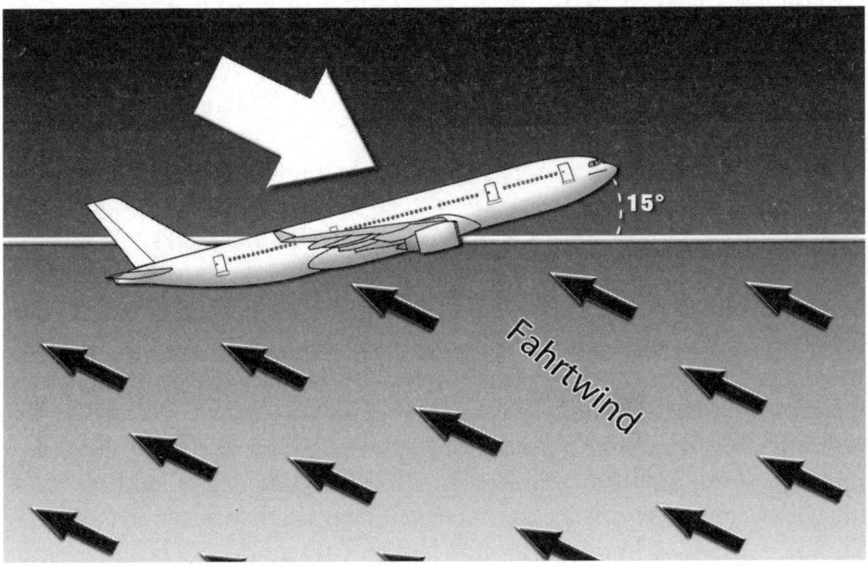

Auch wenn die Triebwerke mit maximaler Leistung laufen, beträgt die Geschwindigkeit im Verhältnis zur Luft nur 100 Knoten.

Als der Kapitän die Cockpittür zugemacht hat, ist die „STALL"-Warnung erneut ertönt. Sie erklingt jedoch nur ein einziges Mal und hört dann auf, weil die Flugdaten ungültig sind. Sie entsprechen

nichts, was mit einem normalen Flug zu tun hat. Es handelt sich um einen sehr seltenen Fall, den der Flugzeugbauer NCD nennt: *Non Computed Data.* Denn die aktuell angezeigten Daten dieser Art von Flug wurden während der Testflüge oder im Simulator nie erforscht – aus dem einfachen Grund, dass die Instrumente dafür nicht ausgelegt sind. Ein Flugzeug kann nicht oberhalb von einem gewissen Anstellwinkel fliegen. Oberhalb dieser Grenzwerte haben die dem Bordcomputer gelieferten Informationen keine Bedeutung mehr und sie können selbst von den besten Computern nicht ausgewertet werden. Ein Pitot-Rohr kann beispielsweise keine Informationen liefern, wenn das Flugzeug flach runtergeht, da dann keine Luftströme in es hereinkommen können. Dasselbe gilt, wenn das Flugzeug umkehrt. Auch das ist ein „NCD"-Fall. Der A330 ist inzwischen zu weit von seiner Flightenveloppe entfernt, als dass der Bordcomputer kohärente Daten liefern könnte.
Wir werden später noch einmal auf die Unterbrechung der Überziehwarnanlage eingehen. Sie dauert zunächst nur **acht Sekunden**, aber dies wird später zu großen Meinungsverschiedenheiten führen, die sehr viel länger anhalten werden.

Nachdem der „STALL"-Alarm aufgehört hat, verändert sich die Geräuschkulisse im Cockpit. Die anderen Warnsignale werden wieder ausgelöst. Das Pfeifen der „C-chord" warnt, dass die für den Reiseflug programmierte Höhe nicht mehr eingehalten wird.[69]

Der Airbus befindet sich nun auf einer Höhe von 35.372 Fuß...[70]

Nachdem der Flugkapitän die Tür hinter sich geschlossen hat, tut er etwas Unerwartetes: Er klappt den mittleren Jump-Seat auf und setzt sich dorthin.[71] Sein Verhalten ist unverständlich. Denn es ist offensichtlich, dass etwas Ungewöhnliches vor sich geht. Die beiden Kopiloten haben gerade selber zugegeben, die Kontrolle über das Flugzeug verloren zu haben. David R. hat sogar erklärt, dass sie *„alles versucht hätten"*... Die Situation ist also sehr ernst. Marc D. hat genügend Erfahrung, um das zu verstehen. Er ist derjenige, der für das Flugzeug verantwortlich ist. Deshalb wäre es normal, wenn er befehlen würde, ihm einen der vorderen Pilotensitze zu

[69] Ab jetzt wird der „C-Chord"-Alarm jedes Mal die Überziehwarnanlage ersetzen und vor der Nichteinhaltung der programmierten Flughöhe warnen, wenn der „STALL"-Alarm wegen ungültiger Daten nicht mehr funktioniert.

[70] 11.600 Meter.

[71] Im Cockpit des A330 gibt es zwei Jump-Seats an den rechten Trennwänden hinter dem Sitz des Kopiloten.

überlassen. Es wäre egal, ob er dabei den linken oder den rechten Platz einnimmt. Hauptsache, er übernimmt wieder die Steuerung. Es gibt keine Prozedur für einen solchen Fall, die besagen würde, welcher Kopilot seinen Platz aufgeben muss. Logischerweise müsste dies aber der Unerfahrenere der beiden sein.
Anstattdessen hat sich Marc D. dafür entschieden, sich zwischen seine beiden Kopiloten vor die Mittelkonsole zu setzen…
Der Autor hat Flugkapitäne befragt, darunter auch einige, die für Air France arbeiten: *„Wie hätten Sie sich verhalten, wenn Sie in einer solchen Situation gewesen wären und wie Marc D. festgestellt hätten, dass Ihre Kopiloten die Kontrolle über das Flugzeug verloren haben?“* Die Antworten der Befragten waren eindeutig. Alle hätten einen der beiden Kopiloten von seinem Platz verscheucht. Einige der Befragten haben sogar zugegeben, dass sie sehr drastisch gehandelt hätten.

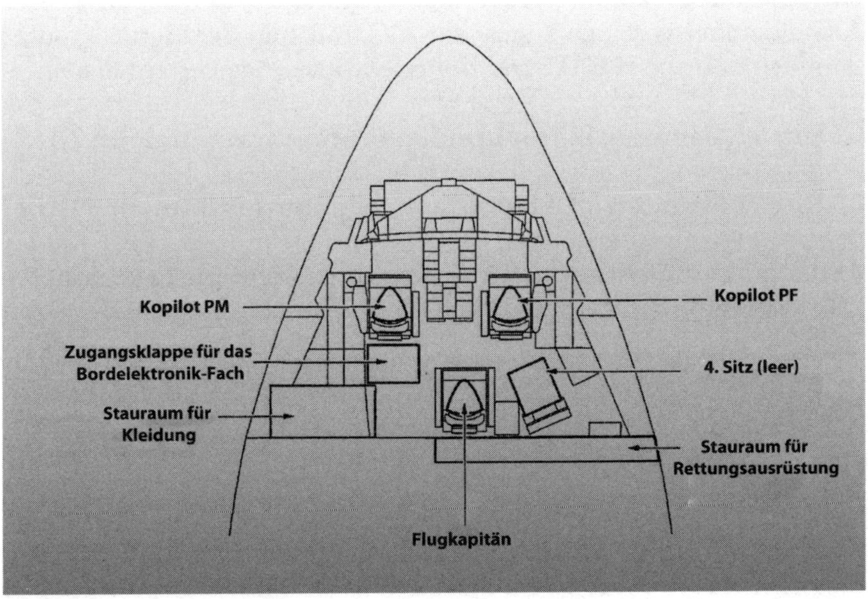

Die Platzverteilung im Cockpit.

Bei einem Notfall ist es nicht die Aufgabe eines Kapitäns, sich auf einen Jump-Seat zu setzen, um seinen Untergebenen dabei zuzuschauen, wie sie mit einer Maschine kämpfen, deren Reaktionen sie nicht verstehen… Im Fall des Fluges AF 447 entscheidet diese Frage über Leben und Tod.
Denn selbst jetzt ist es immer noch nicht zu spät. Das Flugzeug

befindet sich in einer Höhe von 31.000 Fuß. Auch wenn die Sinkrate inzwischen 14.800 Fuß beträgt, ist es noch immer möglich, die Fehler zu korrigieren. Jedes Mal, wenn Pierre-Cédric B. seinen Sidestick unmerklich loslässt, reagiert das Flugzeug und die Fluglage nimmt ab. Die Maschine könnte sich noch stabilisieren.

02 Uhr 11 Minuten 50,5 Sekunden (Kopilot David R.): *Ach...*

02 Uhr 11 Minuten 52,6 Sekunden (Kapitän): *So hier, nimm das!*

Es ist schwierig zu sagen, von welchem Parameter der Flugkapitän spricht. Die Ermittler des BEA glauben, dass es sich um den FPV [72] handelt, wohin sich der Flugweg des Flugzeugs bewegt.

0,2 Sekunden später werden die Flugdaten wieder gültig. Der Anstellwinkel verringert sich auf 41 Grad und der Bordcomputer ist nicht mehr im „NCD". Die Überziehwarnanlage ertönt erneut.

02 Uhr 11 Minuten 52,8 Sekunden (Computerstimme): *STALL!*

02 Uhr 11 Minuten 53,4 Sekunden (Computerstimme): *STALL!*

02 Uhr 11 Minuten 54,2 Sekunden (Computerstimme + „Heuschrecke"): *STALL!*

02 Uhr 11 Minuten 55 Sekunden (Flugkapitän): *So hier, nimm das.*

Das Drama hat vor fast zwei Minuten begonnen und die Situation ist jetzt milde ausgedrückt erstaunlich, denn die Pitot-Rohre, die zwischenzeitlich vereist waren, funktionieren wieder. Das Problem, mit dem die Besatzung kämpft, hat jetzt nichts mehr mit dem ursprünglichen Problem zu tun.

02 Uhr 11 Minuten 55,5 Sekunden (Computerstimme): *STALL!*

---

[72] Flight Path Vector: Vektor, der auf dem Bildschirm des Primary Flight Display angezeigt wird und der zeigt, wohin genau sich das Flugzeug bewegt. Im Handbuch von Airbus wird er „The Bird" genannt. Bei anderen Flugzeugtypen wird er auch als „Velocity Vector" bezeichnet. Der FPV zeigt den Ort, an dem sich das Flugzeug in einigen Sekunden befinden wird, wenn die Steuerung so bleibt, wie sie ist.

02 Uhr 11 Minuten 55,7 Sekunden (Computerstimme): *STALL!*

02 Uhr 11 Minuten 56,3 Sekunden (Computerstimme): *STALL!*

02 Uhr 11 Minuten 57 Sekunden (Kapitän): *Versuch, das zu nehmen...*

Von nun an tritt die *„Non Computed Data“* von Zeit zu Zeit immer wieder auf. Die Anzeigen auf den Bildschirmen zögern zwischen “gültig“ und „ungültig“, wenn sich der Anstellwinkel vergrößert oder sich auf einen Wert von weniger als 41 Grad verringert. Das heißt also, je nachdem ob der Kopilot an seinem Sidestick zieht oder ihn loslässt.

02 Uhr 11 Minuten 58,2 Sekunden (Kopilot Pierre-Cédric B.): *Das Problem ist, dass ich hier kein Vario mehr habe.*[73]

02 Uhr 12 Minuten 01 Sekunden (Kapitän): *In Ordnung.*

02 Uhr 12 Minuten 02,5 Sekunden (Kopilot David R.): *Wir haben keine gültigen Anzeigen mehr!!*

Pierre-Cédric B. lässt sich erneut von seinen Eindrücken täuschen. Wie zuvor hat er das Gefühl, dass das Flugzeug zu schnell ist. Dabei fliegt der Airbus in Wirklichkeit gemächlich mit gerade mal 90 Knoten.[74] Das entspricht knapp der Geschwindigkeit einer kleinen Cessna 152.

02 Uhr 12 Minuten 04,3 Sekunden (Kopilot Pierre-Cédric B.): *Ich habe das Gefühl, dass wir eine wahnsinnige Geschwindigkeit haben, oder? Was meint ihr?*

Wieder einmal analysiert David R. die Situation besser.

02 Uhr 12 Minuten 06,6 Sekunden (Kopilot David R.): *Nein!*

---

[73] Variometer (oder Steigmesser): Instrument, das die Vertikalgeschwindigkeit anzeigt. Siehe rechte Skala auf der Abbildung des PFD.

[74] 167 km/h.

Das Problem ist nur, dass Pierre-Cédric B. nicht auf ihn hört und einen neuen Fehler begeht: Er reagiert in Abhängigkeit von dem, was er fühlt. Das ist jedoch etwas, was man nicht tun sollte, wenn man keine externen Bezugspunkte hat. Dann zählen nur die Instrumente. Da der Kopilot jedoch das Gefühl hat, dass der Airbus eine „wahnsinnige Geschwindigkeit" drauf hat, setzt er die Bremsklappen. Das ist keine gute Idee, wenn man ein Flugzeug steuert, dessen Geschwindigkeit bereits eingeschlafen ist.
David R. reagiert sofort:

02 Uhr 12 Minuten 07,2 Sekunden (Kopilot David R.): *Nein, setz sie bloß nicht!*

Das Flugzeug befindet sich auf einer Höhe von 29.736 Fuß, als die Bremsklappen ausgefahren werden. Der Atlantik ist 9,8 Kilometer unterhalb der Maschine. Die Situation könnte immer noch in den Griff bekommen werden. Doch die Zeit drängt, da sich die Sinkrate weiter erhöht hat. Sie beträgt nun 15.300 Fuß pro Minute. Das ist ungeheuer viel. Es ist ungefähr das 20fache der Sinkrate eines Linienflugzeugs, das sich in einem normalen Anflug befindet. Von jetzt an wird jede Sekunde noch kürzer erscheinen, als sie ist.
Das Ausfahren der Luftbremse hat bei dem Kapitän keine Reaktion hervorgerufen. Nur David R. hat heftig reagiert. Die Reaktion seines Kollegen erschreckt Pierre-Cédric B., so dass er die Bremsklappen wieder einfährt.

02 Uhr 12 Minuten 07,7 Sekunden (Kopilot Pierre-Cédric B.): *Nein? Ok...*

02 Uhr 12 Minuten 07,7 Sekunden (Computerstimme): *STALL!*

02 Uhr 12 Minuten 08,3 Sekunden (Computerstimme): *STALL!*

02 Uhr 12 Minuten 09 Sekunden (Computerstimme): *STALL!*

02 Uhr 12 Minuten 10 Sekunden (Computerstimme): *STALL!*

02 Uhr 12 Minuten 10,6 Sekunden (Computerstimme): *STALL!*

Das Flugzeug fällt mit einer hohen Vertikalgeschwindigkeit weiter. Es geht quasi flach, lasch mit den Flügeln wackelnd nach unten. Der Anstellwinkel beträgt 40,4 Grad. Erstaunlicherweise wissen die beiden Kopiloten nicht mehr wirklich, wer bei den Sidesticks Vorrang hat. Sie wissen also nicht mehr, wer eigentlich das Flugzeug steuert. Obwohl der linke Sidestick noch immer die Priorität hat, ruft David R.:

02 Uhr 12 Minuten 12,9 Sekunden (Kopilot David R.): *Zieh!*

Abgesehen davon, dass er „drück" hätte sagen müssen, ist sich der Kopilot nicht bewusst, dass er selber etwas tun könnte. Es ist offensichtlich, dass der starke Stress die beiden Kopiloten vollkommen verunsichert.
Der Flugkapitän wiederum wirkt erstaunlich abwesend.

02 Uhr 12 Minuten 14,4 Sekunden (Kopilot David R.): *Was denkst du? Was meinst du? Was sollen wir machen?*

02 Uhr 12 Minuten 15,5 Sekunden (Kapitän): *Also, ich weiß nicht! Es sinkt.*

Das ist ein dramatisches Eingeständis, hilflos zu sein. Wieder ist es unverständlich, warum der Kapitän nicht wieder seinen Platz einnimmt. Marc D. hat gerade gesagt, dass das Flugzeug mit voller Geschwindigkeit heruntergeht. Die Kopiloten haben mehrmals zugegeben, die Maschine nicht mehr unter Kontrolle zu haben. Und doch bleibt ihr Vorgesetzter erstaunlich passiv. Er könnte sich aufregen, wütend werden oder sie sogar beschimpfen. Doch nichts von dem geschieht. Der Flugkapitän beschränkt sich darauf, ein paar Tipps zu geben. Ist es die Müdigkeit? Ein Problem mit dem Biorhythmus? Zur Verteidung des Kapitäns muss festgehalten werden, dass er erst vor einer Minute ins Cockpit zurückgekehrt ist und dass ihm die Kopiloten keine einzige Erklärung geliefert haben, was davor passiert ist.
Vermutlich werden wir nie erfahren, warum der Flugkapitän nicht handelt. Da sich der Airbus noch immer in einer Höhe von mehr als 25.000 Fuß befindet, ist das jedoch umso unverständlicher. Es bleiben noch zwei Minuten, bevor die Situation ausweglos wird.

Dann ertönt im Lautsprecher plötzlich die Computerstimme mit einer neuen Ansage:

02 Uhr 12 Minuten 17 Sekunden (Computerstimme): *Priorität rechts!*

Pierre-Cédric B. hat den roten Knopf auf dem Sidestick gedrückt, der ihm die Steuerung zurückgibt. Entgegen den Regeln hat er dies mit keinem Wort angekündigt.
Leider ändert dieser erneute Pilotenwechsel nichts an der Situation. Sobald der ehemalige Kadett wieder das Steuer übernommen hat, zieht er ihn sofort wieder zurück. Der Airbus setzt deshalb seinen Fall in der Lage fort, die ihm von Anfang an aufgezwungen wurde: Die Nase bleibt oben und die Fluglage schwankt zwischen 7 und 13 Grad. Diese Schwingungen der Querachse sind charakteristisch für eine spezielle Form des Strömungsabrisses. Zurückgehalten vom Kopiloten steigt die Flugzeugnase und geht dann wieder runter. Ihre Bewegungen erinnern an einen Wal, der aus dem Wasser emporschießt. Es ist erstaunlich, dass das Flugzeug nicht über eine Tragfläche abkippt und in eine Steilkurve gerät. Unter aerodynamischen Gesichtspunkten verhält sich der Airbus unglaublich unproblematisch.

02 Uhr 12 Minuten 19,6 Sekunden (Kopilot Pierre-Cédric B.): *Hier, bitte sehr.*

02 Uhr 12 Minuten 20 Sekunden (Computerstimme): *STALL!*

02 Uhr 12 Minuten 20,8 Sekunden (Kopilot Pierre-Cédric B.): *Da, das ist gut... Jetzt sind die Tragflächen wieder waagerecht, oder?*

Seit Beginn des Dramas hat sich der Kopilot darauf konzentriert, die Tragflächen waagerecht zu halten. Er scheint nicht zu verstehen, dass das nicht das Wichtigste ist. Hört er die Computerstimme nicht, die dauernd das Wort „STRÖMUNGSABRISS“ schreit? Das Wichtigste ist nicht, die Tragflächen in die Waagerechte zu bringen, sondern damit aufzuhören, die Fluglage zu blockieren, damit die Flugzeugnase wieder nach unten gehen kann. Momentan zählt nur das.
Der Anstellwinkel beträgt in diesem Moment 43,5 Grad.
Da der Kapitän nicht selbst den Flightstick hält, ist ihm nicht bewusst, dass sein Kopilot seinen Flightstick ständig zu sich heranzieht. Er fokussiert seine gesamte Aufmerksamkeit deshalb ebenfalls auf die Tragflächen:

02 Uhr 12 Minuten 23 Sekunden (Kapitän): *Halt die Tragflächen waagerecht... Der Horizont... Der Hilfshorizont.*

02 Uhr 12 Minuten 25,5 Sekunden (Kopilot Pierre-Cédric B.): *Der Hilfshorizont..*

02 Uhr 12 Minuten 26,6 Sekunden (Kopilot Pierre-Cédric B.): *Die Geschwindigkeit...*

02 Uhr 12 Minuten 27,4 Sekunden (Kopilot David R.): *Du steigst!*

Natürlich steigt das Flugzeug nicht. Im Gegenteil – es fällt sogar immer schneller. Doch die hochgezogene Flugzeugnase täuscht den Kopiloten.

02 Uhr 12 Minuten 27,2 Sekunden (Computerstimme): *STALL!*

02 Uhr 12 Minuten 27,4 Sekunden (Computerstimme): *STALL!*

02 Uhr 12 Minuten 28,1 Sekunden (Computerstimme): *STALL!*

02 Uhr 12 Minuten 28,3 Sekunden (Kopilot David R.): *Du sinkst... sinkst... sinkst...*

02 Uhr 12 Minuten 30,0 Sekunden (Kopilote Pierre-Cédric B.): *Ich bin dabei zu sinken?*

02 Uhr 12 Minuten 31,8 Sekunden (Kopilot David R.): *Sinken!*

02 Uhr 12 Minuten 32,4 Sekunden (Kapitän): *Nein, du steigst jetzt!*

02 Uhr 12 Minuten 32,8 Sekunden (Kopilot): *Ich steige da? Ok, also wir sinken...*

Die Stimmung im Cockpit ist dabei, in Panik umzuschlagen. Die Wörter „steigen" und „sinken" wiederholen sich, ohne dass jemand etwas versteht, da sie keinen Bezug mehr zur Wirklichkeit haben. Selbst der Flugkapitän, der das alles beobachtet, scheint losgelöst von der Realität zu sein.

02 Uhr 12 Minuten 34 Sekunden (Computerstimme): *STALL!*

02 Uhr 12 Minuten 35 Sekunden (Computerstimme): *STALL!*

Dann schiebt Pierre-Cédric B. plötzlich aus unerklärlichen Gründen seinen Sidestick nach vorne. Das Flugzeug reagiert sofort. Seine Nase geht wieder herunter und die Fluglage verringert sich erst auf 8 Grad, dann auf -2 Grad. Sie geht sogar einen kleinen Augenblick auf -7 Grad herunter. Alle Bedingungen sind erfüllt, um die Situation wieder in den Griff zu bekommen. Die beiden General Electric-Triebwerke liefern noch immer die maximale Leistung. Das entspricht einem Schub von mehr als 68 Tonnen unter den Tragflächen. [75] Das ist sehr viel. Es genügt, den Flightstick sanft zu drücken, damit alles in Ordnung kommt. Die Geschwindigkeit war fast bei null und beginnt jetzt, wieder zu steigen.

Leider ist der Airbus jedoch kein viersitziges Sportflugzeug. Es dauert, bis seine 200 Tonnen wieder in Schwung kommen. Der Kopilot bleibt jedoch nur sieben Sekunden lang in der richtigen Steuerposition. Das reicht nicht aus, um den Strömungsabriss zu beenden.

Es ist schwierig, nachzuvollziehen, was in diesem Moment in den Köpfen der Piloten vor sich geht. Fest steht nur, dass Pierre-Cédric B. wieder den katastrophalen Reflex hat, den Sidestick zu sich zu ziehen, sobald sich die Flugdaten wieder verbessern. Dadurch beginnt der Teufelskreis von vorne: Je mehr er zieht, desto mehr sinkt das Flugzeug. Je mehr das Flugzeug sinkt, desto stärker zieht er!

02 Uhr 12 Minuten 39,2 Sekunden (Kopilot Pierre-Cédric B.): *Ok, wir sind auf TOGA…*

02 Uhr 12 Minuten 40,2 Sekunden (Computerstimme): *STALL!*

02 Uhr 12 Minuten 40,5 Sekunden (Computerstimme): *STALL!*

02 Uhr 12 Minuten 41,2 Sekunden (Kopilot Pierre-Cédric B.): *Was sind wir da… Was haben wir da?*

---

[75] Jedes CF6-80-E1A3-Triebwerk von General Electric liefert 73.530 Pfund Schub, also 34,3 Tonnen.

Zwei dumpfe Knalle unterbrechen den Kopiloten. Der Airbus beginnt wieder zu flattern. Da sich der Anstellwinkel wieder erhöht, lösen sich die Luftströme von den Tragflächen ab. Dadurch kommt es zu heftigen Erschütterungen.

02 Uhr 12 Minuten 42,4 Sekunden (Computerstimme): *STALL!*

02 Uhr 12 Minuten 43,2 Sekunden (Computerstimme): *STALL!*

Die Höhe beträgt jetzt 20.028 Fuß. Die Triebwerke laufen noch immer mit voller Leistung. Die Sinkrate beträgt rund 15.000 Fuß pro Minute und die Geschwindigkeit variiert zwischen 153 und 127 Knoten.[76]
Der Flugkapitän scheint noch immer nicht realisiert zu haben, was vor sich geht.

02 Uhr 12 Minuten 43,8 Sekunden (Kapitän): *Verdammt, das ist nicht möglich!*

02 Uhr 12 Minuten 44,7 Sekunden (Kopilot Pierre-Cédric B.): *Was haben wir an Höhe?*

Diese Frage scheint David R. zu erstaunen, denn er fragt sofort nach.

02 Uhr 12 Minuten 47,5 Sekunden (Kopilot David R.): *Wie, an Höhe?*

Es kommt keine Antwort…

02 Uhr 12 Minuten 46,2 Sekunden (Computerstimme): *STALL!*

02 Uhr 12 Minuten 48,9 Sekunden (Kopilot Pierre-Cédric B.): *Ja, mh… ja… ja, mh, ich sinke jetzt, oder?*

02 Uhr 12 Minuten 48,9 Sekunden (Computerstimme): *STALL!*

02 Uhr 12 Minuten 50,3 Sekunden (Kopilot): *Da sinkst du, ja!*

02 Uhr 12 Minuten 51,8 Sekunden (Computerstimme): *STALL!*

[76] 283 und 235 km/h.

02 Uhr 12 Minuten 52,3 Sekunden (Kapitän): *Da, du… Du bist auf…*

Da seine Aussage nicht sehr deutlich ist, präzisiert der Kapitän sofort:

02 Uhr 12 Minuten 54,5 Sekunden (Kapitän): *Bring die Tragflächen in die Waagerechte.*

02 Uhr 12 Minuten 56 Sekunden (Kopilot David R.): *Bring die Tragflächen waagerecht.*

02 Uhr 12 Minuten 56 Sekunden (Kopilot Pierre-Cédric B.): *Das versuch ich ja gerade.*

02 Uhr 12 Minuten 57,2 Sekunden (Kapitän): *Bring die Tragflächen waagerecht!*

Der Airbus ist durch den Strömungsabriss noch immer aus dem Gleichgewicht gebracht. Er rollt von einem Flügel auf den anderen hin und her. Wenn sich das Flugzeug zu einer Seite neigt, bewegt Pierre-Cédric B. den Flightstick in die entgegengesetzte Richtung zurück. Dabei erklären Ausbilder ihren Schülern, dass das Letzte ist, was man tun sollte. Wenn man mit „hohen Winkeln" fliegt, muss man die Querruder so wenig wie möglich betätigen, weil dies sonst die entgegengesetzte Wirkung hat. Wenn der Flightstick nach rechts bewegt wird, erhöht sich die Neigung nach rechts. Pierre-Cédric B. beschwert sich deshalb sofort, dass das Leitwerk nicht funktioniert. Er hat noch immer nicht verstanden, dass es nicht das Wichtigste ist, die Tragflächen in die Waagerechte zu bringen.

02 Uhr 12 Minuten 58,6 Sekunden (Kopilot Pierre-Cédric B.): *Ich bin voll auf Rollsteuerung.*

In diesem Moment scheint der Kapitän zu realisieren, was vor sich geht. Zahlt sich jetzt die Erfahrung aus, die er beim Fliegen von leichteren Flugzeugen gesammelt hat?
02 Uhr 12 Minuten 58,6 Sekunden (Kapitän): *Seitenruder!*

Das ist ein guter Ratschlag. Um die Querneigung einer Maschine mit großem Anstellwinkel in den Griff zu bekommen, muss die

kontraproduktive Rollsteuerung aufgegeben und stattdessen das Seitenruder benutzt werden. Auch wenn der Airbus bisher nicht dazu geneigt hat, ins Trudeln zu geraten, muss er mit den Füßen kontrolliert werden.[77]
Es stellt sich die Frage, warum der Flugkapitän dem Kopiloten nicht auch befiehlt, die hochgezogene Fluglage zu verringern. Wahrscheinlich hat er nicht realisiert, dass Pierre-Cédric B. seinen Sidestick verkrampft nach hinten zieht.
Wie vorher wäre es deshalb das Beste, wenn der Kapitän wieder seinen Platz einnehmen würde. Leider macht er das nicht:

02 Uhr 13 Minuten 05,9 Sekunden (Kapitän): *Die Tragflächen in die Waagerechte… Komm, sachte… Sachte…*

02 Uhr 13 Minuten 11 Sekunden (Kopilot David R.): *Wir haben hinsichtlich der Rollsteuerung alles verloren.*

02 Uhr 13 Minuten 11,3 Sekunden (Kapitän): *Gut…*

02 Uhr 13 Minuten 14,4 Sekunden (Kopilot David R.): *Ich hab da nichts mehr!*

02 Uhr 13 Minuten 14,8 Sekunden (Kapitän): *Was… Du hast was… Nein, warte.*

Dass das Querruder nicht auf David R.'s Eingaben reagiert, liegt daran, dass Pierre-Cédric B. bei der Steuerung wieder die Priorität übernommen hat.
Die Überziehwarnanlage hat seit einigen Sekunden aufgehört. Die Flugdaten sind erneut ungültig. Dieses Mal dauert die Unterbrechung der Warn-Durchsagen 57 Sekunden. Wie zuvor wird die Überziehwarnanlage auch jetzt von dem „C-Chord"-Alarm abgelöst, der davor warnt, dass das Flugzeug seine Höhe nicht hält. Genau dies bereitet Pierre-Cédric B. Sorge, da sich der Airbus inzwischen auf einer Höhe von weniger als 12.000 Fuß befindet. Der Atlantik unter dem Flugzeug ist nur noch 3,6 Kilometer weit weg.
02 Uhr 13 Minuten 18 Sekunden (Kopilot Pierre-Cédric B.): *Wir sind da… Wir sind da… Wir durchfliegen Flight Level 100!*

[77] Das Seitenruder wird mit Hilfe von zwei Pedalen bedient.

Plötzlich realisiert David R., dass sein Sidestick nicht mehr die Priorität hat und dass er sozusagen ins Leere gesteuert hat. Er reagiert sofort:

02 Uhr 13 Minuten 19 Sekunden (Kopilot David R.): *Warte... Ich, ich hab die Steuerung... Ich hab die Steuerung, oder?*

Daraufhin kommt es erneut zu einer Art Machtkampf, wer das Flugzeug steuern darf: David R. drückt den roten Knopf, weil er auch steuern will. Die Computerstimme kündigt per Lautsprecher deutlich an: *„Dual Input"*. Das bedeutet, dass jeder Pilot jetzt seinen Sidestick bedienen kann, dass der Bordcomputer jedoch eine rechnerische Summe daraus erstellt, die dann auf das Leitwerk einwirkt. Da es sich dabei um einen Mittelwert handelt, reagiert das Flugzeug träger. Die Steuereingaben „Nase hoch" und „Nase runter" wechseln sich ab, wobei letztere nicht ausreichen.
Das führt dazu, dass der Airbus mit einer schwindelerregend hohen Sinkrate weiter Richtung Atlantik fällt. Sein Kurs dreht sukzessive nach rechts und die Maschine fliegt eine weite Kurve Richtung Süden.

02 Uhr 13 Minuten 25,3 Sekunden (Kopilot Pierre-Cédric B.): *Was... Wie kommt es, dass wir hier immer noch schnell sinken?*

02 Uhr 13 Minuten 28,2 Sekunden (Kopilot David R.): *Versuch, was du mit deiner Steuerung da oben machen kannst! Die Primär-Steuerung etc....*

Diese Bemerkungen zeigen erneut, dass die beiden Kopiloten den Strömungsabriss noch immer nicht realisiert haben. David R. hat Pierre-Cédric B. mit Sicherheit vorgeschlagen, in den "Direct Law"-Modus zu wechseln. Leider verschlimmert das die Lage. Nur weil der Airbus im „Alternate Law"-Modus geblieben ist, ist er nicht ins Trudeln geraten. Der Schutzengel ist da und auch wenn er etwas zurückhaltend ist, erledigt er seine Aufgabe.
Die Höhe beträgt jetzt 10.092 Fuß...
Der Atlantik kommt näher... Ab jetzt scheint das Schicksal der Maschine besiegelt zu sein. Auch wenn die Sidesticks auf „Nase runter" gestellt wurden, scheint es immer schwieriger zu werden, das Flugzeug wieder in den Griff zu bekommen.

02 Uhr 13 Minuten 31,7 Sekunden (Kopilot Pierre-Cédric B.): *Wir kommen bei Flight Level 100 an...*

02 Uhr 13 Minuten 36,5 Sekunden (Kopilot Pierre-Cédric B.): *9.000 Fuß!!*

Der hinter den beiden Kopiloten sitzende Kapitän versteht noch immer nicht, was vor sich geht. Da Pierre-Cédric B. jetzt die Fußpedale sehr heftig bedient, versucht er ihn zu beruhigen.

02 Uhr 13 Minuten 38,6 Sekunden (Kapitän): *Sachte da mit dem Seitenruder!*

02 Uhr 13 Minuten 39,7 Sekunden (Kopilot David R.): *Zieh hoch... Zieh hoch... Zieh hoch... Zieh hoch...*

02 Uhr 13 Minuten 40,6 Sekunden (Kopilot Pierre-Cédric B.): *Aber ich zieh die Nase schon seit vorhin voll hoch!*

Erstaunlich und tragisch! Der Kopilot fasst in wenigen Worten zusammen, was von Anfang an geschehen ist, denn er hat nichts anderes gemacht, als die Flugzeugnase nach oben zu ziehen. Unter diesen Voraussetzungen wird es dem Airbus niemals gelingen, wieder in seine Flugenveloppe zurückzukehren.
Diesmal scheint der Flugkapitän zu reagieren, als er seinen Kopiloten sagen hört, dass er nichts anderes macht, als „die Nase voll hochzuziehen". Versteht er jetzt endlich, was passiert?

02 Uhr 13 Minuten 42,7 Sekunden (Kapitän): *Nein, nein, nein... Steig nicht weiter... Nein, nein.*

02 Uhr 13 Minuten 43,5 Sekunden (Kopilot David R.): *Also geh runter...*

Da sich die Steuerung noch immer im *„Dual input"*-Modus befindet und jeder Kopilot die Steuerbefehle des anderen behindert, verlangt David R. schließlich:

02 Uhr 13 Minuten 45 Sekunden (Kopilot David R.): *Ja dann, gib mir die Steuerung... Mir die Steuerung!*

02 Uhr 13 Minuten 46 Sekunden (Kopilot Pierre-Cédric B.): *Mach schon... Du hast die Steuerung... Wir sind immer noch auf TOGA, oder?*

Wenn der Airbus jetzt noch sehr hoch wäre, könnte dies den Wendepunkt des Dramas darstellen. Denn bisher hat Pierre-Cédric B. sturköpfig darauf beharrt, die Maschine zu steuern. Frei nach dem Motto: *„Ich ziehe die Flugzeugnase hoch... Das funktioniert zwar nicht, aber ich bin derjenige, der steuert.“*
Erst jetzt, wo das Ende naht, scheint er bereit zu sein, David R. das Steuer zu überlassen. Leider ist es nun zu spät. Der Airbus hat eine Höhe von weniger als 6.000 Fuß und er fällt noch immer sehr schnell. Sobald David R. den Sidestick übernimmt, kehren die Flugdaten wieder in den gültigen Bereich zurück, so dass die Überziehwarnanlage wieder ausgelöst wird.

02 Uhr 13 Minuten 55,4 Sekunden (Computerstimme): *STALL!*

02 Uhr 13 Minuten 56 Sekunden (Computerstimme): *STALL!*

02 Uhr 13 Minuten 56,7 Sekunden (Computerstimme + „Heuschrecke“): *STALL!*

02 Uhr 14 Minuten 05,3 Sekunden (Kapitän): *Achtung, du ziehst hoch!*

02 Uhr 14 Minuten 06,5 Sekunden (Kopilot David R.): *Ich zieh hoch?*

02 Uhr 14 Minuten 06,5 Sekunden (Kapitän): *Du ziehst hoch!*

02 Uhr 14 Minuten 07,3 Sekunden (Kopilot Pierre-Cédric B.): *Wir haben die Nase oben, wir sind auf 4.000 Fuß.*

02 Uhr 14 Minuten 10,8 Sekunden (Kapitän): *Du ziehst hoch.*

Der Airbus befindet sich - wie von Pierre-Cédric B. mitgeteilt - in einer Höhe von 4.024 Fuß. In diesem Moment sehen die Flugdaten wie folgt aus: Die Geschwindigkeit wechselt zwischen 60 und 30 Knoten.[78] Sie ist unglaublich niedrig. Obwohl die Triebwerke an ihrer Belastungsgrenze arbeiten, beträgt die Sinkrate rund 10.000

[78] Zwischen 111 und 56 km/h.

Fuß pro Minute. Die Längsneigung hat sich verringert. Sie lag bei um die 12 Grad, doch seit Pierre-Cédric B. das Steuer abgegeben hat, ist sie auf -4 Grad zurückgegangen, so dass die Flugzeugnase nach unten zeigt. Leider ist es zu spät. Der Anstellwinkel ist noch immer unglaublich hoch: Er beträgt 42,5 Grad und der Airbus ist nicht mehr hoch genug, um den Strömungsabriss beenden zu können.
Ein weiterer Alarm geht los. Es ist das GPWS, das den Atlantik unter der Maschine entdeckt hat. Das Wasser kommt schnell näher. Die Computerstimme warnt, dass die Sinkrate zu hoch ist. Es muss durchgestartet werden.[79]

02 Uhr 14 Minuten 18 Sekunden (Kapitän): *Los, zieh!*

Die Höhe beträgt 2.140 Fuß.

02 Uhr 14 Minuten 19,2 Sekunden (Kopilot David R.): *Los, wir ziehen... wir ziehen... Wir ziehen... Wir ziehen!*

In Wahrheit kann die Besatzung nichts mehr tun. Wenn sie so wie der Kopilot am Sidestick zieht, wird das Flugzeug seinen teuflischen Sturz mit großen Winkeln fortsetzen. In dem Fall wird es flach auf dem Meer aufprallen. Wenn der Kopilot dagegen den Sidestick wegdrückt, wie er es von Anfang an hätte tun sollen, wird die Längsneigung abnehmen. Dann wird die Maschine im Sturzflug auf den Atlantik prallen.
In beiden Fällen...
In dem Moment beschließt Pierre-Cédric B., wieder die Priorität bei der Steuerung zu übernehmen. Wieder warnt er seinen Kollegen nicht vor, so dass dieser steuert, ohne zu merken, dass sein Sidestick inaktiv geworden ist. Die Mini-Flightsticks befinden sich während der letzten Sekunden des Fluges in Positionen, die aufschlussreich dafür sind, was sich seit dem Beginn des Dramas ereignet hat:

- Der Sidestick von David R. ist leicht nach vorne gedrückt. Wahrscheinlich hat der Kopilot diesmal verstanden, was los ist, und hat versucht, wieder Geschwindigkeit aufzunehmen. Auch wenn das nicht mehr gelingen kann, ist diese Geste vernünftig.
- Der Sidestick von Pierre-Cédric B. ist voll zurückgezogen, so wie er es die meiste Zeit während des teuflischen Sinkfluges war. Pierre-Cédric R. hat immer noch nicht realisiert, was geschehen ist.

[79] Pull up... Pull up...

Die letzten Worte vor dem Absturz zeigen die geistige Verfassung der verschiedenen Piloten:

02 Uhr 14 Minuten 23,7 Sekunden (Kopilot David R.): *Verdammt, wir werden aufschlagen... Das ist nicht wahr!!*

02 Uhr 14 Minuten 25,8 Sekunden (Kopilot Pierre-Cédric B.): *Aber was passiert?*

Es ist wahrscheinlich, dass der eine die Situation verstanden hat, der andere jedoch nicht.

Während die Computerstimme des GPWS warnt, dass das Flugzeug hochgezogen werden muss, spricht der Flugkapitän die letzten Worte:

02 Uhr 14 Minuten 26,8 Sekunden (Kapitän): *Fluglage 10 Grad...*

Der Airbus schlägt in der Nähe des Wegpunktes "TASIL" auf dem Atlantik auf. Beim Aufprall hat er eine Geschwindigkeit von 107 Knoten (198 km/h) im Verhältnis zum Meer. Trotz voller Triebwerksleistung ist die Sinkrate unwahrscheinlich groß: 10.912 Fuß pro Minute. Wie auf der Zeichnung zu sehen ist, hat die Maschine einen missweisenden Steuerkurs von 270 Grad. Das bedeutet, dass sie während des Absturzes mehr als einen Halbkreis im Verhältnis zu ihrer Route gemacht hat. Sie zeigt jetzt mit der Nase wieder in Richtung Brasilien.
Der Strömungsabriss hat exakt vier Minuten und 24 Sekunden gedauert. In dieser kurzen Zeit hat die Computerstimme des Überziehalarms 75 mal mit dem Wort "STALL" gewarnt. Zusammengerechnet waren diese Warnungen 54 Sekunden lang zu hören.

Die Aufzeichnungen der Flugdatenschreiber enden um 2 Uhr 14 Minuten 28,2 Sekunden. Das Flugzeug zerbricht bei dem Aufprall. Alle Insassen wurden dabei mit Sicherheit sofort getötet.

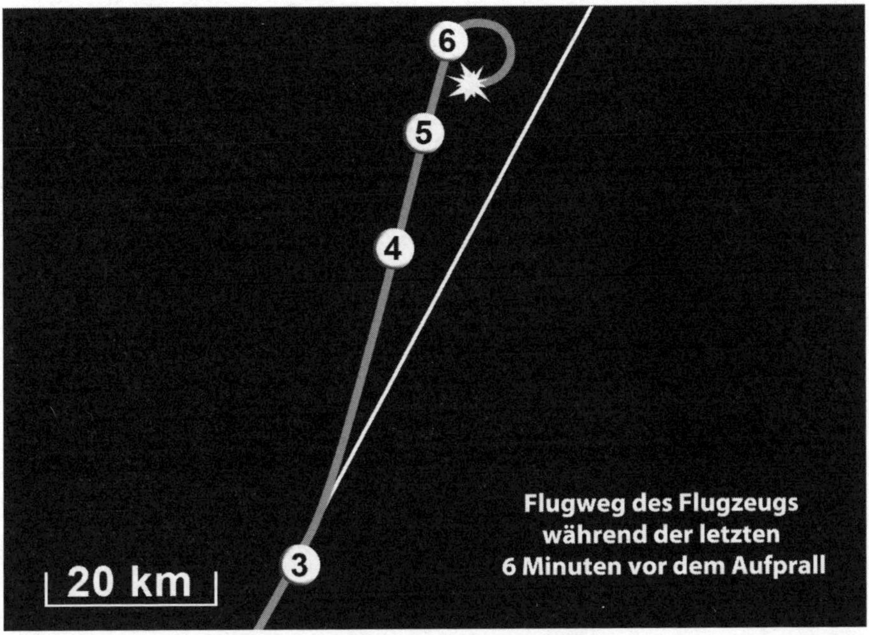

Der Flugweg des Airbus am Ende
(auf Basis des BEA-Untersuchungsberichts angefertigte 2D-Zeichnung)

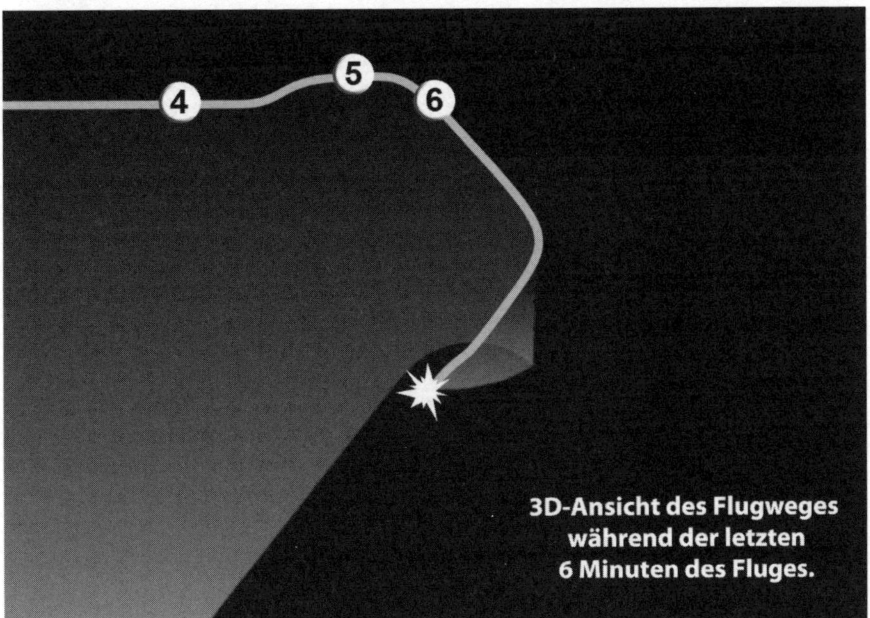

Der Flugweg des Airbus am Schluss
(auf Basis des BEA-Untersuchungsberichts angefertigte 3D-Zeichnung)

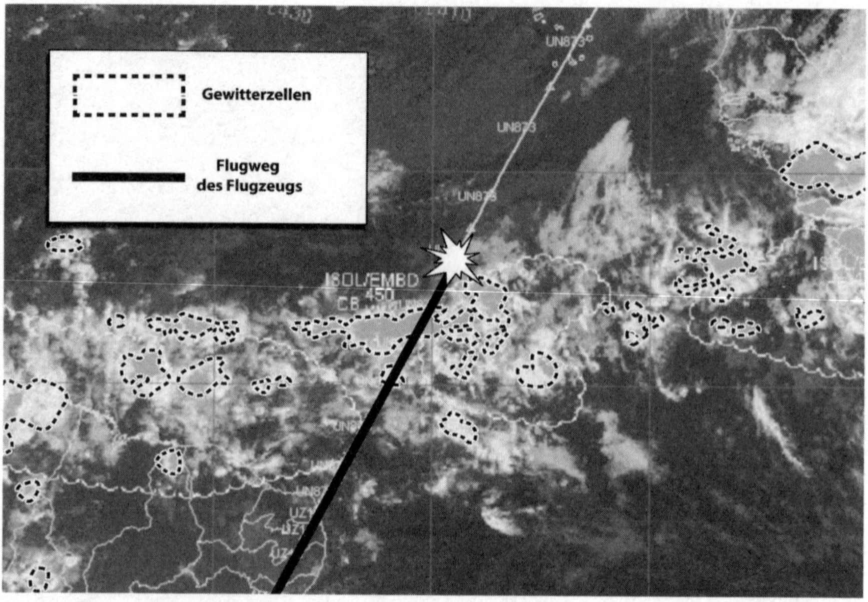

Dieses Satellitenbild wurde ungefähr eine Stunde vor dem Unfall aufgenommen. Es zeigt, dass die Absturzstelle hinter der gefährlichen Zone liegt.

ZWEI JAHRE SCHWEIGEN

Fast zwei Jahre lang hat die ganze Welt gerätselt, was mit Flug AF 447 passiert sein könnte. Der Kommunikationschef von Air France stellte erstaunlicherweise die Hypothese auf, dass der Airbus von einem Blitz getroffen worden sein könnte und deshalb in großer Höhe zerbrochen sein dürfte. Der Pilot des Fluges Air Comet 974[80] bestätigte, während des Durchflugs der intertropischen Konvergenzzone ein starkes weißes Licht gesehen zu haben. Experten glauben jedoch nicht an diese phantasievolle Hypothese. Die Möglichkeit, dass die Pitot-Rohre vereist gewesen sein könnten, wurde erwogen, da sie durch harte Fakten gestützt wird:

- Es sind bereits einige Pitot-Rohre ausgefallen.
- Zu Beginn des Dramas hat der Airbus automatische ACARS-Nachrichten gesendet, um eine Störung der Geschwindigkeitsanzeige zu signalisieren.

[80] Es handelte sich ebenfalls um einen Airbus A330-200, der von Lima nach Madrid flog und dessen Flugroute in der Nähe des Flugweges von AF 447 war.

Deshalb wurden die Pitot-Rohre verdächtigt, Schuld an dem Absturz zu sein.
Die Hoffnungen, das Wrack des Flugzeugs zu finden, schwanden immer mehr, je mehr Zeit verging. Denn die Suchzone war sehr groß und das Meer ist dort sehr tief. Doch die Ermittler blieben hartnäckig... Sie führten fünf Suchkampagnen im Südatlantik durch,[81] wofür erhebliche finanzielle Mittel bereitgestellt wurden. Schließlich wurde das Wrack des A330 entgegen allen Erwartungen am 4. April 2011 doch noch lokalisiert. Das war eine technologische Meisterleistung, da die Ortungssender der Maschine zu dem Zeitpunkt schon seit langem nicht mehr funktionierten.
Am 1. und 2. Mai 2011 wurden die beiden Blackboxen vom Meeresgrund geborgen. Sie befanden sich in einem guten Zustand und die Flugdaten, die sie enthielten, waren gut auswertbar. Die sich daran anschließenden Ermittlungen wurden von den Flugunfalluntersuchungsbehörden von vier Ländern beaufsichtigt (Frankreich, Brasilien, Deutschland und Großbritannien). Um zu vermeiden, dass die Ergebnisse später angefochten werden, wurden Aufzeichnungen der Blackboxen in Anwesenheit von Beamten der Kriminalpolizei ausgewertet.

DIE KONTROVERSE ÜBER DIE PITOT-ROHRE

Die Analyse der Daten des DFDR und des CVR[82] bestätigten, dass die Pitot-Rohre um 2 Uhr 10 aufgehört haben zu funktionieren. Vermutlich waren sie vereist, doch dieses Phänomen dauerte nicht lange an und konnte nicht die Absturzursache sein. Es ist nur ein Co-Faktor, genau wie der unerwartete Anstieg der Außentemperaturen und die Cumulonimbus-Wolken. Einige argumentierten daraufhin, dass sich der Autopilot nicht abgeschaltet hätte und die Piloten nicht die Kontrolle über das Flugzeug verloren hätten, wenn die Pitot-Rohre nicht vereist wären. Dieses Argument ist aber nicht sehr überzeugend, da es auch keinen Unfall gegeben hätte, wenn sich alles tagsüber und bei schönem Wetter abgespielt hätte. Es ist übrigens nicht das erste Mal, dass bei einem Airbus A330 (oder A340) die Geschwindigkeitsanzeige ausgefallen ist oder dass dabei Anomalien dabei aufgetreten sind. Das BEA hat die Berichte von Besatzungen zusammengetragen,

---

[81] Siehe „LE MYSTERE DU VOL RIO-PARIS“ von Roger Rapoport, erschienen bei Editions Altipresse.
[82] Digital Flight Data Recorder und Cockpit Voice Recorder.

die mit diesem Problem zu kämpfen hatten, darunter:
- Vier Fälle bei Air France,
- zwei Fälle bei der brasilianischen Fluggesellschaft TAM,
- vier Fälle bei Qatar Airways
- und ein Fall bei der französischen Airline Air Caraïbes.

In all diesen Fällen wurde die Geschwindigkeitsanzeige auf den Bildschirmen im Cockpit zwischenzeitlich unterbrochen. Dabei gab es erstaunliche Ähnlichkeiten zu dem, was bei Flug AF 447 geschah, da die Ausfälle der Geschwindigkeitsanzeige jedes Mal in großen Höhen (über Flight Level 340), bei sehr gewittrigem Wetter, nachts oder in einer Wolkenschicht erfolgten. Zudem kam es vor jedem Ausfall zu einem starken Anstieg der Außentemperatur und mehr oder weniger starken Turbulenzen.

Bei all diesen Fällen hat sich der Autopilot abgeschaltet, so dass die Maschinen im „Alternate Law"-Modus weiterflogen. Doch die Besatzungen der betroffenen Airbus-Jets haben alle die geeignete Prozedur angewandt, so dass ihr Flugzeug deshalb innerhalb seiner Flugenveloppe blieb. Daraufhin ging alles seinen geregelten Gang und die Maschinen kamen wie geplant an ihrem Ziel an.

DIE VERSCHWÖRUNGSTHEORIE

Das BEA veröffentlichte am 29. Juli 2011 seinen dritten Zwischenbericht.[83] Er sorgte bei Air France, bei der wichtigsten Pilotengewerkschaft der Airline und bei den Angehörigen der Opfer für einen Aufschrei der Entrüstung. Der Bericht sei eine „Farce" und "zensiert", hieß es. Es gäbe ein Komplott, um die Interessen der französischen Luftfahrtindustrie zu schützen, indem man die Verantwortung für den Unfall den Piloten in die Schuhe schiebe. Die Rede war sogar davon, es habe *„keine Überziehwarnung"* gegeben, so dass die Besatzung nicht realisieren konnte, was vor sich ging.

Die Meinungskontroverse erreichte ihren Höhepunkt, als bekannt wurde, dass das BEA „den Entwurf einer Empfehlung für die Funktion von Überziehwarnanlagen" zurückgezogen hatte. Die Integrität der gesamten Behörde wurde deshalb zu Unrecht angezweifelt. Die Verantwortlichen erklärten vergeblich, dass eine solche Empfehlung zu dem damaligen Zeitpunkt der

[83] Die in diesem Kapitel wiedergegebnen technischen Daten stammen vor allem aus diesem Bericht. Er ist auf der Seite des BEA zu finden: http://www.bea.aero/fr/enquetes/vol.af.447/vol.af.447.php

Untersuchungen verfrüht gewesen wäre. Alain Bouillard, der Leiter der Ermittlungen, erklärte in einer Pressemitteilung, dass *„er niemals unter Druck gesetzt wurde, seit er diesen Beruf ausübt"*. Obwohl er glaubwürdig ist und als äußerst integer gilt, sorgte die züruckgezogene Empfehlung für negative Schlagzeilen.
Um die Polemik zu beenden, erklärte der damalige französische Transportminister: *„Wenn wir die Wahrheit hätten verbergen wollen, hätten wir nicht fünf Suchkampagnen durchgeführt und 35 Millionen Euro ausgegeben."* Immerhin ist der Südatlantik groß und es hätte genügt, an der falschen Stelle zu suchen, damit der Absturz des Fluges AF 447 für immer ein Rätsel geblieben wäre.
Es sei hier ganz deutlich gesagt: Es gibt Länder, in denen Piloten niemals Fehler machen. Wenn dort ein Unfall passiert, werden stets externe Faktoren dafür verantwortlich gemacht und so wird den Tatsachen nicht ins Auge geschaut. Es gab sogar schon den Fall eines Piloten, der sich am Steuer seines Flugzeugs umgebracht hat, ohne dass die Fakten jemals von den Verantwortlichen der betroffenen Fluggesellschaft anerkannt wurden.[84]
Es gibt aber auch andere Länder, wo die Flugdaten objektiv untersucht werden und wo versucht wird, zu verstehen, welche Rolle der Faktor Mensch bei dem Unglück gespielt hat. Standesdenken, Nationalstolz oder kommerzielle Interessen spielen dort keine Rolle in Bezug auf die Informationen, die veröffentlicht werden. Wenn es sich um einen Pilotenfehler handelt, wird dies öffentlich bekanntgemacht, damit es einen Erfahrungsaustausch gibt, der anderen Piloten zugute kommt. Bis zum Beweis des Gegenteils ist das eine der besten Möglichkeiten, die Flugsicherheit zu verbessern. Die Vereinigten Staaten sind auf diesem Gebiet führend. Russland macht Fortschritte... Bleibt die Frage, wie es darum in Frankreich bestellt ist.

Die NENNUNG des Wortes „STRÖMUNGSABRISS"

Die Cockpitbesatzung hat das Wort „Strömungsabriss" während der vier Minuten und 24 Sekunden, in denen sich das Drama abgespielt hat, in Wahrheit nicht ein einziges Mal ausgesprochen. Die Ermittler glauben, dass keiner der drei Männer realisiert hat, wie die Situation wirklich aussah. Trotz der Alarmwarnungen, trotz des Flatterns, trotz des Rückgangs der Geschwindigkeit,

[84] Siehe Kapitel „Egyptair 990" in „CATASTROPHES AERIENNES" desselben Autors, erschienen bei Editions Altipresse.

trotz des Höhenverlustes hat keiner von ihnen verstanden, was vor sich ging.
Bei einem anderen Flugzeugmodell hätte das Drama wesentlich kürzer gedauert. Eine Tupolew wäre in dieser Höhe über einen Flügel abgekippt, zu schnell geworden und mit Sicherheit im Flug zerbrochen. Das Problem ist, dass ein Airbus ein unglaublich gutmütiges Flugzeug ist (wenn dies nicht der Fall wäre, hätten zehntausende von Piloten schon seit langem darauf aufmerksam gemacht). Der Bordcomputer hat den A330 daran gehindert, über einen Flügel abzukippen, obwohl er in den „Alternate Law"-Modus gewechselt war. Der Sinkflug hat zudem unglaublich lange gedauert. Leider konnten die drei Männer diese Gnadenfrist nicht nutzen.

GAB ES DIESE ART VON UNFALL SCHON FRÜHER?

Die Antwort lautet ja!
Obwohl das Beenden eines Strömungsabrisses zu den Manövern gehört, die alle Flugschüler während ihrer Ausbildung lernen, ist es nicht das erste Mal, das es einer Cockpitbesatzung nicht gelingt, heil aus dieser Situation herauszukommen:

- Am **22. Dezember 1996** führte eine DC-8 der Gesellschaft Airborne Express einen Testflug in Greensboro in North Carolina durch, nachdem sie gewartet wurde. Die Tests wurden in einer Höhe von 15.000 Fuß durchgeführt. Die Strömung riss ab. Dennoch zog die Besatzung die ganze Zeit über am Steuerknüppel. Die Maschine stürzte ab.[85]
- Am **12. Februar 2009** befand sich eine DHC-8 von Colgan Air im Anflug von Buffalo im Staat New York. Der Flugkapitän realisierte nicht, dass sein Flugzeug in den überzogenen Flugzustand geraten war und sich kurz vor dem Strömungsabriss befand. Die Maschine geriet in eine Steilkurve.
- Nicht zu vergessen ist auch der Unfall einer MD-80 von West Carribean[86], der Martinique am **16. August 2005** in Trauer stürzte. Die Umstände dieses Absturzes sind denen

[85] Siehe „LE SECRET DES BOÎTES NOIRES" desselben Autors, erschienen bei Editions Altipresse.
[86] Siehe ERREURS DE PILOTAGE Tome 2 desselben Autors, erschienen bei Editions Altipresse.

> des Fluges AF 447 sehr ähnlich: Es handelte sich um einen Nachtflug mit einem vollbesetzten Flugzeug oberhalb von Cumulonimbus-Wolken in der Nähe der intertropischen Konvergenzzone. Der Pilot zog ebenfalls bis zum Aufprall an seinem Steuerknüppel.

Das Problem mit den Pitot-Rohren kann das Drama des Fluges AF 447 nicht erklären, auch wenn dies von Einigen behauptet wurde. Alle Flugzeuge haben mal eine Panne während eines Fluges. Es gibt klare Prozeduren, die in solchen Fällen präzise angewendet werden müssen. Für falsche Reflexe oder unkontrollierte Reaktionen gibt es dabei keinen Platz. Die Wahrheit ist, dass der Kopilot auf dem rechten Platz einen Anfängerfehler gemacht hat. Die wahre Frage ist jedoch, wer für dieses Durcheinander verantwortlich ist. Handelt es sich um ein Problem bei der Ausbildung, Übermüdung, eine Störung des circadianen Rhythmus? Oder war der Unfall die Folge davon, dass die Piloten glaubten, dass ein Airbus alle Fehler ausgleicht?
Es ist an den Ermittlern und der Justiz, nun zu erklären, wie qualifizierte Piloten so reagieren konnten. Was auch immer der Grund für ihr Verhalten war: Der Absturz des Fluges Rio-Paris hat 228 Menschen das Leben gekostet und man darf ihren Angehörigen nicht irgendwelchen Unsinn erzählen.

Inhaltsverzeichnis

Achevé d'imprimer en juin 2017
sur les presses de la Nouvelle Imprimerie Laballery
58500 Clamecy
Dépôt légal : avril 2017
N° d'impression : 706028

Imprimé en France

La **N**ouvelle **I**mprimerie **L**aballery est titulaire de la marque Imprim'Vert®